역사학에 기댄 우리 지성사회 인식

지은이 **박정신**은 숭실대, 고려대, 미국 워싱턴대학에서 역사학을 중심으로 폭넓게 인접학문을 넘나들면서 공부를 하고, 역사학박사를 받은 후 줄곧 미국 남오레곤주립대를 거쳐 오클라호마주립대학교에서 역사학과와 국제학대학원의 종신교수로 미국학생들을 가르치다가 2000년 숭실대학교로 와 기독교와 역사사회변동, 한국기독교사를 가르치고 있다.

또한, 왕성한 연구와 열정적인 교육과 더불어 활발한 사회봉사활동을 해왔다. 국가보훈처 국가공적심사위원, 동북아역사재단 자문위원, 한국국제교류재단 자문위원, 국사편찬위원회 해외동포사 편찬 자문위원, 〈뉴스앤조이〉 편집인, 학술지 〈해외한국학 평론〉, *International Journal of Korean History* 그리고 *Journal of Northeast Asian History* 편집위원으로 우리 사회와 학계에 봉사하고 있다.

그는 『근대한국과 기독교』(민영사, 1997), *Protestantism and Politics in Korea*(University of Washing ton Press, 2003), 『한국기독교사 읽기』(다락방, 2004), 『한국기독교사 인식』(혜안, 2004), 『상식의 역사학, 역사학의 상식』(북코리아, 2008) 그리고 『한국기독교사의 새로운 이해』(새길, 2008)를 펴냈으며 100여 편에 이르는 논문과 학술에세이를 썼다.

역사학에 기댄 우리 지성사회 인식

2008년 11월 5일 초판인쇄
2008년 11월 10일 초판발행
지은이 | 박정신
펴낸이 | 이찬규
펴낸곳 | 북코리아
등록 | 제03-01240호
주소 | 121-801 서울시 마포구 공덕 115-13 2층
전화 | 02-704-7840
팩스 | 02-704-7848
이메일 | sunhaksa@korea.com
홈페이지 | www.sunhaksa.com
ISBN 978-89-92521-97-0 (93900)

값 15,000원

역사학에
기댄
우리
지성사회
인식

박정신

북코리아

역사학에 기댄 우리 지성사회 인식

1976년 석사학위논문으로 「윤치호연구」를 쓴 이래 나는 줄곧 지성인, 지성사회, 사상이나 신념체계, 그리고 지성인들의 사회정치 입장이나 행동에 관심을 가지고 글을 써왔다. 윤치호를 다루든지, 이상재나 박형룡을 이야기하든지, 미주에서 벌어진 한국 민주화운동을 논의하거나 미국대학개혁에 관심을 가지는 것도 이러한 나의 지적 관심과 이어져 있다. 미주 한국학을 거론하고 미국 선교사 윌리엄 베어드를 논의하는 것, '2007년 여성 대통령 담론'에 끼어들거나 이른바 '인문학위기 담론'에 참여한 것도, 그리고 내가 한국기독교를 논의하는 것도 모두 다 이러한 나의 지적 관심에서 나온 것이다. 내가 어떤 주제를 가지고 글을 썼든 간에 그 모두는 우리 지성인, 지성사회, 신념체계와 행동과의 관계를 자기 성찰적으로 인식하고자 했다.

여기에 실린 글들도 다 이러한 나의 오래된 지적 관심과 이어져 있다. 서로 다른 주제를 다루고 있어 다른 논지를 가지고 있는 듯 보이겠지만, 이 글들은 모두 깊은 수준에서 '사상의 사회사'나 '지성의 사회사'에 대한 나의 끈질긴 관심에서 자연스레 나온 것들이다. 이 글들이 한국사나 비교학 또는 학제적 학술지에 발표되었든, 역사학 학술지나 사회과학 학술지에 실리었든 모두가 이러한 나의 지적 관심을 담고 있다.

내가 학문의 바다에 뛰어들어 지금까지 어렵게 항해 해 오면서 나는 많은 이들의 도움을 받았다. 만나지는 못했어도 베버, 마르크스, 코저와 같은 사회이론가들과 이들을 나에게 소개시켜준 사회학자인 나의 형님 박영신, 역사학이 무엇인지, 어떻게 하는 것인지를 가르쳐준 김양선, 강만길, 제임스 팔레와 같은 스승들에게 글로 나타낼 수 없는 큰 은혜를 입었다. 그들에 대한 나의 고마움을 여기에 기록해 두고자 한다. 그리고 아내 임정원에 대한 고마움도 빼어놓을 수 없다. 이 논문집을 함께 교정하며 나눈 대화와 토론이 얼마나 값진 것인지는 나만이 알고 간직할 것이지만 말이다.

그러나 이 논문들이 지닐 수 있는 흠이나 오류가 있다면 그것은 모두 나의 책임이다.

2008년 가을
지은이 박정신

Chapter 9

Chapter 1

역사의 베어드, 베어드의 역사[*]

1. 머리글

우리는 역사를 왜 공부하고 또 어떻게 역사를 하여야 하는가. 역사학에 몸담고 역사학에 기대어 삶을 꾸리는 우리가 이러한 초보적인 질문을 왜 하필이면 이글 머리에 던지는가.

우리는 '역사 범람'의 시대에 산다. 역사에 관심이 높아진 현상이나 올바른 역사연구의 결과라면 이 '범람'이 얼마나 바람직한 것인가. 그러나 이 범람이 파당적인 역사의 범람이라는데 문제가 있는 것이다. 나라마다 그 나라 중심으로 역사를 멋대로 미화하고, 학교마다 주기적으로 학교사라는 이름으로 자기 학교 역사를 왜곡하며 써대고, 교회마다 주기적으로 개교회사

---

[*] 이 글은 2007년 숭실대학교 한국기독교문화연구소 학술발표회에서 발표한 것을 수정한 것임.

를 펴내 자기 교회 중심으로 한국기독교사를 쓴다. 회사는 회사대로, 중앙이나 지방의 국가 기관도 몇몇 주년이 되면 역사책을 쓴다. 이러한 역사는 재학생과 동문들을 비롯한 그 주변 사람들, 교회 구성원들, 회사 사람들, 국가기관끼리 나누어 갖는 역사이다. 이것은 역사가 아니라 나라나 민족, 학교나 교회, 그리고 어떤 기관이나 회사의 선전물이거나 홍보물에 지나지 않는다. 선전이나 홍보물로 전락한, 자기중심적으로 왜곡한 파당적 역사의 범람을 우리는 우려하는 것이다. 이러한 역사는 자기 학교나 교회 그리고 회사, 자기 지역이나 나라를 '역사 위에, 역사 너머' 존재하는 것으로 미화하고 왜곡한다.

이러한 파당적 역사는 특히 인물연구나 평전에 두드러지게 나타난다. 자기 연구대상인 한 인물에 대하여 무턱대고 비판을 일삼는 경우도 있지만, 대개의 인물연구나 평전은 그 대상인물에 대한 무조건적인 예찬이나 칭송으로 가득 차 있는 경우가 허다하다. 마치 대상 인물은 '역사 위에, 역사 너머' 존재하는 인물로 신비화 시키거나 신화화 또는 신성화 시킨다. 이 또한 하나의 파당적 역사쓰기이며 역사 왜곡이다.

좀 더 구체적으로 말해 보자. 어떤 학교나 교회도, 어떤 나라나 민족도, 어떤 위대한 인물도 '역사 위에, 역사 너머' 존재하지 않는다. 어떤 학교의 학교사, 어떤 대학교 몇 년사, 어떤 회사의 창업주, 또는 어떤 대학교 설립자나 공로자에 대한 글들을 읽으면 파당적 역사 왜곡행위를 우리는 쉽게 발견하게 된다. 바로 이 파당적 역사하기와 역사왜곡을 위해 나온 그런 역사가 우리사회에 범람하고 있는 것이다. 그것도 역사학 교육을 받은 이들이 써 내고 있는 것이다.[1]

---

1 미국에서 가르치다가 어머니가 돌아가신 1988년 가을에서 이듬해 봄까지 한국에 머문 적이 있다. 일본의 역사왜곡에 흥분하던 우리학계의 역사왜곡을 보고 긴 신문 칼럼에서 나는 역사왜곡, 역사미화를 질타한 적이 있다. 이 글은 나의 또 다른 논문집에 '큰 머리글'로 실렸다. 박정신, 『한국기독교사 인식』(서울: 혜안, 2004), 5~12쪽을 볼 것.

이 땅의 근대 교육의 요람이자 근대 학문의 요람인 최초의 근대대학인 숭실대학교에서 설립자 윌리엄 베어드(William M. Baird)를 본격적으로 연구하겠다고 나섰다.[2] 늦은 감이 있다. 이를 준비하는 이들은 이렇게 위대한 학자요 교육자이며, 이렇게 위대한 선교사였던 그가 '왜 우리 숭실대학교에서 무시당해 왔는가' 하고 흥분하고 있다. 이들은 누구이고, 어디서 무엇을 하고 있다가, 갑자기 윌리엄 베어드를 보고 사춘기 아이처럼 홀딱 반해 흥분해 하고 있는가. 학문은 사춘기 아이들이 가지고 있는 호기심이나 '짝사랑'의 심정으로 하는 것이 아니다. 우리는 이들에게 연구대상에 사춘기 아이처럼 몰입(나는 이를 attachment라고 부른다)하여 짝사랑에 빠지는 학문하기를 넘어 연구대상과 멀리 떨어져 바라보는 태도(나는 이를 detachment라고 한다)를 가지기를 소망한다. 사춘기 아이처럼 흥분하고 어찌할 줄 모르는 이들이 '베어드학'을 주도한다면, 자기 학교의 설립자를 칭송하고 미화시켜 역사를 왜곡한 다른 학교의 전례를 밟지 않을까 우리는 염려하고 있다. 이들이 '베어드학'을 주도한다면, 베어드를 '역사 위에, 역사 너머'에 존재했고 활동한 인물로 신화화시키고 신격화 시키지 않겠는가. 그래서 우리는 다른 역사학자들이 다른 학교에서 예외 없이 그랬던 것처럼 그런 식으로 '베어드'를 연구하지 말자고 감히 주장하는 것이다.

이러한 시각과 마음가짐으로 이 글은 베어드를 19세기 중후반 미국사회에서 일어난 해외 선교열풍의 산물로 읽고자 한다. 그렇기에 이 글은 당연히 그 특별한 시기 미국에서 일어난 해외 선교열풍이 어디에서, 왜, 어떻게 일어나게 되었는지를 살피고자 한다. 그래야만 '역사의 윌리엄 베어드'를 읽을 수가 있고, 그래야만 '윌리엄 베어드의 역사'를 올바르게 그려낼 수가

---

2 물론 윌리엄 베어드만을 연구해서는 안된다. 윌리엄을 당연히 연구해야 하지만 그의 아내들(Annie와 Rose), 그의 아들들(Richard 등)도 함께 연구되어야 한다는 것이 나의 생각이다. 다행히 윌리엄 베어드와 함께 이들을 이 연구 프로젝트에 포함시켜 '베어드학'이라고 한 것은 이런 뜻에서 옳고 그래서 다행이라고 생각한다.

있는 것이다. 그렇기에 이 글은 역사학의 상식, 상식의 역사학을 강조할 것이다.

2. 미국 건국 이야기와 서부 개척정신

우선 베어드가 태어나고 성장한 미국은 어떤 나라인가 알아둘 필요가 있다. 이 미국이라는 '특별한 나라'를 이해하기 위해서는 무엇보다도 이 나라의 건국에 대한 이야기에 주목해야 한다. 그것이 그들의 역사왜곡이든 역사미화이든 그들은 그렇게 주장하고 그리고 또 그렇게 믿어 왔기 때문이다. 왜곡되고 미화된 역사가 인간 역사에는 그 나름의 역할을 하고 있다. 미국의 건국 이야기가 그 좋은 예이다.

우리가 익히 알고 있듯이, 유럽 사람들이 이주하기 전에 이른바 신대륙 아메리카는 인디언이라는 토착민이 살고 있었다. 그러나 미국 사람들이 들려주는 '건국 이야기'의 주인공들은 이들이 아니고 유럽에서 온 사람들이다. 그들 가운데는 신대륙에서 떼 부자가 되려고 온 투기꾼, 모리배, 협잡꾼, 사기꾼, 해적들과 약탈자와 같은 이들도 있었고, "이루다 말할 수 없는 수상쩍은 일을 한 사람들", 이런저런 죄를 지어 그들의 나라에 살 수 없었던 범법자들이 많았다. 그러나 미국 사람들이 들려주는 그들의 건국 이야기의 주인공들은 이러한 유럽 사람들이 아니고 구대륙 유럽에서 종교적으로 억압 받다가 신앙의 자유를 찾아 신대륙으로 온 이른바 퓨리턴들(the Puritans)이었다.[3]

---

3 미국 사람들이 쓴 수많은 미국사(US History) 개설서 가운데 어느 것을 읽어도 그렇다. 이를테면, James I. Clark and Robert V. Remini, *We the People —A History of the United States*, 2 vols.(Beverly Hill, Calif.: Glencoe Press, 1975)과 Randy Roberts and James S. Olson(ed.), *American Experiences*, 2 vols.(Glenview, Ill. and London: Scott, Foresman/Little, Brown Higher Education, 1990)의

이들은 '구대륙(舊大陸)' 유럽에서 구교라고 일컫는 로마 가톨릭(Roman Catholicism)이나 국가종교(the Anglican Church)로부터, 다시 말하면, 세상권력과 결탁한 지배종교의 억압과 탄압을 벗어나 신앙의 자유를 찾아 '신대륙(新大陸)'을 찾아온 이들이다. 이들은 자기들이 믿는 바를 자유롭게 믿고 행할 수 있는 나라와 공동체를 건설하고자 하였다. 18세기 '독립전쟁(The War of Independence)'의 승리로 새 공화국을 세우게 되었는데, 종교사적으로 새기면 미국의 독립은 바로 구대륙 유럽에서 억눌리고 지탄받던, 그래서 펴보지 못한 자기들이 믿는 바를 자유로이 믿고, 믿는 바대로 삶을 꾸리는 공동체를 건설할 수 있게 된 '종교적 독립'이기도 하였다. 이들이 애굽인 유럽에서 나와 젖과 꿀이 흐르는 가나안, 아메리카를 찾아온 것은 폐쇄와 억압의 '구대륙'을 떨쳐버리고 개방과 자유의 "새 이스라엘(New Israel)", "새 가나안(New Canaan)"을 건설하라는 하나님의 부르심을 받았다고 굳게 믿고 있었기 때문이다.[4] 미국 건국 이야기의 주인공들은 바로 이러한 '선민의식'을 가진 퓨리턴들이었다.

그래서 미국의 정치, 사회, 문화 그리고 종교는 단순한 유럽의 정치, 사회, 문화 그리고 종교를 "옮겨 놓은 것(a transplantation)"이 아니고 그럴 수도 없었다. 바로 두 가지 이유에서다. 첫째는 중남미로 이주한 유럽 사람들은 '정복자'로서 자기들이 온 유럽의 정치, 문화, 종교를 그들이 이주한 곳으로 그대로 옮겨 놓고자 했다면, 북미주로 이주한 이들은 구대륙 유럽을 벗어나고자한, 그래서 유럽의 것을 극복하고 떨쳐 버리기를 원했을 것이다. 둘째는 중남미로 이주한 유럽 사람들은 모두 로마 가톨릭이지만, 북미주로 이주한 이

앞부분을 볼 것. 우리 글로 된 개설서로는 이보형, 『미국사개설』(서울: 일조각, 1975/2005)가 있다. 이 글은 위의 글들과 박영신, 「미국의 패권주의, 그 뿌리」, 『환경과 생명』 55호(2003년 봄), 110~1121쪽에 기대고 있다.

4 박영신의 위의 글과 함께 William R. Hutchison, *Errand to the World —American Protestant Thought and Foreign Missions*(Chicago and London: University of Chicago Press, 1987), 1~14, 91~124쪽을 볼 것.

들은 유럽의 여러 나라에서 각기 다른 모든 이질적 성분의 기독교를 가지고 온 이들이다. 이들은 "유럽보다 더 나은 삶 그리고 더 나은 종교(a better kind of life and a better kind of religion than Europe)"를 갈망하고 추구하였다. 그렇기 때문에 유럽 어떤 나라의, 한 종류의 기독교가 온 것이 아니라 유럽 각지에 퍼져있는 여러 종류의 "기독교 전체 모두(the whole Christian macrocosm)"가 들어온 것이다.[5] 그러기에 미국 기독교는 미국의 역사와 마찬가지로 "혁명적"이다. 유럽의 기독교가 "가을처럼 혁명의 끝 무렵(an autumnal revolution)"에 처한 형국이라면 미국의 기독교는 "봄같이 활기찬 혁명을 시작하고(it was spring)"이었다.[6]

유럽 각지에서 여러 이질적 성분의 기독교가 아메리카로 이식되었기 때문에 미국 기독교의 모습을 "하나의 종교 모자이크(a religious mosaic)"로 나타났다고 생각하는 이들이 있을 수 있다. 그러나 앞서 말한 것처럼, 미국을 건국한 이들은 유럽 것을 그대로 신대륙에 옮기려한 사람들이 아니고 유럽 것을 벗어나고 버리려고 한 이들이다. 이러한 이들이 유럽 각지에서 줄지어 아메리카로 이주해 옴으로 유럽의 몸과 옷을 버리고 새로운 몸을 만들고 새로운 옷을 입고 새로운 삶의 환경과 새로운 삶의 틀을 만들겠다는 "급진적 이상주의(radical idealism)"를 끊임없이 수혈 받게 된다. 여기에 미국사회의 이상주의적 급진성이 잉태하고, 여기에 유럽대륙의 것과는 다른 '미국 기독교'가 나오게 된 것이다.

그 좋은 보기가 바로 미국헌법에 들어선 정교분리다. 정교분리는 "미국인의 삶의 기본원칙(the axiom of the American way of life)"으로 누구도 쉽게 도전하거나 바꾸지 못하게 하였다. 유럽에서 유럽의 종교권력으로부터 억압

---

5 Alec R. Vidler, *The Church in an Age of Revolution, 1789 to the Present Day*(New York: Pelican Books, 1961), 235~236쪽을 볼 것.
6 윗글, 235쪽.

받고 박해받은 이들이 '믿는 바' 때문에 어떤 사람이나 집단 또는 국가권력에 의해서 그들의 '믿는 바'가 제한, 제재, 억압 또는 박해 받지 않도록 제도화 한 것이다. 그렇기 때문에 이들이 세운 미국은 종교문제에 있어서 "하나의 자유방임의 낙원(a paradise of laissez faire)"이 되었다.[7]

그럼에도 불구하고 '미국 건국의 주인공'들은 한결같이 '선민의식'이 강했다. 고대 히브리 족속이 그랬던 것처럼 이들의 역사의식도 하나님이 인간의 역사에 간섭하고 개입하여 하나님의 뜻을 이루고자 한다는 섭리사관에 터하고 있었다. 인간은 불완전하여 하나님에게 기대어 삶을 꾸리어야 하는 존재이며, 하나님의 뜻을 이루는 그 과정(역사)에서 인간은 단순한 도구라고 믿고 있었다. 그들이 태어난 것, 특히 그들이 구대륙을 떠나 신대륙에 온 것도 다 하나님의 뜻을 이루기 위한 섭리에서 이루어진 것이고, 그들은 그의 뜻을 신대륙 아메리카에서 이루도록 부르심을 받은 선택된 특별한 사람들이라고 굳게 믿었다. 매사추세츠 식민정착지의 첫 지도자였던 존 윈드롭(John Windrop)이 1630년 4월 아벨라(Arbella)라는 배를 타고 신대륙을 향해 올 때 선상에서 이주자들에게 말한 것처럼, 이들은 땅 위에 '하나님의 왕국(the Kingdom of God)'을 건설하라는 "특별한 임무(a special commission)"를 받은 특별한 사람들이라는 강한 종교적 소명의식을 가지고 있었다. 이를 위해 이들은 하나님으로부터 "광야로 부르심(errand into wilderness)"을 받은, 그래서 그 '광야'에서 할 일이 있어 가는 이들이라고 윈드롭은 설파했다. 그래서 아메리카에 도달하는 대로 "언덕 위에(모범적인) 도시를 세워 모든 족속이 우리를 바라보게 하여야 한다(we shall be as a City upon a hill, the eyes of all people are upon us)"고 윈드롭은 말했다.[8]

---

7 윗글, 235~237을 볼 것. 헌법에는 "no religious test shall ever be required as a qualification to any office or public trust under the United States"라고 했고, 1791년의 첫 번째 수정안에는 "Congress shall make no laws respecting an establishment of religion, or prohibiting the free exercise thereof"라고 했다.

이처럼 독립적이고, 선민의식이 강한 그래서 개척적인 미국 사람들의 삶에 대한 태도는 서부 개척시대에도 강하게 이어지고 있었다. 이것은 미국의 역사를 관통하며 이어지고 있는 '개척정신(frontier spirit)'과도 이어지고 있는데, '서부로, 그리고 또 서부로' 개척해 나가면서 천막 부흥 모임과 같은 다양한 종교활동을 통해 미국의 건국 주인공들이 가졌던 선민의식과 "광야에로의 부르심"을 받았다는 사명의식이 더욱 강렬하게 불타올랐다.

3. 19세기 '새 미국, 새 사명'

선교열풍과 베어드

우리가 알고 있듯이 서부개척은 19세기 중반에 마무리 되었다. 지금의 워싱턴 주와 오리건 주 그리고 캘리포니아 주, 이른바 태평양 연안 주들이 미국의 영토가 되었기 때문이다. "오리건 영토(The Oregon Territory)" 협상이 마무리 되고 1848년 '멕시코 전쟁(The Mexican War)'에 승리하여 미국이 대서양 연안 국가에서 이제는 태평양 연안 국가가 된 것이다.[9] 이제까지 미국이 대서양 저쪽의 유럽과의 관계에 관심을 가져 왔다면, 이제부터는 태평양 저 너머에 있는 아시아에도 관심을 가지게 되었다는 말이다. 이것은 미국의 역사에서 만이 아니라 세계사적 의미를 갖는, 그리고 미국의 기독교의 역사에서 만이 아니라 세계 기독교의 역사에 중요한 의미를 지닌 역사전개다.

우리의 관심은 '서부로, 그리고 또 서부로' 줄기차게 개척해 왔던 미국

---

8 Roberts and Olson, 윗글, 2쪽에 기댐. 그리고 이 시대 역사서술과 인식에 대해 도움 받은 Gerald N. Grob and George Athan Billias(eds.), *Interpretation of American History: Patterns and Perspectives*, vol. II(New York: The Free Press, 1967), 서론, 특히 1~2쪽을 볼 것.

9 자세한 것은 이보형, 윗글, 103~112쪽과 케네스 파일(박영신 / 박정신 옮김), 『근대일본의 사회사』(서울: 도서출판 현상과 인식, 1993), 72~75쪽을 볼 것.

사람들이 이제 더 나갈 데가 없는 곳까지 왔을 때 무슨 생각을 하였을까 하는 점이다. 그들의 조상들이 가진 '새 가나안'이나 '새 예루살렘'을 건설하라고 '광야로 부르심'을 받고 왔다는 선민의식, 사명감 그리고 개척정신은 태평양 연안에 이르렀을 때 '다 이루었다'고 현실에 만족하고 안주했을까. 이즈음에 안으로 개척시대에 이루지 못한 여러 사회, 정치, 종교 문제로 눈을 돌리기 시작했을까.

미국의 역사는 그렇지 않아 우리의 지적 관심을 더욱 자극해 준다. 태평양 연안에 온 미국 사람들은 '새로운 개척지(a new frontier)'를 설정하고 퓨리턴 조상으로부터 이어 받은 선민의식과 사명감을 가지고 다시 개척하기 시작하였기 때문이다. 미국의 지성사학자 헛치슨의 말대로 미국 건국 이야기의 주인공들이 새롭고 모범된 나라를 세우는 일에 선택되어 부르심을 받았다고 믿은 것처럼, 19세기 중엽부터 미국 사람들은 "미국이라는 언덕 위에서 빛(beams from the American hilltop)"을 세계 곳곳으로 비추어야 할 이들로 부르심을 받았다고 믿었다.[10] 태평양 너머에 있는 아시아에 관심을 가지기 시작한 것이다.

19세기 중반이란 미국의 산업화와 도시화가 어느 정도 가시적으로 나타날 즈음이다. 산업화와 도시화는 상업활동의 급속한 확대를 낳았고, 부의 급속한 증대로 이어졌다. 그 결과 세금을 거두어들이는 주 정부와 연방정부는 풍부한 부를 축적하게 되고 그리고 수많은 부자들을 탄생시켰다. 바로 여기에 산업사회가 요구하고 있는 전문지식, 변화된 세상이 요구하는 인재양성의 문제가 야기되었고, 사회의 이러한 요구에 정부와 새로운 부자들이 응답하기 시작하였다. 1865년에 통과된 "토지기증법(The Morril Land Grant Act)"에 기대어 연방정부가 토지를 주에 기증하여 '선한시민' 교육을 실시하게 하였다. 주마다 경쟁적으로 주립대학을 세우게 되었다. 그리고 경제규모

---

10 Hutchison, 윗글, 7~9쪽.

확대로 떼돈을 번 이른바 신흥 백만장자들 가운데는 "부의 복음(The Gospel of wealth)"을 신봉하는 이들이 많았다. 이들은 하버드나 예일 같은 기존 대학에 수백만 달러를 기증하거나 아예 새 대학을 세워 사회에 공헌하고자 하였다. 록펠러(Rockefeller), 밴더빌트(Vanderbilt), 카네기(Carnegie), 스탠포드(Stanford), 존스 홉킨스(Johns Hopkins), 코넬(Cornell), 듀크(Duke) 그리고 튤레인(Tulane) 같은 이들이 바로 그들이다. 짧게 말하면, 19세기 중후반에 이르면 미국의 경제규모가 급속히 확대되었고, 신흥대학들이 이곳저곳에 세워졌으며, 그 결과 고등교육을 받은 신흥중산층이 등장하게 되었다.[11]

산업화, 경제규모 증대, 신흥중산층의 등장과 확대는 서부개척시대를 마감한 19세기 중반부터 미국인들로 하여금 태평양 저 너머에 있는 아시아에 관심을 가지게 했다. 이른바 태평양시대가 도래한 것이다. 이를 미국 패권주의의 도래로 보는 이도 있고, 이를 미국 제국주의라고 하는 이들도 있다. 무엇이라고 하던 분명한 것은 미국 건국 이야기의 주인공들이 가진 선민의식, 사명감, 차별의식이 개척시대에 줄기차게 이어졌고, 태평양 그 너머의 세계에로의 관심과 진출—그것이 군사적이든 정치적이든 그리고 경제적이든—의 시대에도 그대로 나타나고 있다는 것이다.[12] 그래서 헛치슨이 이를 "새 미국, 새 사명(New Nation, New Errand)"이라고 부르듯이, 미국 사람들은 태평양 저 너머 "새로운 광야"로 부르심을 받았다는 선민의식과 사명감에 불타 있었다.[13]

바로 이즈음 미국 기독교는 종말론 분위기에 휩싸였다. 세상의 종말, 그래

---

11 산업화와 도시화, 경제규모의 확대와 신흥 대학의 등장, 그리고 신흥중산층에 대한 논의를 보기 위해서는 박정신, 「19세기말, 20세기 초 미국의 대학교육 개혁—하버드대 찰스 엘리엇 총장의 개혁을 중심으로」, 『아세아문화』 20호(2004년 4월), 75~91쪽, 특히 77~80쪽을 볼 것. 그리고 신흥중산층과 미국의 해외선교와의 관계를 보기 위해서는 류대영, 『초기 미국선교사 연구』(서울: 한국기독교역사연구소, 2001), 41~47쪽을 볼 것.
12 그래서 사회학자 박영신은 "미국 패권주의"의 "뿌리"를 이 선민의식과 사명감에서 찾고자 하였다. 그의 윗글 여러 것을 볼 것.
13 Hutchison, 윗글, 43쪽. 2장의 제목이다.

서 이 세기가 가기 전에 복음을 전해 세계를 구원해야 하는 것이 미국의 새로운 사명이라는 사명감과 위기감이 미국 기독교를 강타하였다. 여기에서 이른바 '대각성운동(The Great Awakening)'이 일어나고 부흥 모임이 여기저기 빈번히 열렸다. 각 대학에서 '학생자원운동(Student Volunteer Movement)'이 열기를 더해 간 것도 다 이즈음의 역사다.[14]

긴 역사를 짧게 말하면 이렇다. 선민의식, 개척정신, 사명감 그리고 열정을 가진 미국 사람들이 세계로 복음을 들고 나선 것이다. 미국 선교사들은 "바다 건너 저편에 있는 세상의 광야에 하나의 동산이 될 그러한 참 교회를 세우기 위해(to establish that true Church which is to be a garden in the wilderness of the world beyond the seas)" 나섰던 것이다. 그들은 자신들이 선택받고 보내심을 받은 "그리스도의 특별한 대리인들(Christ's special messengers)"이라고 믿었다.[15] 그들은 17세기 퓨리턴들이 아메리카란 "광야로 부르심을 받고 나왔다"는 선민의식을 이어받은 이들이었다. 17세기 조상들이 언덕위에 모범적인(성스러운) 도시를 건설하도록 부르심을 받고 왔다고 믿었다면, 19세기 후반 '새 미국'의 후예들은 모범적 사회를 이방이라는 광야에 건설하도록 부르심을 받았다고 믿었던 것이다.[16]

이러한 미국 사람들, 미국 기독교인들의 선민의식에는 백인중심, 백인우월이라는 인종주의의 결함을 그 뿌리에 가지고 있었다. 선조 퓨리턴들이 아메리칸 인디언들을 학살하거나 그들을 동물처럼 우리에 가두어 버린 죄, 그리고 흑인을 노예로 삼은 죄가 그 보기이다. 피부색이 다르다고, 문화와 습속이 다르다고, 이들을 그들의 이상하는 바 자유, 평등의 새 나라에서 배제시키는 "예외의식"이나 "선민의식"을 19세기 후손들도 그대로 물려받았

---

14 Vidler, 윗글, 237~238쪽과 류대영, 윗글, 38~39쪽. '학생자원운동'이 내걸었던 구호는 "이 세대에 세계를 복음화 시키자"(evangelize the world in this generation)였다.

15 Hutchison, 윗글, 7쪽에 기댐.

16 윗글, 5쪽.

다.[17] 헛치슨도 이를 지적하고 있다. 17세기 퓨리턴의 아메리카 이주 때 가진 선민의식과 19세기 새 미국의 선교사들이 해외로 나갈 때 가진 선민의식은 그 뿌리가 같은 것이다.[18] 그러니까 미국 선교열풍과 미국의 팽창주의나 제국주의가 그 뿌리가 같다는 말이다.

그렇기에 미국의 제국주의는 구대륙 유럽의 그것과 다르다. 유럽의 팽창주의나 제국주의가 단순히 국가 사이의 경쟁이고 그래서 무력에 오로지 의존한 감이 있는 그야말로 "동물의 정신(animal spirit)"을 가지고 있었다면, 미국의 제국주의는 미국 사람들의 종교적 선민의식에 뿌리를 두고 있으므로 무력보다는 종교적으로 채색된 "하나의 훌륭한 영적 제국주의(the fine spiritual imperialism)"인 것이다.[19] 유럽의 것이 인간행위의 형태를 가졌다면, 미국의 제국주의는 종교행위의 꼴과 결을 가졌다는 말이다. '학생자원운동'과 선교사업의 지도자였던 스피어는 이렇게 말했다. "기독교에 용납될 수 없는 거짓 제국주의가 있고, 그리고 기독교가 본래 가지고 있는 참 제국주의도 있다."[20] 미국 기독교의 선교사업도 이러한 정신에 기대어 이루어 진 것이다.

이와 같이 독특한 역사가 전개된 19세기 중후반 미국에서 윌리엄 베어드는 태어났고, 교육받았으며, 학생자원운동에 열정으로 참여하였던, 그러니까 베어드는 바로 이 특별한 시기, 이 특별한 미국, 바로 그 역사의 '아들'이다.[21] 그 베어드가 1891년 조선에 왔다.

---

17 박영신, 윗글 여러 것을 볼 것.
18 Hutchison, 윗글, 7~9쪽을 볼 것.
19 윗글, 92쪽에 기댐.
20 윗글, 91쪽 따옴을 다시 따옴. 원문은 "There is a false imperialism which abhorrent to Christianity, and there is a true imperialism which is inherent in it."
21 1862년 태어나 1885년 Hanover 대학에서 공부하고 1888년 McCormick Seminary에서 공부하였다. 그러니까 우리가 이 글에서 다룬 19세기 미국에서 벌어진 특별한 역사 한 가운데서 태어나 공부하고 해외선교사로 자원하고 조선에 왔으니 그 시대 다른 선교사들이 지닌 선민의식, 사명감 따위를 함께 가지고 있었을 것이다. Richard M. Baird, *William M. Baird of Korea*: A

4. 베어드와 19세기 말 조선의 만남

19세기 말 기독교는 서양 제국주의의 물결을 타고 조선에 왔다. 익히 아는 대로, 1392년 조선왕조 창건 이래 지배 세력인 양반의 통치 이념으로 채택된 유교가 정치, 사회, 경제, 문화 등 모든 분야에서 거역할 수 없는 정통 이데올로기 역할을 하고 있었다. 이 견고한 유교적 질서도 19세기 말엽이 되면 안팎의 충격으로 틈이 생기기 시작하였고, 이 틈새를 비집고 기독교가 들어온 것이다. 이것은 '하나님 앞에서 모두가 평등하다'는 기독교와 '사농공상(士農工商)'이라는 신분차별에 터 한 조선의 유교사회와의 만남을 뜻한다. 수직적 유교사회와 수평적 기독교 가치가 만났다는 것은 둘 사이에 필연적인 갈등과 긴장의 역사가 시작되었음을 의미한다.[22] 우리가 아는 바대로 유교는 신학(神學)이 아니고 인학(人學)이다.[23] 신이나 죽음 그리고 죽음 다음의 세계에 관심을 가지는 것이 아니라 사람의 문제, 이들의 관계를 논의한 사회철학이다. 중국사상을 연구할 때 한자의 분석이 필수적이다. 이를테면 '사람 인(人)'은 두 획으로 되어있다. 단수인 이 '인'은 두 획, 그러니까 두 사람의 뜻을 지니고 있다. 사람은 혼자일 때 의미 있는 사람이 아니고 둘일 때 사람이라는 말이다. 그리고 유교에서 가장 높이 사는 덕목이 '어질 인(仁)'이고 그래서 유교사회에서는 '인자(仁者)', 풀어 말하면 '어진 사람'이 되는 것이 모두의 삶의 목표이다. 그런데 이 '어질 인'의 뜻을 '어짐'이라고 그렇게 간단하게 뜻새김하지 말아야 한다.

Profile(1968), 3쪽에 기댐.

22 기독교 전래에 대한 상세한 논의는 나의 영문저서, Chung-shin Park, *Protestantism and Politics in Korea*(Seaatle and London: University of Washington Press, 2003), 1장과 4장 그리고 나의 논문집 『근대한국과 기독교』(서울: 민영사, 1997), 1장을 볼 것.

23 이글을 위해 내가 기댄 것은 Lewis M. Hopfe, *Religions of the World*(New York: Macmillan Publishing Co., 1987), 212~222쪽이다. 이에 기대었지만 여기에 나타나는 유교에 대한 견해는 미국과 한국에서 동양 문화사나 아시아종교문화를 강의하면서 가지게 된 것이다.

이 '어질 인'(仁)은 '사람 인'(人)에다가 '둘 이'(二)가 합쳐진 말이다. 앞서 말했지만 두 사람의 뜻을 가진 '사람 인'에다가 둘을 더 보태면 '네 사람'이 된다. 상징적으로 말해서 이 '어질 인'은 '여러 사람'을 뜻한다. 이것은 무엇을 말하는가. '여러 사람'이 있을 때는 사람관계가 있게 된다. '사람관계'에 있어서는 누구나 나쁜 관계, 불편한 관계를 가지려하지 않고 좋은 관계, 편안한 관계, 매끄러운 관계를 가지려한다. 그러니까 이 '어질 인'은 좋은 인간관계, 화목한 인간관계의 뜻을 지니고 있다. 유교는 화목한 인간관계를 최고의 덕목으로 삼고 유교사회에서는 모두가 화목한 인간관계를 만들어가는 '인자'가 되려한다. 어느 누가 이 '화목한 인간관계'를 갈망하지 않겠는가. 어떻게 이를 달성하고 유지하느냐가 문제일 뿐이다.

유교에서는 이른바 '오륜(五倫)'이라는 '다섯 가지의 기본적 인간관계'를 화목하게 만든다면 화목한 가정, 화목한 사회를 이룰 수 있다고 가르친다. 이 '다섯 가지의 기본적 인간관계'가 화목하게 되면 가정과 사회의 갈등과 분쟁, 시기와 질투, 불안과 불화가 없어진다는 아주 낙관적인 윤리가 유교다. 이 다섯 가지는 임금과 신하, 남편과 아내, 아버지와 아들, 형과 아우 그리고 친구 사이의 관계(나이가 중요하다)다. 이러한 관계가 매끄럽고 화목할 때 정치, 사회, 가정이 평화스럽다는 것이다. 문제는 이 다섯 가지 인간관계를 어떻게 화목하게 하고 또 이를 유지하는가이다.

유교에서 말하는 이 인간관계는 수평적 개념이 아니고 수직적 개념이다. 다시 말하면, 임금과 신하가 남편과 아내가, 아버지와 아들이, 형과 아우가 그리고 나이 많은 이와 나이 적은 이가 평등하지 않다. 임금, 남편(또는 남자), 아버지, 형 그리고 나이 많은 이가 항상 위에 자리하고 신하, 아내, 아들, 아우 그리고 나이 적은 이가 밑에 자리하는 주종의 관계, 수직의 관계, 불평등의 관계다. 이러한 수직적 관계, 주종의 관계 틀을 통하여 가정과 사회를 안정시키고 화목하게 하도록 가르치는 것이 유교다.

특히 우리의 관심을 끄는 것은 아버지와 아들의 관계, 형과 아우의 관계를 보면서 왜 아버지와 딸의 관계, 자매관계, 오빠와 여동생이나 누나와 남동생의 관계, 그리고 어머니와 아들이나 어머니와 딸의 관계는 없는가 하는 것이다. 이 '다섯 가지의 기본적 인간관계'에는 여자가 무시되고 있다는 점이다. 여자로는 오직 '아이를 생산하는 아내'만 있을 뿐이다. 유교사회에서는 '삼종지도(三從之道)'라는 '세 가지의 복종'을 여자에게 가르쳤다. 여자로 태어나면 결혼 때까지 아버지라는 남성, 결혼 후 남편이라는 남성 그리고 남편이 죽고 난 후 본인이 죽을 때까지 아들이라는 남성에게 복종하며 살아가도록 가르쳤다. 남자 중심의 사회를 가르치는 유교는 분명 반여성의 사회철학이다.

봉건적 사회철학을 따르는 유교사회에서는 사람들을 구분한다. 권력가진 자와 못 가진 자, 나이 많은 이와 적은 이, 남자와 여자를 구분한다. '남녀 칠세부동석(男女七歲不同席)'이라 하여 남자와 여자는 일곱 살이 되면 서로 멀리하며 살아야했다. 또한 '사농공상(士農工商)'이라고 하여 모든 사람들을 구분하고 있다. 양반을 제일 위에 두었고 농업에 종사하는 이들을 상민이라 하는데 이들을 상놈으로 불러댔다. 그 밑에 공업이나 상업에 종사하는 이들을 천대하여 '쟁이'니 '장사치'니 하고 불렀다. 다른 신분 사이에 말하는 법도 달랐고 결혼을 금지하였다. 차별과 억제의 사회인 것이다.

이러한 사회에서는 '군림'이 삶의 목표가 된다. 모두가 과거를 보고 부, 권력 그리고 명예를 누릴 수 있는 그래서 다른 사람 위에 군림하고 지배할 수 있는 양반이 되고자 한다. 그러나 이 과거에 합격하고 관직에 올라 본인은 물론 온 집안이 떵떵거리며 살 수 있는 사람은 가난한 하층 신분의 사람들이 아니다. 가난한 이들은 공부할 틈이 없다. 본인과 가족의 생계를 위해 논밭으로 일을 나가야하기 때문이다. 오직 부유한 양반 아들만이 일하지 않고 좋은 선생 밑에서 좋은 교육을 받게 됨으로 이들이 과거에 합격하고 양반이 되었던 것이다. 자자손손 세대를 이어 양반은 군림의 양반자리를 계속 누리게 된다. 위에 있는 자들은 항상 위에 아래에 있는 자들은 항상 아래에 있게 된다는 말이다. 바로 유교적 조선사회가 그랬다.

이러한 조선사회는 영속될 수가 없었다. 양반에 착취당하고 억눌려온 하층 신분의 사람들이 사회적으로 정치적으로 깨어나 양반 중심의 사회를 뒤집으려는 민란이 여기저기서 일어나기 시작하였다. 비록 실패는 하였지만 1894년에는 동학농민혁명군이 유교왕조를 뒤흔들었다. 1876년 일본에 의해 강제적으로 문을 연 조선은 1882년 미국을 비롯한 서양제국과 조약을 맺어 '은자의 나라' 조선에도 개혁의 열기가 불어 닥쳤다. 이 물결을 타고 기독교가 들어온 것이다.

이러한 유교적 조선사회에 들어온 기독교는 놀랍게도 빠르게 뿌리 내리고 가지 쳐 뻗어나갔다.[24] 도대체 누가, 왜 서양에서 온 이 종교공동체로 들어왔는가. 초기 개종자들의 사회적 배경을 분석한 바 있는 사회학자 박영신은 이들은 모두 개혁적 조선 사람들이라고 하였다. 유교적 체제와 이념적, 심리적으로 강하게 이어지지 않아 쉽게 새 종교에 들어온 평민들도 개혁적이고 유교적 조선을 개혁하여 부강한 나라를 만들어보겠다고 들어온 양반들도 개혁적이다.[25] 청일전쟁 전후에 침략의 야욕을 드러낸 일본에 맞서기 위해서 힘과 부의 상징이 된 미국에 기대어 나라를 구하려 했던 이들도 다 개혁적이다. 짧게 말해서, 이 새 종교 공동체의 구성원들은 적극적이든 소극적이든 처음부터 모두가 개혁적이었다.

이 개혁적 조선 사람들이 매료된 것은 바로 기독교의 가르침이다. 당시 역사적 상황에서는 가히 혁명적인 가르침이었다.[26] 흔히 말하는 것이지만, 이들은 하나님 앞에서 모두가 평등하다는 가르침을 받았다. 유교적 신분 사회에서 양반과 상민이, 남자와 여자가, 그리고 어른과 어린이가 동등하다고

---

24 조선 기독교의 성장에 대한 논의는 나의 영문저서 *Protestantism and Politics in Korea* 1장을 볼 것.
25 Yong-shin Park, "Protestant Christianity and Social Change," University of California(Berkeley) Ph.D. dissertation, 1975, 1장과 2장을 볼 것.
26 나의 영문저서 *Protestantism and Politics in Korea* 2장과 4장을 볼 것.

믿고, 한 곳에 모여 종교 의식과 행사를 하였다. 대대수 조선 사람들이 따르는 유교적 가르침과 습속과 결별을 결단한 이들이다.

유교적 조선의 오랜 관행인 제사를 비기독교적인 것으로 단정하고, 새로운 종교 공동체에 들어오기 위해서는 이러한 유교적 가르침과 관행을 비롯한 옛 습관과 습속을 포기할 것을 요구하였다. 유교적 신분사회에 대한 기독교의 비판과 가르침은 자못 전투적이었다. 당시 선교사들의 글에서 한 구절 따와 보자.

> "조선의(유교적) 스승들은 여자는 남자보다 못하다고 가르쳤다. 기독교는 이를 정면으로 부인함으로서 충돌이 있게 된다. 이들은 어떤 사람들은 다른 이들보다 더 우월하다고 가르치는데 우리는 역시 이에 동의하지 못한다."[27]

당시 기독교 신도들은 이러한 불평등과 차별의 제도, 습속을 소극적으로 피한 것이 아니다. 당시의 기독교인들은 사람을 구분하여 차별하는 유교질서를 '사악의 것(the evil)' 또는 '이방의 가르침(heathenism)'으로 간주하며 적극적으로 부딪혀 바꾸기를 선포한 무리들이었다.[28] 기독교로 개종한 어떤 양반의 고백을 보자.

> "넉 달 전 나는 이 사랑방(예배처소-글쓴이 달음)에 있는 것이 부끄러웠다. 교인들이 모여 무릎 꿇고 기도할 때 나는 기분이 매우 언짢아 똑바로 편히 앉았었지만, 얼마 후 나도 무릎 꿇기 시작했는데, 부끄러운 마음이 모두 사라져버렸다. 하나님은 나에게 믿는 마음을 주신 것이다. 내 친

---

27 George H. Jones, "Open Korea and Its Methodist Mission," *The Gospel in All Lands*(1898.9), 391~396쪽, 특히 391쪽을 볼 것.
28 윗글, 392쪽을 볼 것.

구들은 내가 미쳐 버렸다고 말하면서 찾아오지도 않는다. 그러나 참 하나님을 경배한다는 것은 미쳐 버린 징조가 아니다. 사실 나는 양반이지만 하나님께서는 어떤 이는 양반으로, 또한 어떤 이는 상놈으로 만드시지 않았다. 인간들이 그러한 구분을 지은 것이다. 하나님께서는 모든 사람들을 평등하게 만드시었다."[29]

다른 조선 사람들보다 더 개혁적이어서 이 종교 공동체에 들어온 이들이 이처럼 '혁명적 가르침'을 받아 전투적으로 벌이는, 그러나 소리 없는 혁명을 위의 글귀에서 읽게 된다. 예수 믿은 후 하나님은 모든 사람들을 평등하게 지으셨다는 양반의 고백도 그러하거니와 무엇보다도 크게 위세를 부리던 양반이 천대받던 상놈과 부녀자들과 함께 자리하여 함께 무릎 꿇고 한 하나님을 향해 기도하고 찬송 불렀다는 행위도 혁명적이고, 계급을 초월한 그 모임 자체도 당시로서는 혁명적이었다. 세상 친구들의 조롱을 우습게 여기고 세상 것을 초월하여 더 높은 수준의 삶을 추구하겠다는 당시 기독교 신자들의 깊은 신앙심과 자부심이 위의 따온 글 뒤에 깔려 있음도 느낄 수 있다.

특히 이글에서 우리는 양반과 상놈을 구분하고 차별하는 제도를 인간이 만든 제도라고 한 것을 중히 여기고자 한다. 하나님이 만든 것이 아니라 인간이 만든 것은 인간이 파기 시킬 수 있다는 믿음을 초기 개종자들은 가지고 있었던 것이다. 예수가 유대의 율법을 대하듯이 말이다. 짧게 말해서, 당시 기독교 신자들은 이처럼 도전적 무리, 개혁적 무리였던 것이다. 그래서 나는 당시 기독교의 성장은 개혁적 사회, 정치 세력의 조직적 확대를, 거꾸로 개혁 세력의 확신은 기독교 공동체의 확산, 적어도 이 종교에 호의적인 세력의 확산을 의미한다고 주장한 바 있다.[30] 구한말 기독교와 조선의 개혁

---

29 S.F. Moore, "An Incident in the Streets of Seoul," *The Church at Home and Abroad*(1894.8) 120쪽에서 따와 옮김. 이 글은 양반의 고백을 선교사 무어가 영어로 옮긴 것이다.

적 사회, 정치 세력은 이렇게 만나 이처럼 맞물려 있었던 것이다. 차별과 군림의 유교적 질서를 허물고 평등하고 함께 섬기는 새로운 질서를 만들려는 이들의 조직공동체가 당시의 교회였다는 말이다.

다시 말하지만, 서양, 특히 미국에서 온 선교사들은 17세기 퓨리턴들이 가졌던 선민의식, 사명감, 개척정신을 가지고 "새 예루살렘", "새 가나안" 미국과 같은 모범적인 나라를 조선이라는 "광야"에 세우고자 하였다. 그 한 가운데 윌리엄 베어드가 있었다.

5. 꼬리글

베어드의 역사의 시작

우리가 본 바와 같이 기독교와 유교적 조선사회와의 만남은 긴장과 갈등의 시작이었다. 베어드와 같은 미국 선교사들이 조선의 유교 질서나 가르침에 타협하거나 순복하지 않았기 때문이다. 그들은 그렇게 할 수가 없었다. 왜냐하면 그들은 17세기 미국이라는 "광야"로 가서 "언덕 위에 모범적인 도시"를 세우라는 명령을 하나님으로부터 받았다고 믿었던 퓨리턴들의 후예이기 때문이다. 19세기 중반 종말론적 분위기에 휩싸인 미국 교회에서 자라고, 바다 저 편에 있는 이방의 땅에 복음을 전하고, 그곳에 미국과 같은 도성을 세우라는 명령을 하나님으로부터 받았다고 믿는 이들이었다.

그래서 그들은 학교를 세우고, 병원을 지었으며, 고아원을 경영하였다. 그리고 그들은 미국의 문명이 기독교 문명이고, 그래서 조선 것보다 더 좋다는 우월감(자부심)을 기지고 조선 사회를 바꾸고자 하였다. 다시 말하면 유교적 조선을 혁파하고자 하였다. 그들에게는 조선의 문명화(미국화)가 기독

---

30 나의 영문저서 *Protestantism and Politics in Korea* 1장과 4장을 볼 것.

교화이고, 기독교화가 문명화이었던 것이다. 그렇기에 베어드와 미국 선교사들은 조선 사회와의 만남은 바로 '맞섬' 그것이었다. 베어드의 조선에서의 삶, 그리고 그의 역사는 '맞섬'이었던 것이다.

이런 뜻에서 그는 "잘못된 제국주의"자가 아니라 "참 제국주의자"이었던 것이다. 이런 측면에서 스피어의 말은 적어도, 베어드의 삶과 역사에서는 옳다.[31]

우리는 역사를 쓴다. 학교사도 교회사도 나라의 역사도 개인의 평전도 쓴다. 그러나 역사학에 기대어 글쓰는 이들은 자기의 연구 주제나 인물, 자기 학교나 교회의 역사를 쓸 때 '역사 위에, 역사 그 너머'의 학교, 교회, 인물로 신비화하거나 신성화하지 말아야 한다. 역사학자들도 흔히 그런 유혹, 그런 압박에서 자유롭지 못할 때가 많다. 하물며 비(非) 역사학도들, 몰(沒) 역사학도들의 역사연구나 인물연구는 오죽하겠는가.

베어드를 '역사 위에, 역사 그 너머'의 신비로운 인물로서가 아니라, '역사의 사람'으로 바라보아야 베어드의 '두드러짐'이 드러날 것이다. 유교사회와 맞섬의 삶을 꾸린 베어드의 삶과 역사는 그래서 우리의 지적 관심 안으로 들어온다. 아주 흥미 있고 의미 있는 주제로 말이다.

---

31 각주 20의 스피어의 언급을 살펴볼 것.

참고문헌

류대영, 『초기 미국선교사 연구』(서울: 한국기독교역사연구소), 2001.

박영신, 「미국 패권주의, 그 뿌리」, 『환경과 생명』 55호, 2003년 봄.

박영신 / 박정신(옮김), 『근대일본의 사회사』(서울: 현상과인식), 1993.

박정신, 『근대한국과 기독교』(서울: 민영사), 1997.

_____, 『한국기독교사 인식』(서울: 혜안), 2004.

_____, 『한국기독교 읽기』(서울: 다락방), 2004.

_____, 「19세기 말, 20세기 초 미국의 대학교육 개혁─하버드대 찰스 엘리엇 총장의
    개혁을 중심으로」, 『아세아문화』 20호, 2004년 4월.

이보형, 『미국사 개설』(서울: 일조각), 1975 / 2005.

Baird, Richard M., *William M. Baird: A Profile*, 1968.

Clark, James I. and Remini, Robert V., *We the People ─A History of the United States*, 2vols.,
    Beverly Hill, Calif.: Glencoe Press, 1975.

Grob, Gerald N. and Billias, George Athan.(eds.). *Interpretation of American History: Patterns
    and Perspectives*, vol II, New York: The Free Press, 1969.

Hopfe, Lewis M., *Religions of the World*, New York: Macmillan Publishing Co., 1989.

Hutchison, William R.. *Errand to the World ─American Protestant Thought and Foreign Missions*,
    Chicago and London: University of Chicago Press, 1987.

Jones, George H., "Open Korea and Its Methodist Mission," *The Gospel in All Lands*, 1898년
    9월호.

Moore, S.F., "An Incident in the Street of Seoul," *The Church at Home and Abroad*, 1894년
    8월호.

Park, Chung-shin., *Protestantism and Politics in Korea*, Seattle and London: University of
    Washington Press, 2003.

Park, Yong-shin., "Protestant Christianity and Social Change," University of California
    (Berkeley), Ph.D. dissertation, 1975.

Robert, Randy and Olson, James S.(eds.)., *American Experiences*, 2vols., Glenview, Ill. and
    London: Scott, Foresman/Little, Brown Higher Education, 1990.

Vidler, Alec R., *The Church in an Age of Revolution, 1789 to the Present Day*, New York:
    Pelican Books, 1961.

Chapter 2

19세기 말, 20세기 초 미국의 대학교육 개혁[*]

하버드대 찰스 엘리엇 총장의 개혁을 중심으로

1. 머리글

필자가 미국 대학교육에 관심 가지게 된 것은 다음 세 가지 이유에서다. 첫째, 미국에서 공부하고 난 후 13년간 미국대학에서 가르친 경험 때문이다. 외국 사람이 미국대학에서 미국학생들을 가르치게 되어 미국의 역사 그리고 미국대학의 역사를 읽어야할 필요성을 느끼게 되었다. 특히 1980년대 후반 경제적 위기를 당한 미국에서 미국의 학자들이 "제국의 몰락(The Fall of Great Empires)"을 이야기하고, 일본과 아시아의 "네 마리 작은 용들(four little dragons)"에게 잡혀 먹힐 듯 두려움을 나타낼 때, 나는 미국 대학

---

[*] 이 글은 한림대학교 부설 아시아문화연구소의 학술발표회에서 발표하였고 『아시아문화』(2004)에 게재되어 있음을 밝혀둔다.

교수가 되었으므로 이때 불어온 미국사회의 대학교육개혁에 관한 토의를 접하게 되어 미국대학, 미국대학의 역사에 관심을 두게 되었다.[1]

둘째, 미국에 사는 동안 자료수집을 위해 또는 가족을 방문하기 위해 한국을 빈번히 방문하였다. 특히 1990년대에 "국제화"다 "세계화"다 하면서 온 나라가 이 담론으로 범람하고 있었음을 보게 되었다. 세계화란 깃발아래 국책과목인 국사교육이 교양선택이 되고 필수과목이었던 여러 인문학 분야의 과목이 없어지거나 선택으로 밀려났다고 "인문학의 위기"를 이야기하고 있었다. 한국사람으로 미국에서 역사학 교수를 하고 있던 나는 자연히 두 나라 대학을 비교하는 시각을 갖게 되었다.[2]

셋째, 2000년에 귀국, 서울의 한 대학에서 잠시 본부행정을 맡은 경험이 있다. 총장선출을 둘러싼 대학 구성원(이사회, 동문회, 교수협의회, 직원노동조합 그리고 총학생회)사이의 반목과 질시가 드디어 교정 이곳저곳에 걸린 현수막, 강의실과 심지어는 화장실 벽에까지 붙은 대자보의 전시장인 듯 착각할 정도의 "분규대학"에서 본부행정을 맡게 되었다. 교직원노동조합은 7개월 째 파업 중이었고 교수협의회와 총학생회는 보직거부와 수업거부운동을 펼치고 있던 이 대학에 미국에서 갓 돌아온 나에게 파업을 풀고 학교를 정상화시켜 달라는 이사회와 총장의 권유를 받아들여 한달 만에 이 "분규대학"을 겉으로는 적어도 "정상의 대학"으로 수습한 적이 있다.

---

1 1987년 워싱턴대학에서 학위를 끝내고 그해 가을부터 남오레곤주립대학교에서 가르치기 시작하여 2000년까지 오클라호마주립대학 종신교수로 있었다. 이 기간 나는 미국의 몰락과 '아시아세기'의 도래를 내다보는 Paul Kennedy, Daniel Bell, Ezra Vogel의 견해와 다른 주장을 여기저기서 펼친바 있다. 보기를 들어 "Yellow Peril or White Panic?—Japan and the United States in the Twenty-First Century," Western Pacific Survey: Japan Symposium on United States and Japan Relation의 Proceeding을 볼 것. 이 심포지엄은 1992년 11월 20일 Edmond, Oklahoma에 있는 University of Central Oklahoma의 Western Pacific Institute가 주최하였다.
2 안식년(1997~1998년)을 연세대에서 보낼 때 이러한 나의 시각의 일부분을 대중잡지에 발표한 바 있다. 「역사의식 함양으로 IMF뛰어넘자」, 『월간 중앙』 WIN, 1998년 5월호, 252~255쪽을 볼 것.

이러한 연유로 나는 대학교육, 대학행정 나아가 대학개혁 문제에 관심을 가지게 되었고, 또한 미국대학과 우리의 대학을 비교하는 습성을 가지게 되었다. 특히 세계화의 거친 물결이 몰려오고 산업화시대에서 이른바 지식정보화시대에 진입하면서 겪는 우리사회, 우리대학에 "개혁"이라는 말이 정부관리, 대학총장, 기업경영인, 대학교수에서만 듣는 것이 아니라 길거리에서 만나는 모든 이들의 언어가 된 때 나는 당연히 대학개혁에 관심을 가지지 않을 수가 없게 되었다.

지금도 우리는 대학총장을 직선으로 뽑아야 하는지, 국사과목을 필수로 해야하는지, 학부제를 하여야 하는지 등과 같은 여러 대학교육 문제를 매일 이야기한다. 우리의 대학개혁 또는 대학교육개혁을 논의할 때 한 걸음 뒤로 물러나 미국의, 특히 19세기 중반 급격한 산업화와 도시화가 몰고 온 격동기에 미국 대학들은 시대변화에 따른 새로운 욕구와 요구를 충족시키기 위해 과연 어떻게 교육개혁을 이루어나갔는지를 잠시 살펴보고자 한다.

2. 미국의 대학, 그 변화의 첫 물결

19세기에 들어서면서 산업화와 상업활동의 급속한 확대는 미국사회를 급격한 변화의 소용돌이 속으로 몰아갔다. 공장과 회사들이 있는 곳으로 사람들은 몰려갔고, 여러 곳에 이른바 "도시(city)"라고 불리는 지역들이 생겨났다. 미국의 역사를 연구하는 이들은 이때 미국이 "하나의 도시국가(a urban nation)"가 되어가고 있었다고 말한다. 이 도시에서는 도로, 수송, 하수도, 주택 따위의 문제가 새로운 관심사가 되었고, 이곳저곳에서 몰려온 사람들이 뒤섞여 살게 되면서 새로운 사회, 새로운 문화가치가 잉태하게 되었다. 이러한 변화는 다양성(diversity)이 사회, 문화가치의 바닥에 깔리도록 해 주었다. 미국의 대학들도 이 거대한 변화의 소용돌이 속으로 빠져 들어갔다.[3]

익히 알다시피, 미국의 대학은 "무식한 성직자들" 문제를 해결하기 위하여, 다시 말해서 성직자들을 교육하기 위해 세워졌다. 미국 최초의 대학인 하버드(Harvard)는 1636년 매사추세츠(Massachusetts)주의 케임브리지(Cambridge, 당시는 Newtowne이라 했음)에 세워졌는데, 1637년에 도서기증을 한 찰스타운 (Charlestown)의 목사 존 하버드(John Harvard)의 이름을 붙이게 되었다.[4] 그 후 1701년에 예일(Yale), 1746년에 프린스톤(Princeton), 1769년에 다트머스 (Dartmouth) 등 여러 사립대학이 문을 열었다. 성공회, 회중교회, 장로교, 퀘이크와 같은 기독교 각파가 그들의 성직자들 길러내기 위한 교육기관으로 대학을 설립했던 것이다. 미국의 초기 대학들의 커리큘럼은 자연히 라틴어문학을 비롯한 신학, 철학, 역사학과 같은 고전학과 인문학 분야의 과목들이 필수과목으로 짜여졌던 것이다. 짧게 말하면, 요즈음 명문대학이 된 미국의 초기 대학들은 성직자 양성기관의 성격을 지니었고 교육내용도 이에 따른 것이었다.[5]

앞서 말했듯이 이러한 미국대학도 19세기 중반으로 접어들면서 산업화와 도시화가 몰고 온 변화의 소용돌이 속으로 들어가 변화를 강요받게 되었다. 이때의 대학변화의 환경으로 다음 네 가지를 눈여겨보아야 할 것이다.

첫째, 산업화와 상업활동의 급속한 확대는 부의 급속한 증대로 이어져 수많은 부자들을 탄생케 하였다. 이와 이어지는 것이지만 연방정부와 주 정부도 엄청난 세금 수입을 갖게 되었다.[6]

둘째, 산업화, 도시화 그리고 상업활동의 급속한 확대는 산업사회에 걸

---

3 이에 대해서는 Richard N. Current, T. Harry Williams, Frank Freidel and Alan Brinkley, *American History: An Survey*, vol. 2(New York: Alfred A. Knope, 1987), 18장을 볼 것.
4 하버드대학 개교에 대해서는 Samuel Eliot Morison, *The Founding of Harvard College* (Cambridge, Mass.: Harvard University Press, 1935)을 볼 것.
5 미국 초기 대학에 대한 개론적 논의는 James I. Clark and Robert V. Remini, *We The People: A History of the United States* (Beverly Hills, Calif.: Glencoe Press, 1975), 5장을 볼 것.
6 Current and others, 윗글, 541~542쪽을 볼 것.

맞는 전문지식, 변화된 세상에 걸 맞는 인재를 요구하게 되었다.

셋째, 산업화에 따른 경제규모 학대로 떼돈을 벌게 된 이들, 이를테면 록펠러(Rockefeller), 카네기(Carnegie), 밴더빌트(Vanderbilt)와 같은 이들이 부를 사회, 특히 대학에 기증하기 시작하였다.

넷째, 1865년에 통과된 토지기증법(The Morril Land Grant Act)이 연방정부와 주정부의 세금수입 확대로 19세기 말에 이르면 의미가 있는 법안이 되게 되었다.[7]

이 당시 떼돈을 번 이른바 백만장자들은 "부의 복음(The Gospel of wealth)"을 신봉하는 이들이었다. 이 "부의 복음"은 한편으로는 베버가 말하는 기독교적, 윤리적 자본주의 개념과 이어서 생각해 볼 수도 있겠지만, 기독교의 청지기 정신(stewardship)과 부르심(calling)에 토대를 둔 것이고, 다른 한편으로는 산업사회에서 필연적으로 나타나는 계급갈등을 염려하는 마음과 이름을 드러내려는 공명심을 함께 가지고 있었다. 하여튼 신흥백만장자들이 수백만 달러를 하버드나 예일 같은 기존 대학에 기증하거나 아예 새로운 대학을 세워가기 시작하였다. 밴더빌트, 존스 홉킨스(Johns Hopkins), 코넬(Cornell), 듀크(Duke), 튤레인(Tulane), 스탠포드(Stanford) 대학들이 그 보기다. 수많은 "부의 복음" 신봉자들 덕택에 미국 대학의 역사에, 나가서는 미국 역사에 한 획을 긋는 변화가 나타나게 된 것이다.

그 변화를 하버드대학에서 찾을 수 있다. 이때, 다시 말해서 1869년에 35세인 찰스 윌리암 엘리엇(Charles William Eliot)이 총장이 되어 40년간 봉직하면서 하버드대학 개혁을 주도하였다. 물론 젊은 화학자가 미국에서 제일 오

---

7 윗글, 같은 곳을 볼 것. 급속한 산업화와 도시화에 따른 사회, 역사변동기에 일어난 미국대학의 개혁과 변화의 두 큰 흐름 가운데 이 글에서는 하버드, 예일과 같은 미국 초기 대학들의 개혁과 변화만을 다룬다. 미국대학개혁과 변화의 다른 큰 흐름인 Oklahoma State University, Oregon State University와 같은 이른바 "Land-Grant institutions"에 관하여서는 글을 달리하여 내 생각을 쓸 생각이다.

래된 대학에서 40년이나 총장으로 봉직하였다는 사실이 4년마다 총장을 바꾸어야 하는 것이 관행이 된 우리 사회, 우리 대학의 구성원들에게는 시선이 머무는 대목이기도 하다. 그러나 이 글에서는 그의 교육철학, 교육개혁의 꼴과 결만을 살피고자 한다. 우리의 대학문제, 대학교육개혁 문제를 염두에 두었음은 물론이다.

3. 찰스 윌리암 엘리엇
그의 교육철학과 대학관[8]

엘리엇은 1834년 보스턴에서 부유한 수입상의 외아들로 태어났다. 보스턴라틴학교를 거쳐 하버드대학에 입학, 수학과 화학을 전공하고 1853년 19세에 대학을 졸업하였다. 졸업을 하면서 수학 강사가 되었고 1858년부터 1863년 동안 수학과 화학 분야 조교수가 되었다. 그 후 2년 동안 유럽에서 화학을 연구하며 유럽식 교육방법과 교육기관을 관찰하고 귀국, 매사추세츠공과대학(Massachusetts Institute of Technology) 화학교수로 부임하게 된다. 1869년 하버드대학의 힐 총장(The Rev. Thomas Hill)이 사임하게 되자 그 후임총장으로 선임되어 이후 40년간 미국의 최초의 대학개혁의 선두에 섬으로 미국전역에 펴져 있는 여러 대학의 개혁을 견인하였다.[9]

엘리엇이 총장이 되었을 때 하버드는 유럽 선진대학들과 비교해서 아직

---

8 엘리엇에 대한 나의 논의는 William Allan Neilson(ed.), Charles W. Eliot: The Man and His Beliefs, vol. 1(New York and London: Harper and Brothers, 1926)에 실린 엮은이의 평전, 총장 취임사를 비롯한 엘리엇의 교육철학과 개혁프로그램이 담긴 여러 글들을 주로 기대었다. 물론Charles H. Russell, "Charles W. Eliot and Education," *Journal of Higher Education* vol. 28, no. 8(Nov., 1957), 433~438+466쪽, Edward N. Saveth, "Education of an Elite," *History of Education Quarterly*, vol. 28, no. 3(Autumn, 1988), 367~386쪽을 비롯하여 여러 논문을 참조하였다.
9 Neilson, 윗글, ix~xi쪽을 볼 것.

도 "옛것에 매달린 무력한 대학(unprogressive, ineffective college)"이었다.[10] 교수
와 학생 모두가 이를 알고 있었음으로 총장으로서 그는 앞서 있는 유럽대
학들과의 격차를 좁히면서 변화의 소용돌이 속에 있는 미국이 필요로 하는
인재 양성기관으로 하버드를 개혁하는 임무를 수행하여야 했다. 40년 총장
재임기간에 엘리엇은 미국 "뉴잉글랜드 지방의 한 대학(a New England
college)"인 하버드를 "세계적인 대학(a cosmopolitan university)"으로 육성시켰
다.[11] 어떠한 개혁과도 마찬가지로 여기에도 철학, 프로그램 그리고 지도력
이 있어야 하는 것이다. 그의 총장취임사에 기대어 그의 교육철학 그리고
대학을 보는 눈을 살펴보자.[12]

하버드 총장으로 취임하기 전 엘리엇은 이 대학이 갈기갈기 찢겨 있었다
는 사실을 이미 알고 있었다. 무엇보다도 교수사회가 여러 갈래로 나뉘어
서로 반목하고 불신하고 있었던 것이다. 이를테면 기존의 교양필수과목을
가르치는 이들과 시대의 변화에 걸맞게 기존의 것을 없애고 새로운 과목들
을 넣어야한다는 이들 사이에 치열한 논쟁이 한창이었다. 그래서 그는 총장
취임사 첫 마디를 다음과 같이 시작한다.

> "언어, 철학, 수학 또는 과학이 가장 좋은 정신훈련을 제공하는지, 교양
> 교육은 주로 인문학이어야 하는지 또는 주로 과학이어야 하는지에 관한
> 끊임없는 논쟁은 오늘날 우리에게 실제적인 교훈이 되지 못합니다. 이
> 대학은 문학과 과학 사이에 어떠한 반목도 인정치 않고 수학이나 고전
> 학, 과학이나 형이상학과 같은 그러한 좁은 선택에 동의하지 않습니다.
> 우리는 이 모두를 가질 것이고 또한 최고를 원합니다. 날카롭게 보고, 견
> 고하게 사유하며 왕성하게 상상하는 것은 분명하다고 해서 억지로 강요

---

10 윗글, xi쪽.
11 윗글, xiii쪽.
12 이 취임사는 윗글, 1~37쪽에 실려 있다.

된 견해표명, 그것만큼 본질적인 지적 작업입니다. 이러한 능력가운데 하나를 개발하기 위해서는 다른 학문을 억누르고 그 성장을 방해할 필요가 없습니다……. 시, 철학 그리고 과학은 인류의 물질적 복지 촉진을 함께 도모합니다. 그러나 과학이 시보다도 그 유용성 면에서 가장 좋은 보증은 아닙니다. 참과 옳음은 사상과 행동 모든 영역에서 유용성보다 더 중요한 것입니다.[13]

화학과 수학 분야의 과학자가 자기 전공의 울타리를 훌쩍 넘어 다른 학문의 중요성을 높이 평가한 엘리엇의 열린 사고도 눈여겨볼 대목이지만, 시나 철학 그리고 역사학과 같은 인문학들도 과학과 더불어 "인류의 물질적 복지"를 촉진하고 있다는 시각이 우리에게 신선하게 들린다.

사실 엘리엇은 대학에서 무슨 과목을 가르칠 것인가(what to teach)보다는 어떻게 가르쳐야 하는가(how to teach)가 더 중요한 문제라고 제기한다.[14] 고전을 가르치던, 철학을 가르치던 그리고 과학을 가르치던 학생들이 "좋은 교수법"을 통하여 "인간의 관심 모든 주제에 대한 정확한 개괄적 지식"을 갖도록 해야 한다고 그는 주장하였다.[15] 이를테면 철학을 가르칠 때 "권위를 가지고(with authority)" 가르치지 말아야 한다고 엘리엇은 말한다. 왜냐하면 철학이란 누구나 받아들이는 과학이 아니고 논쟁적인 문제, 미해결의 문제 그리고 헤아릴 수 없는 추측으로 가득하기 때문이다. 그래서 선생은 학생에게 어떤 주장이나 학설을 "따르라고 부담을 주어서는 안 되며 여러 가지를 제시하는 태도를 가져야 하는 것(exposition, not imposition)"이다.[16]

엘리엇이 강조하는 교육철학과 방법은 기존 역사교육에 대한 그의 비판

---

13 윗글, 1쪽.
14 윗글, 3쪽.
15 윗글, 4~7쪽.
16 윗글, 7쪽.

과 교수방법 제시에서 선명하게 나타난다. 모두가 역사교육의 중요성을 이야기하지만 아무도, 심지어는 아주 훌륭히 가르친다는 이들조차 기존의 교수방법이 얼마나 미숙하고 유치한지를 익히 알지 못하고 있다고 엘리엇은 꼬집는다.[17] 그의 비판의 출발점은 역사란 단순히 책만을 가지고 "날자들을 암기로 배우게 하는 것은 역사를 가르치는 것이 아니다(To learn by rote a list of dates is not to teach history)"라는 믿음에서 비롯되었다.[18] 역사적 현상은 적극적이고 포괄적이며 공정한 태도를 가진 선생에 의해 생명을 불어넣어 설명되어야 하는 것이다.[19]

선생이 진실이라고 믿는 바를 권위 있게 가르치는 것을 교육이라고 보는 종래의 생각은 성직자들을 위한 수도원이나 신학교 교육에는 적합할지 몰라도 일반학교나 대학에서는 "용납할 수 없는(intolerable)" 것이다. 대학문화가 낳은 값진 열매란 열린 마음, 열린 정신이다.[20] 한 마디로 말해서 엘리엇의 교육철학과 대학관은 "자유"에 터하고 있는 것이다. 그래서 그는 이렇게 말한다. "대학은 재정이 넉넉하여야한다. 그러나 무엇보다도 대학은 자유로워야한다. 자유의 끊임없는 바람이 대학의 모든 공간에 불어야한다……. 지적 자유의 분위기는 인문학과 과학이 본래 가진 풍토이다."[21] 이사회도 동창회도 그 어느 곳도 이 자유함을 대학에서 앗아갈 수는 없는 것이다. 그래서 엘리엇은 "대학이란 이 세상에서 독재자를 위한 마지막 장소이다. 학문이란 항상 리퍼블리칸이다. 대학은 경외의 대상은 가지고 있으나 주인을 가지지는 않는다(A university is the last place in the world for a dictator. Learning is always republican. It has idols, but not masters.)"고 선포하였다.[22]

---

17 윗글, 6~7쪽.
18 윗글, 7쪽에서 따옴.
19 윗글, 같은 곳을 볼 것.
20 윗글, 8쪽.
21 윗글, 29쪽.
22 윗글, 35쪽.

학문의 자유, 학생들의 교과 선택의 자유를 그가 끊임없이 주장하고 이를 실현시키고자한 것은 바로 그러한 교육철학과 대학관을 가졌기 때문이다. 이러한 생각에 터하여 나온 것이 획일적인 하나의 커리큘럼을 폐기하고 수많은 과목을 교양교육 과정에 개설, 학생으로 하여금 선택케 하는 이른바 "선택제도(the elective system)"의 전면적 도입이다.[23]

4. 엘리엇의 개혁
선택제도를 중심으로

기존의 획일적인 커리큘럼의 대안으로 나온 이 선택제도는 개개 학생들의 "다름"을 인정하는 교육철학에서 나온다.[24] 기존의 획일적 교양교육 (liberal education) 커리큘럼에는 희랍어, 라틴어, 고전문학 따위와 같은 제한된 과목이 들어있고, 대학 신입생은 누구나 이를 필수적으로 수강하여야 했다.[25] 성직자 양성기관으로 시작된 하버드 그리고 초기의 미국 여러 대학들은 이처럼 학생의 선택이 용납되지 않는 획일적 커리큘럼으로 교육한 것이다. 이것은 19세기 중엽부터 일기 시작한 산업화와 도시화의 거센 물결이 몰고 온 새로운 시대에 걸 맞는 커리큘럼이 아니었다. 산업화와 도시화에 따른 인재양성이 개인적으로 국가적으로 요구되고 있었다. 그럼에도 불구하고 하버드를 비롯한 미국의 대학들은 논의와 논쟁을 하고 있었을 뿐 대학에서 기득권을 가진 교수들, 기존 제도와 커리큘럼에 익숙해 있는 교수들

---

23 윗글, 10~14쪽 그리고 1908년에 출판된 그의 논문, "The Elective System"을 볼 것. 이 논문은 윗글, 132~159쪽에 실려있음.
24 윗글, 11쪽과 엘리엇의 논문, "The Elective System" 여러 곳을 볼 것.
25 19세기 말 미국의 교양교육의 실태와 이에 대한 엘리엇의 생각을 살피기 위해서는 1884년에 발표한 그의 논문, "What is a Liberal Education"을 볼 것. 이 논문은 윗글, 38~70쪽에 실려 있음.

의 능동적 변화는 거의 찾을 수가 없었다. 바로 이때 엘리엇이 하버드 총장이 되어 변화된, 변화되고 있는 미국사회가 요구하는 대학교육 개혁의 물꼬를 연 것이다. 그의 개혁의 요체는 앞서 말한 바와 같이 "자유"에 기반해 있었다는 점, 그리고 이 "자유"를 여러 다른 배경, 다른 관심, 다른 꿈을 가진 학생들에게 주려는 선택제도의 전면적 실시에 있었다는 점이다. 다시 말하면 획일적 커리큘럼이라는 감옥에 갇힌 학생들을 해방시켜 그들에게 자유를 준 것이다.

엘리엇의 평전을 쓴 닐슨은 이 선택제도를 논의하면서 다음 세 가지를 특징으로 지적하고 있다.[26]

첫째, 과목선택의 자유
둘째, (학생들이 선택한) 분야의 과목들 또는 특별히 이어지는 과목에서 뛰어난 업적을 얻을 기회 제공
셋째, 학생 개개인으로 하여금 나름의 습관과 행동에 대한 책임감을 갖도록 훈련함

이른바 선택제도의 주목적은 학생으로 하여금 그가 좋아하고 그의 능력에 따라 그가 공부하고 싶은 분야와 과목을 선택하도록 하는 것이다. 더 구체적으로 말하면 학생에게 흥미를 끄는 과목 그리고 학생에게 흥미를 끄는 교수의 과목을 학생이 선택하도록 한다. 이렇게 함으로 그가 흥미 없는 과목을 선택했을 경우보다 더 열심히 공부하고 더 빠른 진척을 낳아 더 빨리 만족할만한 지적 성취를 이룰 수 있는 것이다. 이러한 선택제도를 통해 교육받은 학생은 더 빨리 생산적 사람이 되게 된다.[27] 이 제도는 학생에게 선

---

26 윗글, xiii쪽.
27 윗글, 134쪽.

택의 자유를 줌으로 그로 하여금 선택에 따른 책임감을 갖게 한다.[28]

반복하여 말하면, 모든 학생이 선택할 수 없이 무조건 따라야하는 기존의 획일적 커리큘럼에는 라틴어, 희랍어, 고전문학, 철학, 역사와 같은 제한된 과목만 포함되어 있었다. 이러한 커리큘럼을 통해 교육받는 학생은 제한된 지식만을 습득할 뿐만 아니라 획일적 사고방식, 획일적 행동양식을 갖게 된다. 사회변동에 따른 다양한 요구에 부응하는 다양한 지식, 다양한 사고방식 그리고 다양한 행동양식을 가진 인간을 만들 수가 없는 것이다. 그래서 엘리엇은 기존제도와 커리큘럼의 "좁음"을 비판하고 "인간 삶의 다양성(the multiformity of life)"을 이해할 수 있도록 되도록 많은 과목들을 커리큘럼에 포함시키고자 하였다.[29] 그래서 다양한 사회적 배경과 개인적 관심 그리고 능력을 가진 학생들로 하여금 과목을 선택하여 스스로 분야를 만들어가도록 유도하고자 하였다. 이렇게 하는 것은 오늘날 우리가 말하는 전문화(specialization)[30]와 다른 의미의 전문화를 효과적으로 이끌어낼 수 있다고 엘리엇은 믿고 있었던 것이다.

이를테면, 의사는 최신의 의학 지식과 기술을 습득하여야 한다. 이를 위해서 의학도에게 의학에 관계되는 과목만이 포함된 획일적 커리큘럼을 따르도록 하여 좁은 의미의 전문가를 양성하자는 것이 엘리엇의 전문화의 개념이 아니다. 의사는 질병의 예방, 진단 그리고 치료에 대한 지식과 기술을 넘어서는 전문가가 되어야 한다는 것이 엘리엇의 전문화 개념이다. 의사는 인간 삶의 모든 양상과 조건들을 알아야 한다. 그는 공동체에 폐해를 주는 개인의 욕심과 탐욕 그리고 무관심에 대항하는 사회적 저항에 자문하고 도와주는 이가 되어야 한다. 그는 여러 형태의 미신과 비이성적인 것과 싸워

---

28 윗글, 139쪽.
29 Charles H. Russell, "Charles W. Eliot and Education, 윗글, 434쪽.
30 우리 사회와 대학에서 말하는 전문화는 교양교육을 되도록 줄이고 전공교육을 강화하여 전문지식을 빨리 갖도록 하자는 주장이다.

야 한다. 이를 위해 의사는 "사회적 힘(social power)"을 가져야하는데 이는 "교양인(cultivated person)"이 됨으로 얻어지는 것이다.[31] 교양을 갖춘 이러한 전문인은 "사회적 책임감(a sense of social responsibility)"을 만들어주는 인문학을 포함한 다양한 교양과목을 선택케 함으로 양성될 수 있다고 엘리엇은 주장하였다.[32] 교양을 가진, 사회적 책임감을 가진 전문인은 "휴머니즘에 과학이, 과학에 휴머니즘이 서로 관통(the interpenetration of humanism with science and science with humanism)"하게 함으로써 양성된다고 믿고, 다양한 과목을 포함시킨 커리큘럼을 학생에게 내어놓고 자유로이 선택하도록 한 것이다. 고전학, 역사학, 철학과 같은 과목과 수학, 화학, 생물학과 같은 이른바 새로운 과목이 포함된 교양 커리큘럼에서 학생들은 그들의 관심과 능력에 따라 자유로이 과목을 선택하도록 한 것이다.[33] 그러니까 엘리엇의 선택제도와 그의 전문화 교육은 같은 동전의 양쪽 얼굴인 셈이다.

5. 꼬리글

오늘날 '세계화'의 물결을 주도하고 있는 미국, 그 미국대학의 변화를 읽는 것은 미국의 교육사, 미국의 지성사를 읽는 것이고, 나아가 미국역사 그 자체를 읽는 것이다. 계속해서 복잡해지고 있는 산업사회라는 인간 삶의 새 환경이 요구하는 인재는 성직자 양성을 위한 이전의 대학교육제도와 커리큘럼으로는 양성할 수가 없었다. 19세가 중엽 찰스 윌리암 엘리엇이 하버드대학 총장이 되어 이전에 중요시되어 온 과목에 더하여 새로운 시대에 요

---

31 윗글, 435~436쪽.
32 윗글, 436쪽.
33 윗글, 같은 쪽에서 따옴.

구되는 과목들을 포함한 새 커리큘럼을 제시하고 학생들로 하여금 그들의 관심과 계획에 따라 과목을 선택하게 하였다. 이러한 제도와 커리큘럼의 개혁은 개인의 자유, 학문의 자유, 선택의 자유라는 넓고 깊은 철학적 바탕에 근거하고 있다. 이렇게 함으로써 개인도 사회가 필요로 하는 교양 있는 전문인이 될 수 있고, 이 전문화된 교양인이 사회에서 활동할 때 국가와 사회도 다양한 전문화를 이룰 수 있다는 실용주의가 미국정신의 밑바탕에 깔려 있었을 것이다.

우리가 19세기 중엽에 하버드에서 시작된 대학개혁에 관심가지는 것은 시대변화에 따른 대학의 대응모습을 보고자 함이다. 우리 사회는 산업사회에서 이른바 지식정보화사회로 급속히 이동하고 있다고 한다. 산업사회가 산업혁명으로 도래했고 지식정보화사회는 정보통신혁명으로 야기되었다. 이 정보통신혁명은 지구촌이 정보통신기술의 발달로 하나의 촌을 이루고 살 것이라는 전망을 낳아 세계화니 국제화니 하는 말들이 생겨났다. 이 변화의 물결 한 가운데 우리 사회, 우리 대학은 표류하고 있는 듯하다.

우리 대학의 인문학자들은 "인문학의 위기"를 이야기하고 요즈음의 대학이, 대학이 아니라 영어나 컴퓨터 학원으로 변했다고 자조하기도 한다. 교양필수였던 인문학 과목들이 없어지거나 교양선택의 자리로 밀려났다. 기존에 가지고 있던 과목들과 영향력을 상실한 인문학자들의 아픈 마음 그리고 그들의 한숨을 우리는 듣고 있다. 엘리엇이 선택제도를 채택하는 등 "혁명적" 개혁에 휩싸인 19세기 중엽의 하버드대학에서 인문학 중심의 기존의 교양필수가 하나의 교양선택으로 밀려났을 때 교수들의 절망, 좌절 그리고 저항하는 모습을 우리는 떠올리게 된다.[34] 그러나 세계화시대, 지식정보화시대에 대응한다며 위에서 관료적으로 강요한 우리의 대학 개혁이나 우리의 교양과목을 비롯한 커리큘럼 개혁은 산업사회에 부응하여 나온 엘리엇

---

34 윗글, xi~xii쪽과 엘리엇의 총장취임연설 및 그의 논문 "The Elective System" 여러 곳을 볼 것.

의 그것과는 본질적으로 다르다.

우리의 것이 위에서 관료적으로, 전국의 대학들에 일률적으로 강제한 것이었다면, 엘리엇은 넓게는 학문, 좁게는 대학이 본래적으로 가지어야하는 가치인 "자유"에 뿌리를 두고 자율적으로 그리고 설득을 통하여 이루어진 것이다.[35] 우리의 커리큘럼이 변한 모습을 보이고 있으나 아직도 모든 학생들에게 획일적으로 강제하고 있는 반면, 엘리엇의 커리큘럼은 다양한 과목을 학생들에게 제시, 그들로 하여금 자유로이 선택할 수 있게 하였다. 우리의 것이 기능, 기술적인 과목들(영어나 컴퓨터)을 중심에 두고 커리큘럼을 짜고 대학을 개혁하려 했다면, 엘리엇은 기존의 여러 인문학의 가치를 더욱 강조하면서 오히려 과목을 늘려 다양화하고 새로운 시대가 요구하는 과목 등을 널리 포함시켰다. 그래야만 새 시대에 도덕성과 사회적 책임을 다하는 교양을 가진 전문가를 양성할 수 있다는 교육철학이 있었기 때문이다. 하나 더 붙인다면, 우리의 대학개혁은 4년마다 총장이 바뀌는 풍토에서 총장마다 각기 다른 개혁 프로그램을 내어놓아 지속성이 없는 단기적, 가시적 작은 변화인 반면, 40년 총장직에 있었던 엘리엇의 개혁은 조급하지 않고 거시적으로, 그리고 근본적으로 이룩된 것이다.

우리 사회는 개혁되어야 한다고 한다. 우리 대학은 개혁하여야 한다고 한다. 어떻게 개혁할 것인가. 이 질문에 섣불리 답하기보다 차분히 미국을 포함한 여러 나라의 대학교육개혁을, 대학교육의 역사를 읽어야할 때다. 우리의 의미 있는 대학개혁이 획일적 사고방식, 획일적 문화풍토 때문에 이루어질 수 없는 것이 아닌가 하는 불안한 마음 이 글 끝에 달아둔다.

---

[35] 엘리엇은 자신의 개혁 프로그램에 확고한 신념을 가졌으나 총장의 전제적 권한으로 밀어붙인 것이 아니라 설득으로 개혁을 완성하였다. 윗글, xii쪽.

참고문헌

박정신, 「역사의식 함양으로 IMF 뛰어넘자」, 『월간중앙 WIN』, 1998년 5월.

Clark, James I. Remini, Robert V., *We the People: A History of the United States*, Beverly Hills, Calif.: Glencoe Press, 1975.

Morison, Samuel Eliot., *The Founding of Harvard College*, Cambridge, Mass.: Harvard University Press, 1935.

Neilson, William Allan(ed.)., *Charles W. Eliot: The Man and His Beliefs*, vol. 1, New York and London: Harper and Brothers, 1926.

Gurrent, Richard N, Williams, T. Harry., Frank Freidel and Alan Brinkley, *American History: An Survey*, vol. 2, New York: Alfred A. Knope, 1987.

Russell, Charles H., "Charles W. Eliot and Education," *Journal of Higher Education* vol. 28, no. 8 (Nov., 1957).

Saveth, Edward N., "Education of an Elite," *History of Education Quarterly*, vol. 28, no. 3 (Autumn, 1988).

Chapter 3

한국지성사에서 읽은 이상재[*]

실학의 막내에서 근대 시민사회 건설의 앞섬이로

1. 머리글

우리 역사에서 이상재는 분명 '큰 인물'이다. 그래서 그에 대한 글은 많고 그리고 이야기도 많다.[1] 그 가운데는 그를 내세우고 싶어 하는 집안사람들의 이야기도 있고, 그를 자랑스럽게 여기는 와이엠씨에이(YMCA) 사람들의 글도 있다. 이상재의 삶과 활동을 기리는 글도 있고, 그와 독립협회, 그와 와이엠씨에이, 그리고 그와 신간회 관계에 대한 역사학자들의 글도 많

---

* 이 글은 2006년 이상재기념사업회의 학술발표회에서 발표하였고 『월남 이상재의 사상과 활동연구』(2006.11)에 게재되어 있음을 밝혀둔다.

1 이상재에 관한 여러 글들 가운데 손쉽게 구할 수 있는 몇 가지를 여기 적는다. 전택부가 쓴, 『월남 이상재의 생애와 사상』(서울: 연세대학교출판부, 2001), 『이상재평전』(서울: 범우사, 1985), 『월남 이상재』(서울: 한국신학연구소, 1977) 등이 있고, 외솔회가 펴내는 잡지 『나라사랑』의 '월남 이상재선생 특집호'에 실린 여러 글들도 있다.

다. 이 글들 가운데는 그와 독립운동, 근대화 그리고 좌우합작과의 관계에 대한 글들이 많지만 앞으로도 이 주제에 대해 우리 학계의 관심이 더 높아질 것이라고 생각된다. 남북문제, 좌우 이념문제, 빈부문제, 사회갈등, 여성문제 따위와 같은 우리 민족공동체의 현재와 미래의 문제를 짚어보기 위해서는 어제의 '큰 인물' 이상재가 이러한 문제에 대해서 어떤 생각을 하였고 어떻게 행동했는지를 면밀히 살펴볼 필요가 있다.

이러한 터에 우리의 근대 시민사회형성의 역사에 관심을 가진 필자는 우리의 지성사에서 시민사회의 도래를 앞서 내다보고 누구보다도 앞서 이의 건설을 위해 행동했던 이상재를 바라보는 글을 쓰고자 한다. 우리 학계의 연구현황에서는 이러한 시각에서 그를 조명한 글을 찾기가 쉽지 않다. 무엇보다도 우리 사회의 현재와 미래가 시민사회일 것임으로 이러한 시각으로 우리 근·현대사의 '큰 인물들'의 역사와 우리의 근·현대사를 다시 보아야 한다고 필자는 생각한다. 그래서 역사학은 '어제'를 연구하는 '과거학'이 아니라 오늘과 미래에 관심을 가지는 '현재학'이자 '미래학'이라고 말하고 싶다.

시민사회를 이야기 하는 오늘의 담론, 그 폭을 넓혀보자는 생각으로 우리의 역사를 읽을 때 이상재는 우리의 어제를 밝히기 위해서도, 오늘을 이야기하기 위해서도, 그리고 우리의 미래를 내다보기 위해서도 우리의 관심 그 한 가운데 들어서는 인물이다. 이를테면, 나라의 문을 열고 일본과 서양 여러 나라와 외교관계를 맺은 일, 그리고 그 이후의 여러 역사 사건들, 당시의 우리 관리들과 지성들의 생각과 행동, 우리 역사의 최초의 시민운동이라고 할 수 있는 독립협회운동, 엘리트와 깨어난 민중과를 잇는 만민공동회의, 일제식민시대, 특히 삼일운동 이후 이념적, 정치적 갈등의 시대에 우리의 첫 '좌우합작(united front)'이었던 신간회운동 따위를 논의할 때 이상재는 빼어놓을 수 없는 '큰 인물'이다.[2] 그는 자신이 살던 시대의 아픈 역사와 함

---

2 나는 이상재라는 한 인물을 심도있게 다룬 적은 없지만, 한국 근·현대사와 기독교의 관계를

께 고뇌했던 인물이고, 괴변을 토해내거나 잔꾀를 부리지 않고 무겁고 힘겨운 발걸음을 용기 있게 내디뎠던 지성이었다.

아마도 이 글이 처음으로 시도하는 것이겠지만, 필자는 우리의 지성사의 시각으로 그를 읽으며 감히 '새로운 역사서술'을 우리 학계에 제시하고자 한다. 그래야만 우리 역사와 엉킨 이상재라는 '큰 지성'을 읽어낼 수가 있고, 그래야만 우리 역사에서 '이상재의 참 가치'를 밝힐 수 있기 때문이다. 전근대시기에 움튼 개혁흐름인 '실학파', 구한말 이를 잇는 '개화파', 그리고 이와 맥을 같이한다고 해석할 수 있는 구한말과 일제식민시대의 민족주의 운동의 한 흐름인 근대 시민사회의 도래를 예감하고 준비하고자 했던 실력양성론에 기댄 계몽과 갱생운동, 이를테면 최초의 '엔지오(non-govern ment organization) 그룹'의 태동과 그 역사에 대해서 우리 학계의 관심이 부족하다.[3] 역사학이란 것이 '연속(continuity)'과 '변화(change)'의 꼴과 결을 읽고 그 이음새를 설명하는 것이라면, 그리고 미래를 내다보는 지적 노력이라면, 앞서 이러한 길을 닦은 '큰 인물'에 대한 거시적 논의가 필연적이다. 이 글이 이러한 동기를 가지고 있기 때문에 이 시도의 첫 인물로 이상재를 택한 것은 어떤 시각에서 보더라도 설득력을 가질 수 있을 것이다.

2. 박정양과의 만남, 그리고 세계와의 만남

이상재는 1850년, 조선왕조라는 '옛 체제(ancient regime)'가 나라 안팎의

다루면서 여기저기에 이상재의 역할에 대해 살펴본 바가 있다. 나의 영문저서, *Protestantism and Politics in Korea*, Seattle and London: University of Washington Press, 2003 여러 곳을 볼 것.
3 기독교 시민단체를 표방한 기독교윤리실천운동이 펴낸 기독교 시민운동론에도 이상재나 독립협회운동이 전혀 논의되지 않았다. 마치 그들이 이런 시민운동을 시작한 양 말이다. 기윤실 21세기 비전위원회, 『기독교시민운동론』(서울: 기독교윤리실천운동, 발행연도 미상).

도전으로 흔들리던 시기에 가난한 양반집에 태어나 1927년 암울했던 일제 식민시대 중반에 '시민사회운동'을 하다가 세상을 떠났다. 그러기에 그는 격동의 우리 근대의 마지막을 바라보며 성장하였고, 암울했던 우리 현대의 처음을 온몸으로 안고 살다가 간 지성인이었다.

그는 당시 여느 양반의 자식과 다름없이 '유일한 성공의 길'이었던 과거 시험을 준비하며 성장하였다. 18세가 되던 1867년에 과거에 응시하였지만 실패하였다. 영민했던 이상재, 그리고 자신과 가문을 위해 열심히 공부하고 준비했지만, 결과는 문벌과 재력 있는 집안 자녀들이 급제하는 뒤틀린 시대를 몸소 겪으며 "다시는 과거에 응시하지 않으리라"고 결심하고 고향으로 내려갈 준비를 하였다.[4] 그는 뒤틀린 '시대'와 '사회'에 대한 불만과 비판이 마음 속에 활화산처럼 터져 나왔을 터이다. 아무리 공부해도, 아무리 실력 있어도 타락하고 뒤틀린 사회에서는 어느 가문, 어느 서원, 어느 계보에 속하지 않고서는 그 '출세의 문'에 들어설 수 없다는 비분강개가 젊은이 이상재의 마음을 가득 채웠을 것이다.

이러한 비분의 이상재가 당시 정계의 거물인 박정양(1841~1905)의 '개인비서'가 되었다. 이상재의 집안이 박정양과 관계가 있었기 때문이다.[5] 이상재는 18세부터 31세까지 박정양의 개인 '심부름꾼'으로 '허드렛일'을 13년 동안 하였다. 전택부의 말대로의 '큰 인물'의 경력치고는 "너무나 보잘 것 없는" 것이었다.[6]

그러나 이 무거운 '침묵의 시기'에 전택부가 보지 못한 것이 있다. 그것은 범실학파 계열이라고 할 박정양의 개인비서로서 일한 그 13년을 단순한 개인 심부름꾼으로, 허드렛일이나 한 것으로 기술하는 것은 '그 만남'을 너

---

4 전택부, 윗글, 19쪽.
5 같은 한산 이씨 가문의 일가가 되는 이장직의 고모가 박정양의 어머니였기 때문에 가능하였다. 전택부, 윗글, 19~20쪽을 볼 것.
6 윗글, 20쪽.

무 단순한 것으로 인식한 탓이다. 홍이섭이 일찍이 말한 바와 같이 "박정양의 문객으로 보고 듣고, 또 박정양과 서로 털어놓고 담론하고 사색 궁리하는 사이에" 이상재는 시대를 보는 눈을 가지게 되었고, 나아가 조선이 나아갈 방향을 깊이 살피고 그의 생각을 체계적으로 정리한 시기로 보아야할 것이다.[7]

그렇다. 박정양이 실학파의 박규수와 이어지고, 온건 중도노선을 견지하면서 이른바 개화파를 보살핀 정황을 볼 때, 이 '침묵의 13년'을 허드렛일을 하며 보냈다고 평가해서는 이 시기 그의 삶을 제대로 담아낼 수가 없다. 사실 전택부도 언급했듯이, 『열하일기』를 쓴 실학 사상가 연암 박지원(1737~1805)의 손자 박규수(1807~1876)의 친척이었으니 실학파의 마지막 세대로 실학의 실사구시 정신을 이어받아 전향적으로 시대를 읽는 눈과 생각을 가진 시기로 보아야 한다. 교조적 유교의 가르침에 터한 조선사회를 개혁하려 했던 실학파의 정신을 이 시기에 이어받았다고 보아야 함은 물론이다. 박정양과 당당히 앉아 대화와 토론을 통해서 또는 박정양을 방문한 이들과의 교류를 통해서 말이다. 이 시기에 이상재는 박정양과의 만남을 통해서 실학을 잇는 개화파적 식견을 가지게 되었고, 이를 토대로 그는 이미 탁월한 인물로 성장하였던 것이다.

그렇지 않고 단순히 '허드렛일'을 하는 '식객'이었다면, 1881년 박정양이 수반이었던 조사일본시찰단(朝士日本視察團, 우리에게는 紳士遊覽團으로 널리 알려져 있다)을 따라 일본으로 가지 못했을 것이다.[8] 우리가 익히 알고 있듯이, 이 사절단에는 범 개화파 인물이 망라된 것으로, 이 62명의 대규모 사절단에는 홍영식, 어윤중이 있었고, 유정수, 유길준, 윤치호와 같은 젊은 개화파 지식인이 수원으로 함께 갔다. 모두가 고관이었고, 수원들도 모두 힘센 집

---

7 홍이섭, 「민족 갱생의 생애」, 『나라사랑』, 88~94쪽, 특히 89쪽을 볼 것.
8 그는 정식 수원이 아니라 유학(幼學)으로 이 사절단과 함께 일본으로 갔다.

안의 자제였다. 이상재가 탁월한 식견을 가지지 않았다면 박정양이 정부 공식 시찰단에 그를 포함시켜 일본으로 함께 갈 리가 없었을 것이다.

그래서 이상재는 1868년 명치유신(明治維新) 이래 메이지 일본정부가 벌린 이른바 근대화 현황을 관찰하게 되었다. 10여 년 동안 서양의 문물을 받아들여 정치, 군사, 교육, 경제 등 모든 분야에서 '총체적 서양화(a total westernization)'를 펼치고 있었던 일본을 시찰한 것이다. 영국의 역사학자 샌섬(George Sansom)이 일찍이 말했듯이, 이 시기 일본 사람들은 모두가 서양문물에 취해 서양 것이 '선(善)'이고 일본 것이 '악(惡)'인 것으로 보는 이른바 서양문물에 '중독된 시기(the period of intoxication)'였던 것이다.[9] 개혁과 변화의 소용돌이 한 가운데 있던 일본을 이상재와 그의 일행은 상세히 관찰하였던 것이다. 정부조직의 개편, 서양의 은행제도의 도입을 비롯한 경제 개혁, 도로와 철도의 건설과 확장, 군사개혁, 교육개혁을 일본 어디를 가나 피부로 느낄 수 있었던 것이다.[10]

이러한 관찰은 1882년 미국과 조미수호조약(朝美修好條約)이라는 조약체결로 서양 나라들과도 외교와 통상관계를 갖게 밑바탕이 되었다. 이 조약에 이어 영국, 독일, 러시아, 프랑스 등 서양 여러 나라들과도 조약을 체결하게 되었다. 조선도 개혁하여야 한다, 조선도 바뀌어야 한다, 조선도 서양의 선진 문물을 받아들이어야 한다는 소리가 높아진 결과이다. 이때는 바로 이른바 개화파들이 정파를 이루어 개혁을 주창하던 시기이고, 이러한 변화에 거부감이 고조되어 임오군란과 같은 개혁저항이 일어났던 것이다. 개혁이 급하다는 급진개화파가 1884년 갑신정변(甲申政變)을 일으켜 '삼일천하'로 끝

---

9 George Sansom, *The Western World and Japan: A Study in Interaction of European and Asianic Cultures*(New York: Alfred A. Knopf, 1950), 378쪽.
10 일본 근대 역사변동에 대한 일반적 흐름을 보기 위해서는 박영신/박정신(옮김), 『근대일본의 사회사』(서울: 민영사, 1993), 특히 5, 6, 7장을 볼 것. 이것은 Kenneth B. Pyle, *The Making of Modern Japan*(Lexington, Mass. and Toronto: D. C. Heath and Co., 1978)을 옮긴 것이다.

난 것도 다 이 시기이다. 이 격변의 시대에 이상재는 온건노선의 박정양과 함께 하여 급진개화세력과는 그 노선을 달리하고 있었다.[11]

이상재가 처음으로 관직에 나간 것은 바로 이 시기이다. 갑신정변이 일어나기 여섯 달 전에 우정총국 총관인 홍영식의 천거로 우정총국(郵政總局) 인천 우정국 주사가 되었다. 그러나 '삼일천하' 후 갑신정변에 주모자로 참여한 홍영식이 참살 당하고 난 후 이상재는 낙향하여 은둔하고 있었다. 모시던 홍영식이 정변 주모자로 처형되어 그 자리에 그대로 앉아 있는다는 것이 도의적으로 옳지 않다고 판단한 이상재가 스스로 택한 것이었으나 귀양이나 마찬가지였다. 그러다가 박정양의 알선으로 친군후영(親軍後營)의 문안(文案)이라는 관직을 맡게 되었다. 그리 높은 자리는 아니지만 그가 맡은 최초의 중앙관직이었고, 또 이 자리에 있었기에 1887년 박정양이 주미공사로 미국에 갈 때 서기관으로 함께 갈 수 있었던 것이다.[12] 약 1년을 미국에서 외교활동을 하고 서양문물을 시찰하고 박정양과 함께 귀국하였다.

귀국 후 잠시 쉬다가 통위영(統衛營) 문안으로 관직에 복귀하였고, 1892년에는 전환국 위원(典圜局委員)이 되었고, 1894년 승정원(承政院) 우부승지(右副承旨)와 경연각(經筵閣) 참찬관(參贊官)이라는 높은 자리에 오르게 되었다. 그의 나이 45세 때의 일이다. 선진 일본과 미국을 시찰하고 외교활동 경험을 가진 이상재가 국내 관계에서 이처럼 주목받는 인물로 등장할 때 나라 안팎의 정세는 국운의 내일을 예단할 수 없을 정도로 급격하게 변하고 있었다. 특히 1894년 동학농민혁명과 청일전쟁, 1896년 을미사변과 아관파천 등이 연이어 일어났다. 이상재 평전을 쓴 이들은 모두 이 격변의 시기에 박정양과 이상재는 파당놀음에 한눈 팔지 않고 묵묵히 맡은 일에 충실하였다

---

11 전택부, 25~29쪽.
12 이 사실과 주미공사관 일행의 도미에 대한 청국의 방해에 대한 뒷이야기에 대해서는 윗글, 31~35쪽을 볼 것.

고 기록하고 있다.

이러한 이상재는 1895년 학무, 법무 일을 보다가 학무국장이 되었고 외국어학교 교장 일도 보게 되었다. 그러나 그의 개혁적 행보(독립협회 운동 따위 주도)로 수구파의 모함을 받게 되고 감옥살이를 하고 1904년 러일전쟁 전에 또 한 차례 감옥살이를 하게 된다. 그러나 이 감옥살이는 그의 삶의 꼴과 결을 송두리째 변화시킨 일대 '사건'을 가져온다.

3. 기독교, 독립협회, 와이엠씨에이 그리고 신간회

그것은 기독교로의 개종이다. 두 차례 감옥살이를 하는 동안 이상재는 파란만장한 우리 역사와 그 역사와 함께해 온 그의 삶을 되돌아보는 계기가 되었을 것이다. 특히 두 번째 감옥살이를 하면서 이승만, 신흥우, 박용만과 같은 개혁적 인물을 만났고, 그리고 기독교를 만나 새 종교로 개종하였다. 이것은 하나의 혁명적인 결단이었다. 양반으로 태어나 한 평생 유교의 가르침과 관행에 따라 삶을 꾸린 이상재, 그리고 주위가 온통 유교를 신봉하는 이들로 둘러싸여 관계에 있었던 이상재, 그리고 미국에 가서까지 우리의 전통 옷을 입고 활보하리만큼 '우리 것'에 대한 자부가 대단했던 이상재에게는 서양종교인 기독교로 개종한다는 것은, 그렇다. 하나의 혁명이었다. 그의 감옥살이도 이른바 독립협회와 이어져 있고, 그리고 그의 기독교로의 개종도 이른바 독립협회운동과 이어져 있다.

우리가 익히 알고 있는 바와 같이, 독립협회는 서재필, 윤치호, 이상재와 같은 인물들이 열강들의 거센 침투와 침탈의 상황에서 나라를 개혁하고 독립된 부강한 나라를 만들기 위해 민중을 깨우치고 고종을 비롯한 정부 관리들을 감시하기 위해 만든 일종의 개혁적 시민단체이다. 이 당시 모든 개혁운동에 대해서 나는 이렇게 말한 적이 있다.

"확대되어가던 당시의 기독교 공동체는 유교적 조선 사람들로 이루어졌다. 유교적 신분사회인 조선에서 유교적 체제와 이념적, 심리적 그리고 사회적으로 강하게 이어지지 않은 평민과 하층민들이 기독교라는 새 종교로 개종하였고, 유교적 조선을 개혁하여 부강한 나라를 만들어 보려는 양반들도 이 새 종교 공동체에 들어왔다. 이들은 기독교가 제공하는 신분차별을 두지 않는 신교육과 가난한 이들도 정성스레 보살펴 주는 근대 의료봉사에 이끌린 이들도 있고 1894년 청일전쟁을 통해 서양문물의 우수함을 체험한 후, 그리고 서양문물을 일찍 받아들여 전쟁에 승리한 이웃 일본의 야망이 뚜렷해지자 들어온 이들도 있었다. 짧게 말해서 이 공동체의 구성원들은 적극적이든 소극적이든 모두가 개혁적이었다."[13]

그래서 나는 구한말 이 땅에서 일어난 개혁운동은 거의 모두가 기독교의 영향을 받았고, 그리고 기독교 공동체 안팎에서 기독교인들에 의하여 일어났다고 연구한 바가 있다.[14] 사실 당시 기독교인들은 신교육을 어느 조선 사람들보다 일찍 받은 무리였고, 또한 토론회, 교회의 예배와 여러 활동을 통해 기독교인들은 조선의 어느 무리들보다 더 일찍 새 정치훈련을 받은 무리들이었다. 구성원 모두는 조선의 어떤 무리보다 더 일찍 사회적으로 깨어났고, 더 도전적이고 더 개혁적이었다. 그래서 이 종교 공동체는 구한말 이 땅에서 펼쳐진 새 사회운동, 새 문화운동, 새 교육운동 그리고 새 정치운동과 이념적으로 조직적으로 깊게 물려 있었다.[15]

독립협회운동도 마찬가지였다. 구한말 망명지 미국에서 고등교육을 받고 기독교로 개종한 서재필과 윤치호의 귀국이 당시의 개혁운동의 열기를 부

---

13 박정신, 「구한말 '기독교민족주의'」, 『한국민족운동사연구』, 38(2004년 3월), 227~248쪽, 237 쪽에서 따옴. 이 글은 나의 논문집, 『한국 기독교사 인식』(서울: 혜안, 2004), 75~94쪽에도 실려 있음.
14 나의 영문저서, *Protestantism and Politics in Korea*, 첫째와 넷째 마당을 볼 것.
15 윗글, 넷째 마당 첫 부분을 볼 것.

추겼다. 특히 배재, 경신, 이화 등의 선교학교에서 교육받았거나 교육받고 있던 깨어난 젊은이들, 그리고 이상재, 남궁억, 김정식 등 개혁적인 조선 관리들이 '정동구락부'(貞洞俱樂部, 영어로는 Chungdong Club이다)라는 모임을 가지게 된다. 서양 외교관들과 선교사들 그리고 친(親)서양 조선 개혁인사들이 정동에 있는 손탁(A. Sontag)여인 소유의 호텔에서 수시로 모임을 가졌기 때문에 붙여진 이름이다. 여기에 참여한 앞서 말한 서재필, 윤치호, 이상재 등이 독립협회를 만들어 대중적인 개혁운동을 펼친 것이다.[16]

이 독립협회는 민족의 자주, 자강 그리고 민권을 그 기치로 삼았다. 이를 위해서는 국왕이나 정부가 주도하는 '위로부터의 개혁운동'보다는 '아래로부터의 개혁운동'을 통해서 가능하다고 독립운동세력은 굳게 믿었다. 그들은 1884년 '위로부터의 개혁'을 시도하다가 실패한 갑신정변이라는 뼈아픈 경험을 하였기 때문이다. 그래서 그들은 『독립신문』과 이의 영어판 *The Independent*를 발간하였다. 한문이 아니라 한글로 신문을 발간한 것은 자주의 뜻과도 이어지겠지만 무엇보다도 민중이 읽을 수 있는 글로 신문을 냄으로 이들을 계몽하고 이들에게 국내외 정세를 알려주기 위한, 그래서 민중과 함께 운동을 펼치겠다는 깊은 뜻이 있었다. 그리고 영자신문을 낸 것은 우리의 생각을 서양 사람들에게 알리겠다는 뜻이 담겨 있다. 신문발간과 함께 주요 현안들을 공개 토론회 등을 개최함으로 민중이 참여하고, 민중이 정치적으로, 사회적으로 깨어날 수 있도록 계몽하고 교육했으며, 그 후 각 지방 주요도시에 지부를 설치해 나감으로 서울 중심의 엘리트 조직을 탈피하고 민중운동이 되도록 기획하고 프로그램을 실시하였다. 그 결과 1898년 8개 지방도시에 지부가 설치되어 각 지방으로 이 운동이 확산되어 간 것이다.[17]

---

16 전택부, 『월남 이상재의 생애와 사상』, 52~53쪽. 독립협회에 대한 상세한 논의는 신용하, 『獨立協會研究』(서울: 일조각, 1976)을 볼 것.
17 이 장의 각주 11에 있는 나의 글과 나의 영문저서, *Protestantism and Politics in Korea*, 넷째 가름 첫 부분을 볼 것.

문일평이 말한 바와 같이 이 상재는 서재필, 윤치호와 더불어 독립협회의 "삼거두(三巨頭)"로 지칭될 만큼 독립협회 조직 시작부터 마지막 해산될 때까지 이 운동에 지도자로서 적극적으로 이 운동을 주도하였다.

바로 이 때문에 감옥살이를 하게 되었고, 이런 연유로 그는 개혁운동의 중심인물이 되어 정권을 잡은 수구세력의 감시와 모함을 당해 1902년 두 번째 감옥살이를 하게 되었던 것이다. 여기에서 함께 감옥살이하던 독립협회 동지들을 비롯하여 여러 개혁세력을 만나 동지적 관계를 더욱 넓히고 깊은 교제를 이루어 갔다. 그러나 무엇보다도 이 감옥에서 성서를 비롯한 여러 기독교 서적을 읽고 명상하면서, 그리고 선교사들의 감옥살이 뒷바라지를 받으면서 이상재는 기독교로 개종하게 된다. 양반이자 개혁적 관리였던 이원긍, 유성준, 김정식, 홍재기, 안국선 등 동지들과 집단적으로 개종한 것이다.[18]

1904년 8월 3년여의 감옥살이를 끝내고 이상재는 석방되었다. 석방된 이상재는 이미 우리 민족의 '큰 인물'로 떠올라 있었다. 높은 자리에 있는 고관이 되어 입신출세를 삶의 목표로 삼은 세상의 많은 무리들에게 '큰 인물'로 보인 것이 아니다. 아마도 그들에게는 개혁한다며 관직을 잃고 감옥살이한 이상재는 '불운한 사람'으로 보였을 것이다. 그러나 시대와 민족의 아픔을 가슴에 품고 겨레의 미래를 온몸으로 돌파하려는 이들에게, 그리고 깨어난 민중들이 기대하고 기댈 그러한 '큰 인물'로 존경받게 되었다는 말이다. 그래서 그는 더 이상 관직에 관심이 없었다. 출옥 후 그는 와이엠씨에이에 들어가 남은 삶을 이 기관과 이 기관이 펼치는 운동에 보냈다. 왜 그랬을까. 여기에서 그의 평전을 쓴 전택부의 글귀를 따와 보자.

---

18 이들의 개종 전에도 윤치호, 서재필과 같은 양반들이 기독교로 개종하였지만 이상재를 비롯한 개혁적 관리들이 감옥에서 기독교로 개종하여 조선 기독교가 양반사회에 본격적으로 전도하게 되는 계기가 되었다. 전택부, 윗글, 78쪽을 볼 것.

"월남은 이 단체야말로 자기가 평생을 몸담고 일해야 할 단체가 아닌가라고 생각했다. 감옥 안에 있을 때부터 결심을 한 바 있었지만, 이때부터월남은 과거 독립운동을 할 때에도 몇 사람의 동지들만이 모여서 할 것이 아니라, 2천만 동포 모두를 독립협회 회원으로 만들어야 한다는 생각을 갖고 있었다. 즉, '우리는 공동회 만민의 명령과 전국 이천만 동포들의 명령을 받아 대표로 나서서 독립협회 회원이 되었지 독립협회가 따로 있어서 우리가 독립협회 회원이 된 것이 아니요 공동회 만민과 전국이천만 동포가 다 독립협회 회원이다' 고 주장했던 것을 회고하면서, 장차 한국의 전국 청년들을 다 청년회 회원으로 만들어 가지고 운동을 해야겠다는 생각이 불현듯 일어났던 것이다."[19]

조선의 유일한 희망이 기독교라는 믿음을 가지고, 그리고 민족의 장래는청년들에게 달려있다는 신념에서 그는 이 와이엠씨에이 안에서 이 운동을통하여 전국 각지를 돌아다니며 교육 프로그램을 실시하고 강연을 하면서민족의 장래를 앞서 준비하였다. 독립협회를 만들고 이 운동에 처음부터 '삼거두'의 한 사람으로 주도해오다가 협회가 해산된 이후 독립협회에 참여한인물들이 이 와이엠씨에이로 들어와서 활동하여 독립협회의 후신이라 불릴정도였으니 이상재가 와이엠씨에이에 들어가 적극적으로 운동을 펼친 것은당연하다 하겠다. 1913년에 총무로 추대되어 이 운동의 모든 프로그램을 기획하고 이 기관을 운영하였다. 국내에서 종교기관을 통한 것이어서 와이엠씨에이를 중심으로 한 이상재의 운동은 당연히 '실력양성론'적이었다.[20]
　　그러다가 1919년 삼일운동을 맞는다. 우리가 익히 알고 있듯이 삼일운동

---

19 윗글, 79~80쪽에서 따옴. 이 따옴 안에 있는 것은 『독립신문』 제3권 202호 잡보에 실린 그의 글을 따온 것이다.
20 우리 학계에서 '실력양성론'과 이에 터한 운동에 부정적인 시각이 널리 퍼져 있다. 이에 대한 나의 반론은 「실력양성론―이념적 학대를 넘어서」, 『한국사 시민강좌』 25집(1999년 8월), 41~66쪽을 볼 것. 이 글은 나의 논문집, 『한국 기독교사 인식』, 95~124쪽에도 실려 있다.

은 일제식민통치 40여 년의 역사에서 독립을 염원하는 전국적인, 전민족적인 최대의 대중운동이었다. 이른바 '33인 민족대표'가 서명한 '독립선언서'가 낭독되고 전국 각지에서 동시다발적으로 일제식민통치의 굴레를 벗어나려고 '독립만세'를 피 토하며 외쳐댔던 사건이다. 그런데 우리는 이미 우리 민족의 '큰 어른'으로 자리하고 있던 이상재의 이름은 그 '민족대표'의 명단에서 찾을 수가 없다.

이상재가 '실력양성론'에 터해 활동하고 무저항, 비폭력 사상에 기대어 운동을 펼쳤기 때문에 이에 대해 삼일운동 당시부터 오늘에 이르기까지 많은 오해와 왜곡이 있었다. 특히 한용운의 평전을 쓴 임중빈도 그러하다. 한용운이 한규설, 박영효, 이상재 등 당시의 명망가들을 찾아가 민족적 거사에 참여하기를 꺼린다는 소문이 있어 최린과 더불어 이상재를 찾아가 참여를 권했으나 거절하였다고 서술하였다. 임중빈에 의하면, 이런 연유로 1927년 이상재의 사회장 장례위원 명단에 한용운 스스로가 자기 이름을 뺐다고도 했다.[21] 그러나 이상재의 평전을 쓴 전택부의 조사 연구에 의하면, 그러한 사실기록을 찾을 수가 없다고 했다.[22] 이에 대해서는 1927년 이상재의 '사회장'에서 행한 함태영의 추도사에 자세히 설명되어 있다. 이를 여기에 따온다.

> "이상재선생을 찾아가 문의한즉 이옹은 금번은 천도교에서도 명예를 회복케 하기 위하여 절대 협력할 것이니 천도교와 합작하여야 한다고 강조해서 드디어 이승훈 씨와 나는 천도교의 최린 씨를 만나게 되었고 …… 이 운동의 결과, 일시에 많은 지도자를 잃게 되는 경우 그 뒤를 이어서 뒷수습을 하고 새로이 민족운동 진영을 조직하고 이끌어 갈 지도자로 월남 선생이 남아있어야 한다는데 우리는 합의함으로써 이옹은

---

21 임중빈, 『韓龍雲 一代記』(서울: 정음사, 1974), 97~98쪽을 볼 것.
22 전택부, 『월남 이상재의 생애와 사상』, 153~154쪽을 볼 것.

3·1 운동의 일선에는 직접 나서지 않게 되었습니다."[23]

우리의 의문이 여기에서 풀린다. 사실 이상재는 비록 독립선언서에 서명
은 하지 않았지만 삼일운동으로 체포되어 감옥살이를 한 것만 보아도 그는
삼일운동의 후원자로, 뒷일을 수습하는 인물로 보아야 할 것이다. 왜냐하면
그의 밑에 있던 와이엠씨에이 청년부 간사 박희도가 이 조직 아래 청년학
생을 비밀리에 조직하여 독립운동을 준비하다가 민족대표로 서명하고 그의
휘하의 청년학생들이 삼일운동 거사에 현장 운동꾼들로 명망가와 대중을
잇는 역할을 하였기 때문이다.[24] 그리고 삼일운동 후 태동된 상해임시정부
가 1922년 파벌싸움으로 해체의 위기에 직면했을 때 기독교 행사로 그곳에
갔던 이상재에게 사태수습을 부탁할 정도였다. 이는 당시 민족독립운동에
몸담고 있던 인사들은 모두가 이상재를 의구심을 가지고 바라보지 않고 우
리 민족의 큰 인물로 존경하고 있었던 것이다.[25] 이때 이상재는 망명을 하
여 상해임시정부를 중심으로 독립운동을 해 줄 것을 요청받는다. 그러나 해
외 망명운동도 중요하나 국내운동의 중요성을 강조하며 이를 거절하고 귀
국한다.[26] 귀국 후 조선교육협회를 결성하고 민립대학설립운동에 앞선다.
이것은 교육운동의 일환이지만 이 교육운동을 내세워 전국적인 조직망을
구축하려는 정치적인 속셈도 있었던 것 같다. 정국 주요도시에 100여개가
넘는 지방조직을 결성해 나갔기 때문이다.[27]

삼일운동 후 일제의 계산된 통치정책 전환으로 국내에는 제한되나마 집
회, 결사, 언론의 자유가 '문화정치'라는 이름 아래 허용된다. 그야말로 우

---

23 전택부, 『월남 이상재의 삶과 한마음 정신』(서울: 조선일보, 2000), 218쪽에서 따옴.
24 나의 영문저서, *Protestantism and Politics in Korea*, 137쪽을 볼 것.
25 전택부, 『월남 이상재의 생애와 사상』, 163~164쪽.
26 윗글, 164쪽. 전택부에 의하면, 이상재는 "나까지 조국을 빠져 나가면 국내에 있는 동포들이
   불쌍하지 않소!" 하며 거절했다고 한다.
27 이것은 물론 나의 생각이다.

후죽순처럼 수많은 단체가 결성되었다. 1922년만 해도 수천 개의 조선인 단체들이 생겨났다. 사회주의, 공산주의, 노동, 금연과 금주, 여성문제를 포함한 이념적으로 다양한 단체들이 생겨나 각기 독자적으로 운동을 펼치게 되었다. 특히 이때가 민족독립운동 세력의 이념적, 정치적 분화가 나타나고 이른바 민족 진영과 사회주의 진영이 첨예하게 대립되어 그야말로 적전분열의 양상을 띠고 있었다. 일제식민 세력과의 싸움보다도 우리 민족끼리 사상, 정치 투쟁을 벌이며 민족의 역량을 소모하고 있었다. 이를 극복하고자 했던 것이 이른바 민족단일당 '신간회' 결성이었다. 1927년의 일이다.

우리가 익히 알고 있듯이 이 '신간회'에는 이념적·정치적으로 분열되어 반목하던 여러 이념, 여러 정치 단체, 특히 민족주의 운동 계열과 사회주의 운동 계열의 '통일전선'(a united front) 구축이었던 것이다. 분열되어 서로 반목하던 이들이어서 두 진영에서 서로 이 민족 유일당 신간회의 대표가 되고자 했다. 그러나 결과는 두 진영에서 거부되지 않는, 그리고 두 진영에서 존경받는 인물이 대표가 되었던 것이다. 그가 바로 이상재였다.

이상재는 실력양성론에 터하고 무저항, 비폭력의 독립운동을 펼쳤지만, 그는 사상적으로나 정치적으로 폭 좁은 '교조적 인물'이 아니었다. 1929년대 그러니까 사회주의를 비롯한 여러 진보적 사상이 들어오고 이러한 사상에 기대어 펼쳐진 여러 운동에도 열린 마음으로 포용하고 있었다. 이를테면, 그의 휘하에서 청년부 간사를 했던 박희도가 감옥살이 후 최초의 사회주의 잡지인 『신생활』을 발간하였다.[28] 특히 그가 총무로 있던 와이엠씨에이의 기관지 『靑年』을 통해 이대위, 유경상, 김원벽 등이 사회주의 사상을 소개하고 있었다. 특히 이들은 기독교와 사회주의를 적대적인 사상으로 이

---

28 상세한 것은 나의 영문저서, *Protestantism and Politics in Korea* 넷째 마당 후반부를 볼 것. 이 잡지 발간에는 연희전문의 두 선교사이자 교수인 언더우드(Horace G. underwood)와 벡커(Arthur L. Becker)의 도움과 후원이 있었음을 특기하고자 한다.

해하지 않고 목적이 같고 방법이 다를 뿐이라며 이 둘을 연합, 연대케 하려는 글들을 빈번히 기고하였다. 다 이상재가 읽었고, 다 이상재의 감독 하에 있었던 일이다.[29]

그렇다. 이상재는 열린 큰 인물이었다. 그래서 그는 1927년 1월 20일 창립, 결성된 신간회의 회장으로 추대되었다. 노환으로 참석할 수가 없었음에도 말이다. 불행한 것은 이 '좌우합작운동'이 또 다시 이념적으로, 정치적으로 와해되어 갈 때 사상적으로 정치적으로 좌우를 아우를 수 있었던 큰 인물 이상재가 활동할 수가 없었고 같은 해 3월 29일 그가 세상을 떠났기 때문이다. 우리 역사상 "초유의 사회장"으로[30] 떠나는 그 순간까지 이상재는 우리민족의 존경을 받았다. 4월 7일에 거행된 그의 사회장에는 장의위원회 114명에는 위원장 윤치호를 비롯하여 안재홍, 백관수, 김성수, 송진우, 홍명희 등 사회 각계의 인물이 포함되어 있다. 그러나 무엇보다도 전국에서 몰려온 수만 대중이 이상재의 영구를 모셨다는 것을 우리는 주목하고자 한다. 엘리트만이 아니라 민중과 함께 한 이상재, 민족진영만 아니라 사회주의 진영도 품은 그의 큰 인물됨을 보여주는 대목이기 때문이다.

4. 꼬리글
근대시민사회운동의 앞섬이로

짧게 이상재의 삶을 재구성해 보았다. 그는 우리 현대사에서 '큰 인물'임에 틀림없다. 그래서 우리는 그의 생애와 사상에 대한 수많은 글들과 여러

---

29 자세한 것은 윗글과 당시의 『靑年』에 나오는 이대위의 「사회주의와 기독교의 귀착점은 어떠한가」, 「사회혁명가 예수」 그리고 「사회주의와 기독교 사상」 및 유경상의 「사회주의자 예수」와 같은 글들을 읽을 것.
30 전택부, 『월남 이상재의 생애와 사상』, 191쪽.

평전도 읽을 수 있다.

구한말 격변기에 가난한 양반집에 태어나 그 가난을 박차고 중앙정부에서 일할 정도로 자수성가한 이상재를 그릴 수도 있을 것이다. 쇄국의 문을 열 때 일본과 미국을 방문, 선진문물을 관찰하면서 외교활동을 펼친 그의 삶에서 요즈음 우리 사회에서 들먹이는 '세계화'나 '국제화' 시대에 걸 맞는 '본보기 인물상'을 찾을 수도 있을 것이다. 이념적으로 나누어져 갈등하는 오늘의 우리사회를 보며 1920년대 좌우 통일전선이었던 신간회의 회장 이상재의 '큰 그릇 됨'을 이야기할 수도 있을 것이다. 그리고 출세를 위해 권력과 부 앞에 아첨하고 아부하는 오늘의 세태를 보며 권력과 부 앞에 당당했던 이상재의 삶을 기릴 수도 있을 것이다.

그러나 우리는 그런 이상재를 그리지 않았다. 우리가 그린 이상재는 자신이 산 시대에 맥맥히 이어져 온 개혁의 물결, 다시 말하면 교조화된 유교에 터한 조선사회를 개혁하려는 지성의 흐름을 이어 열강들의 제국주의적 침탈 앞에서 독립이다 자주다 자강이다 하며 몸부림친 적은 무리의 개화 개혁세력과 함께 한 장본인이었다. 이상재는 많은 무리가 따르는 그 큰 길을 선택한 것이 아니라 옳기 때문에 적은 무리가 선택한 좁은 길을 걸어갔다. 출세와 안위와는 거리가 먼 선택이었고 삶이었다.

그는 어제의 개혁 지성의 유산만을 이어서 오늘의 개혁 지성의 삶을 꾸린 것이 아니다. 민족의 미래를 내다보며 통 크게, 멀리 내다보며 삶을 꾸리었다. 현재의 안일을 위해, 현재의 인기를 생각하며, 현재의 뽐냄을 위해 삶을 꾸리지 않았다. 현재의 삶이 어려워도, 현재의 입장이 곤혹스러워도, 현재의 생각이 인기가 없어도 옳다고 믿는 바를 굽힘없이 실천해 나갔다. 남들이 권력과 부를 탐내며 살 때, 남들이 다른 이들의 눈치를 살피며 인기를 위해 살 때 이상재는 비전과 원칙을 가지고 민족의 미래를 고민하며 살았다.

그것이 바로 이상재로 하여금 독립협회와 그 후신이라는 와이엠씨에이에 투신하게 했고, 그것이 바로 이상재로 하여금 고통스러우나 이 단체를 통해 그의 비전을 향해 걸어가게 했다. 시민사회의 도래를 누구보다도 앞서 내다보았기에 그는 옛 양반이 누릴 특권이나 위세를 한 번도 내세우지 않았다. 오히려 스스로 이 옛 것을 던져 버리고 깨어난 엘리트와 깨어난 민중이 함께 미래사회를, 시민사회를 만들어갈 수 있도록 이 둘 사이를 이어주고자 했다. 독립협회운동 때도 그러했고, 와이엠씨에이를 통한 운동에서도 그러했다. 만민공동회의 의장으로 만민공동회의를 주관할 때 백정인 박성춘을 단상에 오르게 해 연설케 한 것이 다 민족의 미래를 고민하고 준비한 이상재의 '기획'에서 나온 것이다.

어느 자리에서, 어느 시각으로 바라다보아도 이상재는 분명 '큰 인물'이다. 그는 꿈을 꾸지만 항상 그가 산 시대와 사회에 대한 현장감이 탁월하였다. 우리 역사에 이상재와 같은 큰 인물이 과연 몇이나 될까.

참고문헌

기윤실 21세기 비전위원회, 『기독교시민운동론』(서울: 기독교윤리실천운동), 발행년도 미상.

박영신 / 박정신(옮김), 『근대일본의 사회사』(서울: 민영사), 1993.

박정신, 『한국기독교사 인식』(서울: 혜안), 2004.

＿＿＿＿, 「구한말 '기독교민족주의'」, 『한국민족운동사연구』 38집, 2004년 3월.

＿＿＿＿, 「실력양성론-이념적 학대를 넘어서」, 『한국사 시민강좌』 25집, 1999년 8월.

신용하, 『독립협회연구』(서울: 일조각), 1976.

임중빈, 『한용운일대기』(서울: 정음사), 1974.

전택부, 『월남 이상재의 생애와 사상』(서울: 연세대학교출판부), 2001.

＿＿＿＿, 『이상재평전』(서울: 범우사), 1985.

＿＿＿＿, 『월남 이상재』(서울: 한국신학연구소), 1977.

＿＿＿＿, 『독립신문』 제3권 202호.

＿＿＿＿, 『월남 이상재의 삶과 한마음 정신』(서울: 조선일보), 2000.

홍이섭, 「민족 갱생의 생애」, 『나라사랑』.

Park, Chung-shin., *Protestantism and Politics in Korea*, Seattle and London: University of Washington Press, 2003.

Pyle, Kenneth B., *The Making of Modern Japan*, Lexington, Mass. and Toronto: D.C. Heath and Co., 1978.

Sansom, George., *The Western World and Japan*: A Study in Interaction of European and Asianic Cultures, New York: Alfred A. Knopf, 1950.

Chapter 4

우리 지성사에서 본 신학자 박형룡[*]

1. 머리글

박형룡을 어떻게 읽을 것인가

박형룡은 우리 기독교 안팎에서 널리 알려진 신학자이다. 오른 쪽에서 보 든 왼쪽에서 보든 그는 '큰 신학자'이다.[1] 그의 삶은 우리 현대사의 질곡과 함께 하였고, 그가 산 시대의 여러 민족적 과제를 껴안고 울고 기도했던 믿 음의 사람이자 이 땅의 기독교 신학의 초석을 깐 인물이다. 특히 우리의 현

---

* 이 글은 한국개혁신학회 학술발표회에서 발표하였고 『한국개혁신학』 제21권(2007.4)에 게재 되어 있음을 밝혀둔다.

1 박형룡에 생애와 신학사상을 상세히 보기 위해서는 물론 그의 22권에 달하는 『朴亨龍博士 著作全集』(서울: 한국기독교교육원, 1977)을 읽을 수 있으나, 그에 관한 최초이자 탁월한 학 문적인 논의를 하고 있는 장동민, 『박형룡의 신학 연구』(서울: 한국기독교역사연구소, 1998) 를 읽을 것.

대사에 대한 여러 인식의 차이가 있고, 그리고 이 땅의 기독교가 여러 교단과 교파로 갈기갈기 찢어진 상태에서 그를 보는 시각이 교단과 교파의 수만큼 서로 다를 수가 있다. 그렇기에 그를 학문적으로 인식하려는 그 자체가 교단이나 교파의 '정치'에 매도될 수가 있다.

그래서 그런지 유독 박형룡에 대한 학문적 논의는 장동민의 『박형룡의 신학 연구』이래 그렇게 활발하지 못했다. 김재준이나 안병무의 신학에 대해서는, 칭송하든 비판하든, 활발한 논의가 있어왔는데 말이다. 이러한 현상은 '박형룡의 후예들'에게 책임도 물어야할 것이지만 아마도 '학문적 논의'를 거부하고 있는 그의 신학 자체에도 그 원인이 있지 않은가 생각되기도 한다.[2] 그런데 몇 년 전 '한국개혁신학회'에서 박형룡의 신학을 큰 주제로 삼아 학문적으로 심도 있는 논의를 한 적이 있다. 때 늦은 감이 있으나 박형룡이라는 '큰 신학자'에 대한 논의는 바람직한 것이라고 생각하고 있다.

우리의 우려는 이렇다. '교회 안의 학인들(in-house scholars)'이 교단이나 교파의 벽을 넘어, 교단이나 교파의 '신학 장벽'을 넘어, 아니 교단이나 교파의 '정치'를 넘어 '자유로이' 박형룡을, 박형룡의 신학을 논의할 수가 있을 것인가. 이러한 소박한 역사학도의 생각을 가진 우리는 '교회 안의 학자들'이 할 수 없을 것이라고 생각하는 학문적 논의를 '교회 밖의 학인들'이 시도할 수 있다고 생각하게 되었다. 그래서 나는 우리의 지성사의 전통에서 박형룡은 어디에서 어떤 모습으로 자리하고 있는 신학자인지를 보고자 하였다. 우리의 지성사를 자기 성찰적으로 읽어온 역사학도로서 말이다.

박형룡의 신학을 본격적으로 논의한 장동민은 "박형룡의 생애와 신학사

---

2 박형룡은 새로운 시각이나 방법으로 신학을 한 것이 아니라, 그래서 지속적인 학문의 논의를 부른 것이 아니라 우리가 믿음의 조상들로 받은 '그것'을 받고 따르고 이후 세대에게 전하는 작업이 그의 '신학하기'가 아니었는가 하고 우리는 생각하고 있다.

상"을 이해하기 위해서 세 가지 구성요인을 염두에 두라고 한 제안을 우리는 중히 여긴다.[3] 첫째, 한국에서 태어나 성장하고 미국에서 공부한 박형룡과 그의 신학을 논의함에 있어 마땅히 "미국적 배경과 한국적 배경" 또는 "아시아적 배경"을 고려하여야 한다. 둘째, 선교사들로부터 받은 "19세기 복음주의" 신앙과 미국에서 접한 "프린스턴 개혁주의" 신학과의 "긴장"에 주목하여야 한다. 그리고 셋째, 그가 산 역사의 콘텍스트와 이어지지만 근본주의자로서 문화변혁에의 욕구, 그의 좌절과 패배감 따위를 읽어야한다. 그러니까 장동민이 주목하고 있는 부분은 이 점에 있다.

> "자기 의(義), 분리주의 성향, 문화적 패배주의, 반지성주의 등이 그의 후기 신학의 특징을 이룬다 ……. 이러한 후기 박형룡의 모습은 자신에 찬 초기의 모습과는 상당한 차이가 있다."[4]

어떤 학인이나 사상가도 '섬(an island)'이 아니다. 그가 산 시대나 사회와 동떨어져서 잉태되는 것도 그리고 존재하는 것도 아니다. 박형룡과 그의 신학도 그가 산 역사와 이어서 인식되어야 한다. 앞서 언급했듯이, 그래서 우리는 우리 지성사의 흐름에서 박형룡을 읽어보자는 것이다. 그래야만 자기 성찰적 우리 지성사를 인식하고, 그래야만 박형룡의 자리도 온당하게 찾아주게 되고, 그래야만 박형룡의 신학을 넘어서 신학을 학문의 세계로 견인할 수가 있게 된다는 믿음 때문이다.

---

3 장동민, 윗글, 11~16쪽을 볼 것.
4 윗글, 16쪽에서 따옴.

2. 우리 전통 지성사의 구조
유교 교조주의와 중화주의

　역사란 갈등과 긴장의 마당이다. 오랜 인류 역사를 일별하면 역사가 긴장
과 갈등으로 이어져 있고 또한 긴장과 갈등을 통해서 발전한다는 것을 쉽
게 알게 된다. 그래서 마르크스는 계급 간 투쟁으로, 헤겔은 '이념(Idea)' 사
이의 경쟁으로, 토인비는 도전하는 세력과 응전하는 세력의 엉킴으로, 신채
호는 '우리(我)'와 '저들(非我)'의 투쟁으로 역사를 인식하고 있다. 예수도 의
와 불의의 싸움으로 인간의 역사를 보았다. 그렇다. 인간의 역사는 다른 계
급이나 신분, 다른 생각들, 다른 민족과 인종사이의 끊임없는 긴장이었고
갈등이었다. 언제 인간의 역사에서 평화로운 때가 있었는가. 우리의 역사도
이와 별로 다르지 않다. 다른 부족사이에, 다른 신분과 계급사이에서, 다른
지역사이에서, 다른 생각과 이념 간에, 그리고 우리 민족과 다른 민족과 긴
장하고 경쟁하며, 갈등하고 투쟁해온 역사이다.

　이러한 갈등과 긴장의 역사에서 우리는 '교조주의'의 횡포를 읽는다. 긴
장과 갈등의 역사마당 한 가운데 있는 이들이 자유로운 토론이나 논의를
통한, 이를테면 합리적이고 공평한 절차를 통한 힘겨루기를 하는 경우는 거
의 없다. 물리적으로 또는 정치적으로 '힘이 있는 이들'이 '힘이 없는 이들'
에게 굴복을 일방적으로 강요한다. 이럴 때 '힘 있는 이들'의 생각이나 이
념이 '정통'이나 '정학(正學)'이 되고, '힘없는 이들'의 생각이나 이념은 '이
단'이나 '사학(邪學)'이 된다. '힘'과 이데올로기가 항상 함께 간다. '힘 있는
이들'은 그들의 '힘'을 갖게 하고 유지시켜주는 질서를 더욱 단단하게 하기
위하여 그들이 가진 생각을 정통으로 또는 정학으로 자리매김하고, 이에 도
전하거나 일탈하는 행위와 행위자들을 이단으로 또는 사학으로 단죄하고
물리적으로 또는 정치적으로 억압한다. 바로 여기에 '교조주의'가 싹 터 자
라게 된다.

교조적 엘리트들은 대중을 우매화시키고자 한다. 대중이 정치적으로 사회적으로 깨어나는 것이 두렵기 때문이다. 그래서 교육도 시키지 않으려고 한다. 교육을 시킨다면 오로지 그들의 '정통'이나 '정학'만을 교육내용으로 한다. 대중을 그들이 만든 이데올로기나 '율법'에 가두고자 한다. 대중 가운데 어떤 이가 '정통'이나 '정학'에 대항하거나 다른 생각을 하는 것을 이들은 두려워한다. 교조적 엘리트들의 '정통'과 '정학'이 그들의 사회적, 경제적 그리고 정치적 이해와 이어져 있기 때문이다. 그래서 인류 역사에 '혁명'이라고 기록된 것은 모두 이 교조적 엘리트들의 기득권에 대한 정치적, 경제적인 도전이고 승리인 동시에, 그들이 내세운 '정통'과 '정학'이라는 '교조'에 대한 이념적 도전이자 승리인 것이다. 프랑스대혁명도 그러했고 동학농민혁명도 그러했다. '교조주의'나 '율법'으로부터의 자유 함, 바로 그것이 해방이자 혁명이다.

주제와 좀 빗나가는 이야기가 되겠지만, 미국의 '건국 이야기'와 거기서 잉태된 독특한 미국지성사를 읽어보자. 유럽 사람들이 오기 전 아메리카에는 인디언이라는 토착민이 살고 있었다. 그러나 미국의 '건국 이야기'의 주인공들은 이들이 아니고 유럽에서 온 사람들이었다. 이 가운데는 투기꾼들, 모리배, 협잡꾼들, 해적들과 약탈자들도 있었고 이런저런 범법자들이 많았다. 그러나 이들도 미국의 '건국 이야기'의 주인공들은 아니었다. 우리가 익히 아는 바와 같이 유럽의 종교적, 정치적 억압을 벗어나 신앙의 자유를 찾아온 이른바 퓨리턴들(the Puritans)이었다.[5]

이들은 '옛 대륙' 유럽에서 "이질적 성분을 지닌 이들(heterogeneous)"이라고 종교적으로 정치적으로 억압을 받고 천대받던 사람들이었다. 유럽에서 누리지 못한 신앙의 자유를 신대륙 아메리카에서 누리고자 갈망해 온 이들

---

5 미국의 건국 이야기에 대해서는 박영신, "미국의 패권주의, 그 뿌리," 환경과 생명, 2003년 봄호를 볼 것. 또한 이 책의 1장 2절을 참조할 것.

이었다. 자기들이 믿는 신앙을 자유로이 믿고 행할 수 있는 사회를 '새 대륙' 아메리카에 세우자 하였다. 애굽인 유럽에서 젖과 꿀이 흐르는 가나안 아메리카로 찾아온 것은 폐쇄와 억압의 '옛 유럽'을 버리고 개방과 자유의 "새 이스라엘"을 건설하라고 하나님으로부터 "부르심"을 받았다고 이들은 믿었던 것이다.[6]

이러한 '선민의식'을 가진 이들은 옛 대륙 유럽 각지에서 여러 색다른 기독교를 아메리카로 가지고 왔다. "이질적 성분을 지닌 이들"의 잡다한 기독교가 미국이라는 한 나라에 웅거하여 "하나의 종교 모자이크(a religious mosaic)"를 이루었다. 그러나 이들은 폐쇄와 억압의 유럽에서 해방된 이들답게 "더 나은 삶, 더 나은 종교(a better kind of life and the better kind of religion)"를 가져보겠다는 이들이었다. 그렇기 때문에 이들은 나와 다른 이들의 '이질적 성분'을 인정한다. 그래야 다른 이들도 자기들의 '이질적 성분'을 인정할 것이기 때문이다. 국가나 어느 집단(이나 교파) 또는 어느 개인도 '자기가 믿는 바'를 멸시하거나 억압하지 못하는 틀을 만들게 된다. 이것이 바로 '정교분리'인데 "미국인의 삶의 원칙(the axiom of the American way of life)"으로서 헌법에 들어가게 되었다. 그래서 미국이라는 나라는 종교문제에 있어서 어떤 개인과 집단의 압박이나 제재가 없는 그야말로 "자유방임의 낙원(a paradise of laissez faire)"이 되었다.[7] 그래서 치열한 신학논쟁은 있지만 '이단'이네 '정통'이네 하며 상대방을 '정죄'하는 일은 드물고 있다고 하여도 치열하지 않다.

우리의 지성사(우리의 일반 역사도 그렇다)는 이와 다르다. 교조주의와 반교

---

6 이 시기의 미국의 교회사를 보기 위해서는 Alec R. Vidler, *The Church in an Age of Revolution*, New York: Penguin Books, 1961, 특히 253~236쪽을 볼 것. 특히 미국인들의 '선민의식'에 관해서는 박영신의 윗글과 William R. Hutchison, *Errand to the World: American Protestant Thought and Foreign Missions*(Chicago and London: University of Chicago Press, 1987)의 여러 곳을 볼 것.

7 Vidler, 윗글을 볼 것,

조주의의 갈등의 역사라고 말할 수도 있으리만치 '다른 생각', '다른 이념' 또는 '다른 신념'에 대한 틈을 주지 않는 세력과 이에 반항하는 세력사이의 긴장과 갈등의 기록으로 넘쳐난다. 고려왕조를 무너뜨리고 조선왕조를 세운 이성계와 이른바 신진사대부세력은 '억불숭유(抑佛崇儒)'를 왕조창건의 기치로 내걸고 구세력과 결탁한 불교를 억압하고 신유학의 가르침에 따라 조선사회를 재구성하려 했다. 이른바 '유교화(Confucianization)'의 시작, 더 정확히 말하면, 유교의 교조화의 시작이다. 유교세력이 정치권력을 장악하게 되었고 유교가 '정통이념'이 되었다. 신유학 이외의 생각과 가르침은 '사학'으로 탄압의 대상이 되었다. 유교 교조주의가 나타난 것이다.

심지어는 유교 안에서 조차 서로를 '이단'이니 '사학'이니 하며 서로를 정죄하게 되었다. 생각이 조금만 달라도 상대방을 정죄하였다. 이를테면 유교 교조주의자들은 같은 유학자라도 다른 학파나 정파에 소속된 이들을 정치적으로 처단하고 사약을 내리기도 하였다.[8] 17세기에 유명한 '예송논쟁' (禮訟論爭)이 바로 그 좋은 보기이다. 우리가 익히 알다시피 예송논쟁은 조선 후기 현종과 숙종 대에 걸쳐 효종과 효종 비에 대한 조 대비(인조의 계비)의 복상기간을 둘러싸고 일어난 서인과 남인의 논쟁으로 시작되었다. 단순한 왕실의 전례문제인 것처럼 보이지만 율곡학파와 퇴계학파의 학문적 대결, 서인(후에는 노론과 소론으로 나누어짐)과 동인(후에는 남인과 북인으로 나누어짐) 사이의 권력투쟁으로 이어져 서로가 '사설'이네 '이단'이네 하며 사약을 주고받았던 사건이다. 교조적 유교주의 엘리트들의 권력투쟁이 이들이 정통이념으로 내세운 유학(주자학)의 적통을 서로가 잇고 있다고 논쟁하며 서로를 거세하려고 피를 흘리며 싸운 사건이다. 같은 유학자이면서도 학파가 다

---

8 다음의 나의 논의는 역사의 대중화에 앞서고 있는 이덕일의 글에 크게 기대고 있다. 이덕일, 『당쟁으로 보는 조선역사』(서울: 석필, 1997), 『송시열과 그들의 나라』(서울: 김영사, 2000) 그리고 『정약용과 그의 형제들 1, 2권』(서울: 김영사, 2004).

르면 학문적 논쟁에 그치지 않았다. 서로 증오하고 서로 제거하려 했으며, 서로 죽여야 했다. 교조주의의 무서운 역사를 이 '예송논쟁'에서도 읽는다.[9]

유교 교조주의가 빚은 또 하나의 불행을 우리는 정약용과 그의 집안의 역사에서도 읽는다. 정약용과 그의 형제들은 아무도 미워하지 않았으나 단지 정통 유교와 조금 다른 생각을 한다는 그 이유 하나로 교조적 유학 세력에게 저주 받고 비참하게 죽어갔다.[10] 19세기 초의 일이다. 신유박해니 기해박해니 하는 서학(西學) 탄압으로 정약용을 비롯한 수많은 이들이 죽어갔다. 정약종, 이승훈, 이벽, 권일신과 권철신 형제와 같은 이들은 유교에 노예 된 닫힌 사회에서 죽어갔다. "시대를 아파하고 세속에 분개하지 않는 시는 시가 아니다"라고 말한 정약용과 같은, 자유를 목말라했던 이들은 유교 '정통'에, 유교 교조주의에 '아니오'라고 말했다 하여 귀양을 가고 죽어갔던 것이다.

전통시대에는 조선은 중국과 문화적 또는 지정학적으로 아주 가깝게 있었다. 20세기 초까지 조선은 이른바 중화주의 국제질서 안에서 중국의 '우산' 아래 있었다. 이 질서가 문화주의적, 이를테면 유교주의적 질서이었기 때문에 조선은 정치적, 문화적으로 '중국 지향적(Sinocentric)'이었다.[11] 조공행위를 다른 시각으로 볼 수도 있지만 조선의 유교적 지배 엘리트들(양반들)은 이 행위를 통하여 중국의 정치, 사회, 심지어는 문화와 종교를 비롯한 모든 분야의 제도와 관행을 거의 무차별적으로 '수입'하여 '유교화'와 '중국화'에 앞장섰다. 그 결과로 조선의 유교 지배 엘리트들은 정치적으로, 사회적으로, 나아가서는 문화적으로 중국을 모방하고, 중국 것을 숭앙하는 무리가 되었다.

조선의 유교적 지배 엘리트들은 여러 수준에서 중국의 지배 엘리트들과

---

9 '예송논쟁'에 대한 자세한 서술은 이덕일, 『송시열과 그들의 나라』, 제4부를 볼 것.
10 이덕일, 『정약용과 그의 형제들』 1, 2권을 볼 것.
11 나의 이러한 주장에 대해서는 오래 전에 나온 「도쿠가와 시대의 유교와 산업화」, 『현상과 인식』 7권 3호(1983년 가을), 89~102쪽, 특히 96~97쪽을 볼 것.

매끄러운 관계를 만들고 이 관계를 조심스레 유지해 나감으로써 중국 중심의 국제질서에서 오래도록 안정을 도모하여 왔다. 이러는 과정에서 조선의 지배 엘리트들은 오로지 중국만을 쳐다보고 그들의 정치적 움직임에 예민한 무리가 되었다. 그들의 의식 또한 중국 중심이 되었고, 그들의 학문도 '선진 중국 학계'의 여러 경향에 영향을 받게 되었던 것이다. 중국의 지적 고민이 우리의 논의가 되고, 중국의 학문적 토론이 우리의 논쟁이 되었다.

우리는 이러한 우리 역사의, 우리 지성사의 '한계'를 중국 중심질서에서 거의 선택의 여지가 없었기 때문에 나타난 결과로 본다. 그러나 바로 여기에서 우리 지성사에 깊게 뿌리내려 가지쳐 간 중화주의의 '해독'을 읽게 된다. 자기들이 가진 유교를 교조화 시킨 조선의 유교적 지배 엘리트들은 '유교 교조주의'에 이 '중화주의'를 접목시켰다.

일본 전통시대 지성들도 중화주의적 국제질서에 속하여 있었지만 그들은 조선의 지성들과는 달리 좀 더 독자적이고, 좀 더 민족적이었다.[12] 아마도 지정학의 시각에서 볼 때 중국과 인접해 있던 조선과 달리 일본은 중국과 '상대적으로 멀리' 있었기 때문일 것이다. 이를테면, 도요토미 히데요시(豊臣秀吉) 시대의 유학자 후지와라 세이까(藤原)가 "나는 중국에서 태어나지도 조선에서 태어나지도 않았다. 대신에 오늘의 일본에 태어났다"고 선포한 것처럼[13], 일본 지배 엘리트인 무사계급은 강한 '자기모습'을 가지고 있었다. 사실 이들은 유교를 "중국에서 가져 온 것", 또는 "바깥 것"으로 간주하였던 것이다. 그러기에 이들은, 이런 이유에서든 또 다른 이유에서든 일본 전통시대 지성들은 유교에 얽매이지도 중화주의에 매몰되지도 않았다. 일본 전통 지배 엘리트들이 '탈 중화주의'의 길을 갈 때 우리의 전통 지배 엘리

---

12 E. O. Reischauer와 A. M. Craig, *Japan: Tradition and Transformation*(Boston: Houghton Mifflin Co., 1978), 1~2쪽.

13 Kunihiro Masao, "Comformity and Familiarization: Reflections on Japan's Political Culture," 『亞細亞研究』 22집(1979), 25~57쪽, 47쪽에서 다시 따옴.

트들은 중화주의라는 늪에 깊이 빠져 있었던 것이다.

3. 기독교, 우리 전통 지성사의 틀을 넘어

기독교가 이 땅에 온 것은 19세기 말이다. 조선이라는 유교사회였다. 아무리 유교질서가 흔들렸다 해도 교조적 유교가 사회의 밑바탕에 깊게 깔려 있던 때였다. '사농공상(士農工商)'이라 하여 신분과 계급을 갈라놓고 유교주의자들만이 관직에 올라 생산계급을 멸시하고 천대하고 있던 사회였다. 남자와 여자를 구분하고 여자를 천대하였다. 나이 많고 적음을 구분하고 나이 적은 이들을 차별하였다. 이러한 수직적 사회에서는 양반집안의 남자로 태어나 유학 공부를 하고 과거시험을 쳐 관직에 오르는 삶이 유일한 '성공의 길'이었다. 그 밖의 사람들은 인간으로서 멸시당하고 무시당하고 천대받았다.

이러한 사회에서는 높은 자리에 앉은 이가 되어 다른 사람들 위에 군림하는 것이 삶의 목표가 된다. 유교 교조주의자들인 양반들은 유교의 가르침, 더 정확히 말하면 '그들의 유교'와 다른 생각이나 이념을 용납하지 않았다. 다른 생각, 다른 이념이 퍼지면 그들의 자리가 위협받기 때문이다. 이 유교 교조주의자들이 천주학과 천주교신자들에게 가한 여러 차례의 박해가 그러했고 19세기 서세동점의 물결이 드셀 때도 그러했다. 이른바 척사위정(斥邪衛正) 세력이 좋은 보기이다. 닫혀진 나라의 문이 열려 바깥세상과 교섭이 있을 경우 기존질서가 흔들리게 되면 자기들의 자리가 위협을 받게 되기 때문에 필사적으로 문호개방을 반대한 세력이 바로 교조적 유교주의자들이었다. 닫힌 사회에서, 수직적 사회질서에서 자기들의 자리를 지키고자 한 이들이다. 나라가 위태롭기 때문이 아니라 그들의 권력과 이권이 위협을 당하기 때문이었다.[14]

이러한 시기에 들어온 기독교는 수직적 유교질서와 맞서게 되었다. 교조화된 유교와 유교적 신분사회에 '모두가 하나님 앞에서 평등하다'고 선포하며 뿌리내리고 가지쳐 뻗어나갔다. 수직적 유교질서에서 천대받던 무리들, 그리고 유교 교조주의자들의 가르침에 불만을 가진 무리들이 기독교로 개종해 오기 시작하였다. 이 초대 기독교인들은 조금도 굽힘이 없이 정통 유교주의와 맞섰다. 제사를 비롯한 유교적 관행과 관습, 그리고 신분차별과 성차별에 대한 초대 기독교인들의 태도는 단호했고 자못 전투적이었다.[15] 그 한 보기를 따와 보자.

> "조선의(유교) 스승들은 여자는 남자보다 못하다고 가르쳤다. 기독교는 이를 정면으로 부인함으로서 충동이 있게 된다. 이들은 어떤 사람들은 다른 이들보다 우월하다고 가르치는데 우리는 또한 이에 동의하지 못한 다."[16]

당시 기독교인들은 이러한 불평등과 차별의 유교제도와 습속에 대하여 타협적이거나 소극적으로 대응하지 않았다. 이들은 유교의 가르침과 이에 터한 질서를 '사악한 것(the evil)' 또는 '이방의 것(heathenism)'으로 간주하고 적극적으로 맞서 바꾸기를 선포한 무리들이었다.[17] 당시 기독교로 개종한 한 양반의 고백도 흥미롭다.

---

14 정재식, 『전통의 연속과 변화—도전받는 한국종교와 사회』(서울: 아카넷, 2004) 5장과 6장, 특히 5장을 볼 것.
15 초대 기독교인들의 유교주의와 맞섬에 대한 사회사적 논의는 Chung-shin Park, *Protestantism and Politics in Korea*(Seattle and London: University of Washington Press, 2003), 1장과 4장을 볼 것. 또는 비슷한 논의를 박정신, 『한국기독교사인식』(서울: 혜안, 2004) 129~150쪽에서도 볼 수 있다.
16 George H. Jones, "Open Korea and the Methodist Mission," *The Gospel in All Lands*(1898년 9월), 391~396쪽, 특히 391쪽을 따와 옮김.
17 윗글, 392쪽을 볼 것.

"넉 달 전 이 사랑방(예배처소)에 있는 것이 부끄러웠다. 교인들이 모여 무릎 꿇고 기도할 때 나는 기분이 매우 언짢아 똑바로 앉았지만, 얼마 후 나도 무릎 꿇기 시작했는데, 부끄러운 마음이 모두 사라져 버렸다. 하나님은 나에게 믿는 마음을 주신 것이다. 내 친구들은 내가 미쳐 버렸다고 말하면서 찾아오지도 않는다. 그러나 참 하나님을 경배한다는 것은 미쳐버린 징조가 아니다. 사실 나는 양반이지만 하나님께서는 어떤 이는 양반으로, 또한 어떤 이는 상놈으로 만드시지 않았다. 인간들이 그러한 구분을 지은 것이다. 하나님께서는 모든 사람들을 평등하게 만드시었다."[18]

　예수를 믿은 후 하나님은 모든 사람들을 평등하게 만드셨다는 양반의 고백에 더하여, 위세 부리던 양반이 천대하고 멸시했던 상놈과 부녀자들과 함께 자리하여 무릎 꿇고 예배한 것은 당시로서는 혁명적인 모습이다. 세상 친구들의 조롱을 우습게 여기고 세상 것을 초월하여 더 높은 수준의 삶을 추구하겠다는 결단도 읽을 수 있다. 특히 이 글에서 우리는 양반과 상놈을 구분하여 차별하는 유교제도를 '인간이 만든 제도'라고 규정한 것을 소중하게 여기고자 한다. '하나님이 만든 것'이 아니라 '인간이 만든 것'이라고 한 것은 유교 교조주의자들이 절대화한 것을 상대화한 행위이고 그렇기에 파기해도 된다는 신념을 나타낸 것이다. 인간이 만든 것은 인간이 파기할 수 있다는 이들의 소망과 믿음이 담겨 있다. 예수 그리스도가 유대의 율법을 대하듯이 조선의 초대 기독교인들은 '율법'이 된 유교제도, 습속 그리고 관행을 '인간이 만든 것'으로 하찮게 보았던 것이다. 우리의 초대기독교인들은 이처럼 유교 교조주의에 맞섰고 그래서 이 질서에 눌려 지내온 이들이 줄지어 들어와 놀라운 성장을 하게 된 것이다.[19]

---

18 S.F. Moore, "An Incident in the Street of Seoul," *The Church at Home and Abroad*(1894년 8월) 120쪽에서 따와 옮김. 이 글은 양반의 고백을 선교사가 영어로 옮기었다.

4. '신학자 박형룡', 우리 지성사에서 그의 자리

우리의 지성사에서, 그리고 우리의 기독교역사에서 우리의 흥미를 끄는 것 가운데 하나가 유교 교조주의의 굴레를 벗어나려는 이들이 교회로 들어오게 되어 성장하게 되었는데, 성장하게 되면서 우리교회 안에 '교조주의'가 나타난 현상이다. 기독교가 성장하게 되어 제도화되고 이 공동체 안에 '이권'과 '권력'이 생겨나게 되었다. 교회의 수도 늘어나고 신학교와 교회기관이 늘어나게 되어 일자리가 생기고 그래서 이권이 나타나게 되었다. 이러한 '자리들'은 교권을 가진 자들이 채우게 된다. 교권이 교회의 성장과 이어진 것이라면 우리교회의 교권은 자연히 서북지방에서 나오게 된다.

우리가 익히 알고 있듯이 일찍이 '동양의 예루살렘'으로 불린 평양을 중심으로 한 서북지역에서의 기독교 성장은 선교초기부터 두드러졌다.[20] 장로교의 경우 교회의 3분의 2가 서북지방에 있었기 때문에 무엇이든지 서북지방 중심이었다. 최초의 근대대학인 숭실대학을 비롯한 여러 선교학교들이 평양을 중심한 서북지방에 설립되었다. 최초의 목회자 양성기관인 평양신학교가 서울이 아니라 평양에 세워졌다는 것도 서북지방의 교세를 단적으로 말해준다. 1907년에 설치된 독노회(獨老會)를 비롯한 그 이후의 전국 규모 교회행사와 모임이 '모든 것의 중심'인 서울이 아니라 평양에서 빈번히 개최되었다. 서북지방의 두드러진 교세는 당연히 이 지역출신 교회지도자들의 교권 장악을 낳게 하였다.

권력은, 그것이 국가 권력이든 교회 권력이든, 권력 가진 이들의 이데올로기를 교조화 하는 경향이 있다. 조선시대 지배계층인 양반 엘리트가 정통

---

19 한국기독교의 성장에 대한 자세한 논의는 Chung-shin Park, *Protestantism and Politics in Korea*, 첫째 마당을 볼 것.
20 자세한 논의는 Chung-shin Park, *Protestantism and Politics in Korea*, 97~108쪽을 볼 것.

이데올로기였던 유학과 '공생의 관계(a symbiotic relationship)'를 이룬 것처럼, 서북교권도 평양신학교의 신학을 한국교회 '중심 신학'으로 교조화 시키고 이와 공생관계에 들어섰다. 성경무오설, 축자영감설과 같은 보수적 근본주의 선교사들이 전수해 준 그 신학이 '정통'이 되었다. 이것이 서북신학이고 이것이 한국교회신학이 되었다. 어떤 이가 이 신학에 의문을 갖거나 비판하면 양반 엘리트들이 정통유학에 의심을 가진 이들에게 그러했듯이, 막강한 서북교권이 나서 '단죄'하고 나섰다. 1934년 장로교 총회에서 이 서북교권의 신학에 도전하는 이들이 제소된 사건이 있었다. 목사 김영주가 모세의 창세기 저작을 부인했다는 것과 목사 김춘배가 여성에 대한 성서의 기록에 관해 논의한 것이 문제가 된 것이다. 성서무오설과 축자영감설에 뿌리를 둔 보수적 근본주의라는 서북교권의 정통신학에 대한 고등비평에 기댄 도전은 총회의 '정죄'로 억압되었다.

신학자 김재준의 글들은 항상 서북교권의 정통신학에 의해 배척당한 것은 너무나 잘 알려져 있다. 해방이후 교단의 분열도 이 근본주의신학을 교조화한 교권의 억압과 이어져있다.[21] 아직도 우리 기독교에서는 교권싸움이 신학싸움으로 이어지고 이는 또한 정통이네 이단이네 하는 싸움으로 이어지고 있다. 교권을 가진 이들이 교조주의의 늪에 깊이 빠져있는 까닭이다.

우리가 관심을 가지는 것은 한국 기독교 안에서 이루어진 근본주의 신학의 교조화가 이루어지는 과정 한 가운데 박형룡과 그의 신학이 자리하고 있다는 점이다. 그는 1953년 9월 2일 장로회신학교 교장 취임연설에서 다음과 같이 말하였다.

> "우리는 우리 敎會의 神學的 自我意識의 發現에 呼應하여, 韓國敎會神學의 確立에 挺身할 것이다. 韓國敎會 神學의 確立이란 決코 우리가

---

21 한국교회의 보수, 진보신학의 관계에 대한 논의는 윗글, 둘째 마당을 볼 것.

어떤 神學體系를 創造함이 아니라, 使徒的 傳統의 正信仰을 그대로 保
守하는 神學, 우리 敎會가 七十餘年 前 創立되던 當時에 받은 그 神學
을 우리 敎會의 永久한 所有로 確立함을 이름이다."[22]

그렇다. 박형룡의 '신학'은 새로운 진리를 찾아 나선 신학자나 새로운 방
법을 모색한 학인도 아니다. 그는 이미 구한말 서양선교사들이 전해준 정통
칼빈주의(개혁주의) 신학을 한국교회의 "영구한 소유로 확립"하려 했던 교의
주의자요 이를 한국교회의 교조로 만들려고 온몸을 던진 투사였다. 어느 때
어느 곳에서든지 박형룡은 줄곧 서양 선교사들에게 오래 전에 받은 정통
칼빈 신학을 그대로 다음 세대에게 전하는 것이 그의 사명이라고 말해 왔
다.[23]
우리는 '옛 신학'을 보수하려는 박형룡의 태도가 자못 '전투적'이었다는
사실에 주목하고자 한다. 그가 지켜야할 '정통'에 대해서 그는 이렇게 말
한다.

"「정통(Orthodoxy)」이라는 말은 「옳은 의견(Orthodoxos)」이라는 말이다.
다수인, 혹은 주권자에게 채용, 혹은 우세를 얻었거나 말았거나 「옳은
의견」이면 정통신앙이다. 참으로 「옳은 의견」이란 여럿이 될 수 없고
오직 하나뿐일 것이다. 바꾸어 말하면 진정한 전통은 오직 하나인 것이
다."[24]

그리고 난 다음 그는 "비정통이란 무엇인가?"라고 질문을 던진다. 이에
대한 그의 대답은 아주 명쾌하다. 그의 말을 따와보자.

---

22 김양선, 『韓國基督敎解放十年史』(서울: 대한예수교장로회 총회 종교교육부, 1956), 263쪽
    따옴을 다시 따옴.
23 박형룡, 『敎義神學 序說』(서울: 칼빈출판사, 1964) 서문을 볼 것.
24 박형룡, 『朴亨龍博士著作全集』(서울: 한국기독교교육연구원, 1981), 8권, 23쪽.

"이미 정통의 개념이 천명된 지금에 와서 비정통을 정의하기는 용이할 것 같다. 전통과 틀리는 것은 다 비정통이라고 단언하여도 잘못될 것은 없을 것이다……. 그런데 비정통이란 말은 다른 말로하면 곧 이단이다."[25]

우리는 그의 신학의 내용을 따지면서, 그리고 성서의 구절을 여기저기서 따와서 어느 부분이 옳고 어느 부분이 그르다고 판단하는 자리에 있지 않다. 그것은 성경신학자들과 조직신학자들의 몫이다.

우리는 다만 신학자 박형룡의 지성구조에 흥미를 가지고 있다. 두 따옴에서 분명해 지는 것은 장동민이 지적한 것처럼, "한국적 배경"에서 잉태된, 다시 말하면 유교적 교조주의 전통과 이어지는 우리 지성사에 나타난 교조주의적 '흑백 이분구조'를 박형룡에게서 읽는다. 장동민은 이렇게 말한다.

"척사위정을 외치는 수구파의 유학자들이 …… 유교의 성리학을 정학(정학)이라 하고 그 외의 양명학이나 불교 혹은 서학 등을 사학(사학)이라고 부르며 이단시 하였다 ……(이들은) 정통과 이단의 이분법을 그 당시의 상황에 적용시킨 것이었다. 박형룡(은) …… 척사위정파에 속하지 않았지만 박형룡에게서 이러한 구분이 뚜렷한 것은 유교적 전통의 영향도 있음을 감지할 수 있다."[26]

그렇다. 박형룡에게는 모든 것을 단순화 시키는 경향, 이분법적으로 접근하는 경향, 다양성을 인정하지 않는 지성구조, 그리고 복음주의 신학 안에서도 다양한 생각들이 있을 수 있다는 사실을 인정 하지 못하는 자기 확신이 용해(fusion)되어 있었다. 우리는 이러한 박형룡과 그의 신학이 권력(교권)과 이어져 끊임없는 분파와 그 분파 사이에 적대감을 낳게 되고, 이러한 현

---

25 윗글, 28쪽에서 따옴.
26 장동민, 윗글, 26쪽.

상은 연합하지 못하는 오늘의 교회로 자라게 한 큰 원인 가운데 하나가 되었다고 지적하고자 한다.

　우리 지성사에서 박형룡을 읽으면서 우리가 주목하는 현상은 그가 '미국주의' 특히 남부 백인들의 '미국주의'에 깊이 빠져 있다는 점이다. 유교 교조주의적 엘리트들이 중화주의에 매몰되었던 현상과 흡사하다. 보기를 들어 흑인 민권운동가로 많은 이들의 존경의 대상이 되는 마틴 루터 킹 목사를 박형룡은 어떻게 평가하고 있는지를 한번 보자. 그는 극우 보수기독교문서(Christian News, 1968년 4월 15일)를 길게 인용하고 있다. 그의 '현대신학비평'에 말이다. 킹 목사는 "불신앙자로 알려지고 많은 공산주의자들과 결탁하여 공산주의 운동을 원조하는데 많은 시간을 쓰고 「비폭력(非暴力)의 사도(使徒)」라는 외식적 칭호 아래서 미국의 여러 거리들에 폭동과 방화를 충동함에 시간을 보내는 인물"로 보였다.[27] 미국의 남부 백인 우월주의자들의 시각을 고스란히 따르고 있다. 미국의 이런 극우 기독교 흐름을 고민 없이 그대로 받아들인 박형룡에게는 미국 부통령을 지낸 험프리(Hubert Humphrey)는 "과격한 자유주의자", 반전가수 조안 바어스(Joan Baez)는 "우명한 무신론자 민속가수"로 보였다.[28]

　우리의 지성사의 흐름에서 읽은 박형룡은 유교 지배 엘리트들이 전통시대에 유교적 교조주의적 틀이나 전통시대 중화주의 늪에 빠져 있었던 것처럼 또 하나의 교조주의, 또 하나의 중화주의에 빠져 있다. 그것은 기독교 교조주의 이고 남부 백인에 기댄 미국주의이다.

---

27 박형룡, 『全集』 9, 107쪽을 볼 것.
28 윗글, 117쪽.

5. 꼬리글

신학자 하비 콕스는 "율법"이란 "이어받은 규례에 무비판적으로 우리를 붙들어 매는 것", 다시 말하면 "과거에의 속박"이라고 정의하면서, 율법이란 "문화적 기대와 관습에 순종하도록 우리를 몰아대며, 우리를 대신하여 결정을 내리는 사람들을 통해, 거의 알아차릴 수 없는 방법으로 사소한 것에 이르기까지 복종을 강조 한다"고 말한 적이 있다.[29] 루돌프 불트만은 율법을 "이 세상의 기준"이라고 정의하였다.[30] 그렇다. 유교적 교조주의도, 우리 교회의 근본주의라는 교조주의도 권력이나 교권을 가진 이들과 합세하여 민중이나 교인들에게 '복종'을 강요하며 억압하였다. '나의 믿는 바'를 '다른 이들'이 간섭하고, 선택하고 그리고 통제하려고 한다. 이것이 율법주의이고, 이것이 교조주의다.

우리는 교권가진 자들의 율법을 통한 통제, 교조화 된 정통신학과 교리의 억압을 "이 세상의 기준"이라고 규정하고 "복음"으로 "자유 함"을 추구한다. "역사 속에서 인간으로 하여금 자유로운 결정을 내리도록 이끄시는 한 분(예수 그리스도)", "자유와 책임을 원하시는 분", "소망 가운데 장래를 보여주시는 분", 이 분을 만난 사람들은 "인간을 미성숙"하다며 들이대는 율법이나 교조주의라는 "관례와 전통"에 "노예"되기를 한사코 거부하는 이들이다. 교권주의자들이 교조화한 신학이나 율법이 단 하나의 진정한 '길이요, 진리요, 생명'이라고 믿지 않을 자유를 우리는 가지고 있다. 우리는 예수 그리스도를 가지고 있고, 그리고 그의 '복음'을 가지고 있기 때문이다.

하비 콕스는 말하고 있다. "인간은 율법 없이 살 수 없다. 그러나 율법이 그의(삶에) 결정적인 요인이 될 때, 그 인간은 이미 참다운 인간이 아니다."[31]

---

29 그의 『세속도시』, 56~57쪽을 볼 것.
30 자세한 논의는 Rudolf Bultmann, *Theology of the New Testament*, 259~267쪽을 볼 것.

우리의 지성사에서 박형룡을 읽으며 오늘 우리의 모습을 성찰적으로 바라보
게 된다.

---

31 하비 콕스, 윗글, 67쪽.

참고문헌

김양선, 『한국기독교해방10년사』(서울: 대한예수교장로회 총회 종교교육부), 1956.

박영신, 「미국의 패권주의, 그 뿌리」, 『환경과 생명』 55호, 2003년 봄.

박정신, 「도구가와 시대의 유고와 산업화」, 『현상과 인식』 7권 3호, 1983년 가을.

박형룡, 『박형룡박사저작전집』(서울: 한국기독교교육연구원), 1977.

_____, 『박형룡박사저작전집』(서울: 한국기독교교육연구원), 8권, 1981.

_____, 『박형룡박사저작전집』(서울: 한국기독교교육연구원), 9권, 1981.

_____, 『교의신학 서론』(서울: 칼빈출판사), 1964.

이덕일, 『당쟁으로 보는 조선역사』(서울: 석필), 1997.

_____, 『송시열과 그들의 나라』(서울: 김영사), 2000.

_____, 『정약용과 그의 형제들 1, 2권』(서울: 김영사), 2004.

장동민, 『박형룡의 신학 연구』(서울: 한국기독교역사연구소), 1998.

정재식, 『전통의 연속과 변화—도전받는 한국종교와 사회』(서울: 아카넷), 2004.

Bultmann, Rudolf., *Theology of the New Testament*, 1943~1953.

Cox, H., 『세속도시 The Secular City』, 구덕관 역, 서울: 대한기독교서회, 1993.

Foreign Missions, *Chicago and London*: University of Chicago Press, 1987.

Hutchison, William R., Errand to the World: American Protestant Thought and Jones, George H. "Open Korea and Its Methodist Mission," The Gospel in All Lands, 1898년 9월호

Masao, Kunihiro., "Comformity and Familiarization: Reflections on Japan's Political Culture』, 『아세아 연구』 22집, 1979.

Moore, S.F., "An Incident in the Street of Seoul," *The Church at Home and Aborad*, 1894년 8월호

Park, Chung-shin., *Protestantism and Politics in Korea*, Seattle and London: University of Washington Press, 2003.

Reischauer, E. O. and Craig, A. M., Japan: Tradition and transformation: Houghton Miffin co., 1978.

Vidler, Alec R., *The church in an Age of Revolution*, New York: Penguin Books, 1961.

Chapter 5

미주 한국학의 성장*

1. 머리글

미국은 세계 제 1차 대전 전후에 처음으로 세계 지도국 대열에 끼어들었
고, 세계 제 2차 대전을 겪으면서 최대 강국으로 등장하여 오늘에 이르기까
지 정치, 군사, 경제, 문화적으로 세계를 주름 잡아 왔다. 20세기를 마감하
고 21세기에 들어서면서 폴 케네디(Paul Kennedy), 에즈라 보걸(Ezra Vogel),
다니엘 벨(Daniel Bell) 과 같은 이른바 세계의 석학들이 "미국의 몰락"을 이
야기하면서 "일본의 시대" 또는 "아시아의 세기"의 도래를 내다보기도 했
다.[1] 그러나 우리가 감지하는 세계역사의 흐름은 그렇게 전개될 것 같지 않

---

* 이 글은 국사편찬위원회에서 발간한 『북미주한인의 역사』 下권(2007년)에 수록되어 있음을
밝혀둔다.

고 또한 그렇게 전개되고 있지도 않다.[2] 세계가 하나의 단위가 되어 지적, 문화적, 경제적으로 치열한 경쟁의 한 바탕이 될 21세기에 들어서면서도 여전히 미국이 세계를 주도해 나갈 것이라는 전망을 갖게 된다. 이 21세기도, 적어도 그 초기에는 미국이 '하나가 되고 있는 세계(a global village)'의 중심에 서 있고, 그래서 세계 학문의 흐름을 주도할 것이라고 생각하고 있다. 그렇기에, 이 미국에 있어서의 '한국학(Korean Studies)'[3]은 한국 사람들과 이들 주변에 살고 있는 사람들의 주된 관심사가 아닐 수 없다. 미국이나 캐나다 사람들이 왜 코리아에 관심가지고, 어떻게 코리아를 바라다보며, 그들의 코리아 인식의 꼴과 결은 어떠하며, 넓이와 깊이는 어느 정도인가 하는 질문들을 한번쯤 던져 봄직하다.

특히 미주에는 한인사회가 급성장하여 정치, 사회, 경제, 문화 등 여러 분야에서 '그들의 소리'를 내기 시작하였고, 다인종, 다문화 사회인 미주에서 정체성을 찾으려는 욕구에 따라 자기들의 문화나 역사에 관심이 한층 높아지게 되었다. 정착과 생존을 위해 경제문제를 비롯한 현실문제에 주된 관심을 쏟아야했던 이민 1세대들과는 달리 이른바 '이민 2세대'은 주류사회에서 교육받으며 당당히 주류사회에 진출하여 다른 이들과 어깨를 함께 하며 자기들의 소리를 찾고자 나섰다. 연방이나 주 정치에 뛰어들어 소수민족을

---

1 1983년 Suntory foundation 세미나에서 Daniel Bell은 일본을 "A model to the rest of the world"라 치켜세웠는가 하면(Look Japan, 1983년 8월 11일 볼 것) Ezra vogel은 아예 *Japan As Number One: Lessons for America*(Tokyo: Charles E. Tuttle Co., 1980)라는 책을 내놓기도 하였다.

2 Ezra Vogel, Daniel Bell 같은 이의 일본관점은 아시아관에 정면으로 도전한 나의 주장은 "Yellow Peril or White Panic : Japan and the United States in the Twenty-First Century," *Western Pacific Survey: Japan Symposum on United States-Japan Relation*(Proceeding)을 볼 것. 이 심포지엄은 1992년 11월20일 Edmond, Oklahoma에 있는 University of Central Oklahoma의 Western Pacific Institute가 주최하였다.

3 나는 한국학이라는 용어를 사용하는데 그렇게 마음이 편치 않다. 이 용어가 남북으로 나누어진 코리아의 남쪽만을 연구하는 학문을 뜻하기에 말이다. 그래서 '코리아학'이 남북을 아우르는 용어이기 때문에 코리아학이라고 말하고 싶지만 이글에서는 남북을 연구하는 뜻으로 '한국학'이라고 하기로 한다.

결집시키며 당당히 주류사회에 진입하고 있다. 이러는 과정에서, 아니 이런 노력이 드높아짐에 따라 자신들의 정체성, 자신들의 뿌리 역사와 문화에 비례하여 관심이 높아지게 되었다. 이들이 의사, 변호사, 정치가, 사업가로서 성장하고 있으며, 이들 가운데는 학계로, 특히 한국학 연구에 뛰어들어 미주 한국학 주류에 들어서기 시작하였다. 미주 한국학계에서 한인학자들, 특히 교포학자들의 진출, 그들의 관심을 살피는 일은 미주 한인사회의 성격을 이해하고 미주 한국학의 현재와 미래를 논의하는 길잡이가 될 것이다.

우리는 이따금 신문 한구석에서 미주에서의 한국학의 실상을 접해왔다. 그러나 거의 모두가 가끔 미국이나 캐나다를 방문하거나 잠시 머문 신문기자들이나 대학 교수들의 관찰, 그래서 깊이 있는 관찰에 토대를 두지 않은 단편적이고 피상적인 기사나 보고들이다. 이들의 보고는 하나같이 하버드(Harvard), 버클리(UC-Berkeley), 워싱턴(Washington), 시카고(Chicago), 하와이(Hawaii)와 같은 미국 대학의 한국학이 몇 명 되지 않는 교수와 학생들이 열악한 재정사정으로 허덕이고 있으니 우리 정부와 민간단체들이 적극적으로 나서 도와야 할 때라고 말들 한다. 그러나 미주에서 한국학, 넓게는 동아시아학(East Asian Studies)이나 아시아학(Asian Studies)의 실상을 아는 이들은 이러한 보도나 보고에 동의하지 않는다. 왜냐하면 미국이나 캐나다를 잠시 방문하거나 잠시 머문 기자나 대학교수들의 관찰이 잘못된 통계, 그들이 방문객으로 접촉한 미국의 한국(Korea) 전문가들의 외교적 겸손과 수다스런 엄살에 바탕하고 있기 때문이다.

이들의 보고처럼, 미국과 캐나다의 한국전문가들의 수는 열 손가락으로 셀 수 있는 것이 아니다. 1993년 Korea Society가 펴낸 주소록에 의하면, 한국전문가로 미국의 대학, 연구소, 기업, 정부 따위에 속해 있는 이들이 250명이 넘는다.[4] 우리에게는 우리에게 필요한 만큼 미국전문가, 미국학 프로

---

4 Craig S. Coleman, *A Guide to Korean Studies in the United States*(Los Angeles: The Korea Society/ Los

그램이 있는지 자성적으로 우리를 되돌아보면서 미국에는 미국이 필요한 만큼의 한국학으로 독립된 학과가 몇이냐는 질문은 아무런 의미가 없다. 한국학이 반드시 독립된 학과로 있어야 할 이유가 없다. 수많은 한국전문가가 각 대학의 기존학과, 이를테면 역사학, 사회학, 정치학, 경제학, 경영학, 외국 어문학, 철학, 종교학, 심지어는 신학과에 속해 한국을 열심히 가르치고 심도 있게 연구하고 있다. 이를테면 유씨엘에이(UCLA)에만 해도 한국학이라는 독립된 학과는 없지만, 역사학, 어문학, 사회학, 종교학에 속한 한국전문가 7명이 동아세아 언어·문화 학과(Department of East Asian Languages and Culture)에서 중국, 일본의 역사, 사회, 언어, 정치, 문화, 종교 전문가들과 서로의 연구를 견주면서 활발히 연구하고 가르치고 있다. 이처럼 수많은 한국전문가들이 미국 전역의 유수 대학에 자리 잡고 있다.[5]

영국, 호주, 홍콩, 캐나다 등 영어권의 한국학이 미국 중심이어서 미국에서의 한국학을 더 넓게 잡을 수도 있을 것이다. 이들은 『아시아학보』(Journal of Asian Studies), 『한국학보』(Journal of Korean Studies)와 같은 국제적으로 알려진 학술지와 하와이대학의 『한국학보』(Korean Studies)와 같은 각 대학, 각 지역마다 있는 역사, 사회, 경제, 사상관계 전문 학술지를 통해 수준 놓은 글들을 발표하고 있다.

특히, 세계 최고의 역사서를 발간하는 영국의 케임브리지 대학출판부(Cambridge University Press)가 각 나라의 역사 시리즈를 내놓고 있는데, 한국의 고대로부터 오늘의 역사에 이르기까지의 역사를 서술하는 두터운 4권의

Angeles, 1993)을 볼 것. 이 주소록에 실린 학자들의 한국에 대한 관심은 5퍼센트에서 100퍼센트에 이르기까지 그들의 관심정도는 다양하지만 말이다.

5 생각나는대로 동쪽에서 서쪽으로 한번 훑어보면 Cornell, Yale, Colombia, UPenn, Princeton, Harvard, George Washington, Georgetown, New York, State University of New York, Chicago, Northwestern, Illinois, Indiana, Ohio, Iowa, Georgia, Trinity, Texas, Southern Methodist, Oklahoma State, Denver, Kansas, Washington, UC-Berkeley, Stanford, San Francisco State, UCLA, USC, Portland State, Hawaii와 같은 대학에서 한국의 언어, 역사, 사회, 경제, 경영, 정치, 사상을 가르치고 있다.

책으로 기획된 프로젝트를 한국의 학자가 아니라 미국의 한국 전문가들에게 맡길 정도의 학문 수준으로 올라와 있다.[6] 다행히 국내학계에서도 "미국에서 한국사에 관한 연구가 …… 수적으로도 상당량이 쌓여 있다는 것은 그곳에 축적되어 있는 학문적 지식이 질적으로도 상당한 수준에 도달" 하였다고 진단하고 우리학계가 그들의 연구업적과 경향에 관심 두어야 한다고 겸손히 주장하는 연구자들이 나타나고 있다.[7] 어떤 면에서 내가 나의 참모습을 살피기 위해 내가 본 나에 대하여 다른 이가 그린 나의 모습에 관심을 가질 필요가 있다. 세계화의 시대에는 더욱더 그러하다.[8]

다시 말하지만, 그렇기에 나는 미주(미국과 캐나다)를 잠시 방문하거나 잠시 머물렀던 신문기자나 대학교수들이 피상적으로 관찰한 잘못된 통계, 미국과 캐나다 사람들의 외교적 겸손과 수다스러운 엄살에 바탕한 미주에서의 한국학에 관한 이야기들을 그렇게 가치 있는 것으로 받아 들여서는 안된다.

미주에서의 한국 전문가가 몇이며, 독립된 한국학 학과가 몇이다 하는 개량적 이야기보다도, 우리의 관심은 미국과 캐나다 사람들(미주 한인동포들을 포함해서)이 왜 한국에 관심 가지는가, 그들의 한국연구 환경, 태도, 경향, 그리고 그들의 학문적 시각과 업적, 그리고 수준이 어떠한가를 살펴보는 것이다, 미주에 있어서의 한국학을 역사적으로 되새겨 보아야 할 것이다. 바로 어제가 오늘의 어머니이고, 내일 또한 오늘에서 잉태된다는 그 역사학의 상식, 상식적 역사학이 그렇게 일러주고 있기 때문이다.

---

6 General Editor는 James B. Palais로서 그는 University of Washington의 교수이자 *Journal of Korean Studies*의 founding editor였다. 나도 넷째 권(근·현대)에 한국개신교와 역사변동에 관한 한 분야를 집필하였다.
7 정두희, "歐美에서의 한국사 연구의 경향", 정두희(외), 歐美 韓國學硏究의 傾向과 評價 (人文硏究論集23), 西江大 人文硏究科學硏究所, 1996, 1~70쪽 특히 1~2쪽과 70쪽 볼 것.
8 동북아시아 세 나라가 '역사전쟁'을 하고 있다. 이런 터에 중국과 일본 학계의 경향에만 신경을 쓸 것이 아니라 미주 학계의 흐름에 적극적으로 관심을 기울일 필요가 있다.

2. 미주 한국학, 그 역사

1882년 조미수교 전후에 시작된 미주에서의 한국학의 역사를 세 시기로 나눌 수 있을 것 같다.

제1기는 1882년부터 1945년까지로 개척기라고 할 수 있다. 몇 사람의 관리들도 한국에 관심을 가졌지만, 이 시기에 한국에 관심을 가지고 연구한 대다수의 사람들은 선교사들이었다. 모든 인간이 보편적으로 가진, "다른 것에 대한 호기심"에 더하여, 어떻게 하면 조선 사람들을 기독교로 끌어들일까, 다시 말해서 효과적 선교를 위해서 조선, 조선의 말과 글, 풍습, 사상, 종교, 제도를 연구했다. *Korea in Transition*을 비롯하여 숱한 역작을 내어놓은 게일(James S. Gale)과 같은 우수한 학자들이 없었던 것은 아니다. 이들 선교사들의 한국 연구는 서양우월의 문화적 편견이 있긴 해도 황무지를 개척했다는데 한국 연구의 연구사적 중요성을 인정하여야 할 것이다.[9]

제2기는 1945년부터 1960년대 중반까지로 과도기라고 이름할 수 있을 것이다. 동서 냉전의 시작부터 월남전 전후에 그 질서가 한풀 꺾이기 시작할 때까지 미주, 특히 미국에서의 한국 연구는 정부관리들—국무성, 정보국, 군사정보처 안팎의 사람들에 의해 주도되었다. 이들은 동서 냉전적 질서의 중심부 사람들답게 그 질서를 지탱하고 미국의 이해를 위해 한국을 연구했다. 이들의 연구경향은 관료적이고, 냉전적이며, 이념적이다. 이전의 "노골적(manifest)" 오리엔탈리즘의 시각과 태도가 "드러나지 않는(latent)" 오리엔탈리즘으로 바뀌고 있었을 뿐 그들이 가진 편견과 우월의식은 이 시기에도 그대로 지속되었다.[10]

---

9 코넬대학의 마이클 신(Michael Shin)은 이 개척기에 한국 연구를 시작한 선교사들이 모두 오리엔탈리즘에 빠져 서구인들이 가진 역사의 외계, 낯선 타자, 야만의 땅, 다른 세계와 동떨어진 은자의 나라라는 서구인의 편견, 우월감이 확연히 나타난다고 비판한다. 그의 글 「미국 내 한국학 계보」, 『역사비평』 59호(2002년 여름), 76~98쪽, 특히 76쪽을 볼 것.

제3기는 1960년대 중반부터 오늘까지의 시기인데, 성숙기라 할 수 있다. 미국이 월남전을 겪으면서, 반전운동이나 흑인 민권운동으로 학계를 비롯하여 미국사회 구석구석에서 냉전적 백인우월주의 인종차별적 질서에 대한 저항과 비판이 드세게 일어났다. 이 물결을 타고 잉태된 수정주의자들이 탈냉전, 백인우월의 인종주의를 벗어나려는 학자와 지식인들이 학계와 언론계, 그리고 정부기관과 민간연구단체에 들어가고, 기존 세력이 이 거센 물결에 대응, 응전하는 시기이다. 이 시기에 이전의 관료적, 냉전적 한국 전문가들을 압도하는 우수한 한국 연구가들이 등장하였다. 이를 테면, 소극적이긴 하지만, 월남전을 반대, 평화봉사단원으로 한국에 온 젊은 지식인 그룹이 한국 전문가로 등장하였다. 넓게는 미국의 기존질서, 좁게는 미국의 외교정책에 비판적인 이들이, 우연히 한국에 와서 영어를 가르치며 한국의 언어, 풍습을 익히고, 한국을 연구하기로 결심, 미국에 돌아가 버클리, 워싱턴, 하버드, 컬럼비아와 같은 유수 대학에서 한국을 심도 있게 연구한 후 각 대학에 자리잡고, 미주의 한국학을 주도하고 있다.[11]

이 성숙기에 우리는 다음 두 그룹의 한국학 전문가의 등장과 기여를 기록하고 기억해야할 것이다. 이들이 바로 관료적이고 동서냉전적 한국 연구의 울타리를 넘어나와 학문적 한국학의 길을 개척한 이들이다.

첫째가 한국출신으로 미주 한국학의 기초를 다듬는 역할을 한 학자들이다. 이를테면 1970년대부터 미주 '한국학의 메카'로 등장한 워싱턴대학교에는 한국어문학을 가르친 서두수(교육학, 타계)가 있었고, 하와이대 서대숙(정치

---

10 윗글, 76~77쪽.

11 『한국전쟁의 기원』(*The Origins of the Korean War*)으로 우리에게 잘 알려진 커밍스(Bruce Cumings, University of Chicago), 『제국의 후예』(*Offspring of Empire*)를 쓴 에컬트(Carter Eckert, Harvard University) 그리고 『문화적 민족주의』(*Cultural Nationalism in Colonial Korea*)를 쓴 Micheal Robinson, Indiana University), 한국천주교에 관심을 가진 베이커(Donard Baker, University of British Columbia, Canada)가 그 대표적 보기이다. 이들과 함께 공부한 던칸(John Duncan, UCLA)도 이 그룹에 넣을 수 있을 것이다.

학), 최영호(역사학), 휴 강(Hugh Kang, 역사학, 타계)과 피터 리(Peter Lee, 문학, 지금은 유씨엘에이에 있음)가 있다. 펜실베니아대의 이정식(정치학), 웨스턴 미시간대의 앤드류 남(Andrew Nahm, 역사학), 캐나다 브리티시 컬럼비아대의 장윤식(사회학), 보스톤대학의 정재식(종교사회학), 신시내티대학의 김한교(정치학), 코네티컷대의 김한교(정치학) 등이 그들이다.[12] 이들은 세계 제2차대전 이후 미주의 한국학이 '학문'으로서 그 기초를 다지고 동서냉전시대 관료적이고 서구우월주의의 시각을 극복하고자 했던 학자들이다.

특히 이정식과 서대숙은 사회주의나 공산주의계열의 민족운동과 북한연구를 앞서 개척하여 한국학계에 큰 족적을 남기었다. 이정식은 *The Politics of Korean Nationalism*[13]와 *Korean Workers' Party: A Short History*[14]와 같은 업적을 내어놓았다. 그리고 서대숙은 *The Korean Communist Movement, 1918~1948*[15]과 같은 개척적인 연구성과를 내어놓았다. *Anthology of Korean Poetry,*[16] *Korean Literature: Topics and Themes,*[17] *Lives of Eminent Korean Monks*[18]를 비롯, 수많은 한국의 문학을 작품을 번역, 소개하고 한국문학을 서양 세계에 접목시키려한 피터 리는 미주한국학의 중심에 한국문학의 토대를 앞서 구축하였다.

둘째는 순수학문의 열정을 가진 미국인 한국학자들이다. 하버드의 와그너(Edward W. Wagner, 1924~2001), 워싱턴의 팔레(James B. Palais, 1934~2006) 그리고 컬럼비아의 레디아드(Gari K. Ledyard)와 같은 이들이다. 조선사회사에 관

---

12 북미한인대학교수협회, 『북미한인대학교수총람』(Cresskill, NJ: The Korean-American University Professor Association, 1996) 여러곳을 볼 것.
13 1963년에 캘리포니아대학(Berkeley) 출판사에서 출판한 이 책은 한국민족주의연구의 고전이 되었다.
14 이 책은 1978년 Hoover Institute Press에서 출판되었지만 그 연구는 이미 오래전에 이루어졌다.
15 1967년 프린스턴 대학출판사에서 출간된 이 책은 초기 공산주의운동과 북한정권 탄생을 연구하는 이들에게 고전적인 길잡이가 되었다.
16 1964년 뉴욕의 John Day 출판사에서 출간한 이 책은 수정보완하여 1974년 하와이대출판부에서 다시 출간하였다.
17 1965년 아리조나대학 출판부에서 출간함.
18 1969년 하버드대 출판부에서 출간함.

심을 가진 와그너는 *The Literate Purge: Political Conflict in Early Yi Korea*[19]를 남겨 놓았다. 와그너는 학문적 업적에 더하여 팔레와 같은 탁월한 제자를 길러내 미주한국학의 미래를 준비해준 인물로 높이 평가 받고 있다. 그의 제자 팔레는 *Politics and Policy in Traditional Korea,*[20] *Human Rights in Korea,*[21] 그리고 *Confucian Statecraft and Korean Institutions: Yu Hyongwon and the Late Choson Dynasty*[22]와 같은 서양세계의 한국학의 학문적 수준을 한껏 보여 주는 업적을 남기었다. 특히 그는 케임브리지대학 출판부가 기획한 네 권의 *History of Korea*를 총괄하며 여러 글을 스스로 쓰며 세계의 한국역사 권위자들과 그들의 업적을 함께 엮어내는 일을 담당하고 있다.[23] 레디아드는 한국어학사 연구에 기초를 다졌다.

　미주 한국학 성숙기 초기에 후학들을 가르치며 한국학의 수준을 높인 와그너와 팔레 그리고 레디아드는 비슷한 경로로 한국학을 연구하게 되었다. 와그너는 1942년에 하버드에 입학했으나 이듬해, 그러니까 세계 제 2차대전 말에 육군에 입대하여 1948년에 전역하고 하버드로 다시 돌아가 학위를 받고 줄곧 그곳에서 가르치다가 2001년에 타계하였다. 1946년부터 1948년까지 남한 미군정의 자문관(civilian adviser)으로 복무하였다. 이것이 계기가 되어 그는 한국 연구를 하게 되었다.[24] 팔레는 하버드에서 역사를 공부하고

---

19 1974년 하버드 동아시아연구소에서 간행.

20 1976년 하버드대출판부에서 출간.

21 1986년 Asia Watch Committee에서 간행.

22 1996년 워싱턴대 출판부에서 간행.

23 이른바 '케임브리지 프로젝트'에 참여하고 있는 학자들은 팔레를 비롯 시카고의 커밍스, 유씨엘에이의 던컨, 인디애나의 로빈슨, 브리티시 콜롬비아의 베이커, 하버드의 에커트, 콜롬비아의 암스트롱, 코넬의 마이클 신, 유럽의 도히철러, 일본의 와다 하루키, 한국의 김기혁, 유영익, 민현구, 박정신 등이다. 불행하게도 이 프로젝트를 완성하지 못하고 2006년 팔레는 세상을 떠났다. 아직도 그의 수준 높은 학문적 기여와 열정을 미주한국학계, 아니 세계의 한국학계가 필요한데도 말이다.

24 와그너의 삶과 학문에 대해서는 Kim Keong-il(ed.), *Pioneers of Korean Studies*(Seoul: The Academy of Korean Studies, 2004), 387~404를 볼 것.

군에 입대하여 군사어학교(The Army Language School at Montray, California, 지금
은 Defense Language Institute라고 이름을 고쳤음)에서 한국어와 중국어를 배우고
한국에 근무한 것이 계기가 되어 한국역사를 평생의 업으로 삼게 되었다.[25]
러디아드도 이 군사어학교에서 일본어와 한국어를 배우고 한국에 근무한
것이 계기가 되어 한국어와 한국어학사를 연구하게 되었다.[26] 세계 제 2차
대전과 한국전을 거치면서 미국의 세계전략에 따른 세계 각 지역연구의 필
요성에 따라 육성되어진 국제학(international studies)의 흐름을 타고 이들은한
국학을 연구하게 되었다는 말이다. 바로 이들은 미국대학에서 국제학의 하
나로 한국학의 뿌리를 내리고 이 성숙기를 함께 이끈 미주의 한국학자들을
교육시킨, 그야말로 성숙기를 성숙기이게끔 만든 이들이다.

3. 미주 한국학의 환경과 경향

미주에 있어서 한국학의 연구환경은 어떠하고 그 경향은 어떠한가. 미주
한국학에 종사하는 이들의 근·현대 연구에 기대어 이를 짧게 살펴보자.

첫째, 풍부한 자료, 잘 정리된 자료를 누구나 쉽게 접할 수 있는 연구 환
경이다. 19세기 말부터 오늘에 이르기까지 한국과 관계가지면서 미국과 캐
나다는 한국에 관한 엄청난 자료를 수집, 정리, 보관하여 왔다. 우리가 갖고
있으나 정리 안 된 자료를 비롯, 선교사들의 기록, 미 군사정보 보고서, 정
보국 정보자료들이 그렇다.

1995년 6월 초 중앙일보 기사에 의하면, 미 국회도서관에 오래도록 근무
하다 은퇴한 양기백의 증언처럼 한국 학자들이 한국관계 자료를 찾아 미국

---

25 팔레에 대해서는 윗글, 561~593쪽을 볼 것.
26 레디아드에 대해서는 윗글, 517~560쪽을 볼 것.

국회 도서관, 하버드 옌칭 도서관(Yenching Institute), 버클리, 워싱턴의 동양 도서관을 찾고 있는데, 이는 풍부한 자료를 수집, 정리하였을 뿐만 아니라 누구나 쉽게 접할 수 있는 연구환경 때문일 것이다. 한국 기독교역사연구소의 이만열 등은 미국으로 가 한국기독교 관계자료를 복사, 수집하는데 분주하고, 그 밖에 우리의 현대사 연구에 관심 가진 학자들이 자료를 수집하기 위해 줄지어 미국을 방문하고 있다. 한림대학과 관계맺고 있는 미국의 방선주는 미 국회 도서관에 매일 출근해서 우리에게 없는 한국관계 자료를 찾아 한국에 소개하는 작업을 하고 있다.[27]

미국이 우리 현대사와 깊이 이어져 있기 때문에 우리의 상상을 넘는 한국에 대한 방대한 자료를 가지고 있다. 특히 해방직후 북한에 대한 자료는 우리보다 앞서 있다고 보여진다. 이를테면, 북한 기독교인의 동향에 관한 자료는 한국에서 찾아볼 수 없는 것들이 미 군사정보국 등과 같은 기관에 의해 수집되고 보존되어있다. 이 자료들 가운데 김일성 세력의 대민, 대기독교인 동향분석과 북한 기독교인들, 학생들의 성명서, 격문(한글)과 같은 귀중한 자료가 있을 정도다.[28] 이처럼, 근·현대에 관한한 풍부하고 잘 정리된, 그리고 누구나 쉽게 이용할 수 있는 연구환경에서 미주의 한국학이 이루어지고 있다.

둘째, 우리의 근·현대 연구 가운데 일제식민시대의 역사, 그러니까 우리의 민족주의운동 연구가 가장 활발하다고 생각된다. 일제가 우리를 오래토록 짖눌러 왔기에 이념적으로 좌편이나 우편, 어느 편에 속했던 우리의 일

---

27 이를테면 한국기독교사를 뒤늦게 연구하게 된 이만열은 미국과 캐나다의 선교사들과 선교 본부가 남긴 자료들을 끊임없이 영인하여 '한국기독교역사연구소'에 보관하고 보급하였고, 방선주는 한림대학교와 국사편찬위원회와 함께 이러한 미주의 한국 관계자료들을 발굴하는 작업을 하고 있다.
28 이를테면 American Data Research Service(편), *Sonch'on chi*(Washington D.C., 1983)이다. 이것은 1946년부터 1947년 사이의 북한 평안북도 선천군에서 일어난 여러 역사적인 사건에 관한 기록들을 묶은 것이다. 이것도 방선주의 노력으로 발굴되어진 것이다.

제시대 연구자들은 민족주의적 감정(nationalistic emotion) 또는 감정적 민족주의(emotional nationalism)의 짓누름을 벗어나기가 쉽지 않다. 객관적이려고 노력해도 감정적이고 주관적인 경향을 띠게 된다.

미주의 한국연구가들은 제3자이기에 더욱 객관적 입장에서 일제시대나 우리의 민족주의운동의 꼴과 결을 살필 수 있는 연구환경을 가지고 있다. 적어도 그들은 그렇게 주장한다. 우리가 가슴이 앞선다면, 미주의 한국연구가들은 머리로 접근할 수 있다는 말이다.

셋째, 우리나라는 분단되어 있다. 지리적으로, 정치적으로, 그리고 이념적으로 나뉘어져 있다. 그 만큼 우리의 현대사 연구와 연구자들은 동서 냉전적 정치와 이념의 나눔으로 여러 가지 제약을 받아왔다. 분단시대의 여러 업적이 있었으나 정치적으로 이념적으로 제약을 받았거나, 아니면 정치적, 이념적 나눔의 산물이 대부분이다.

우리와 견주어볼 때, 적어도 1960년대 중반이후는 상대적으로 정치적 이념적 제약을 받지 않아 더 객관적인 연구환경을 미주의 한국연구자들은 가지고 있다. 그래서 훌륭한 분단시대의 연구가 미국에서 주로 이루어져 왔다. 이정식, 스칼라피노, 서대숙, 커밍스 등의 노동당, 공산당 연구나 한국 전쟁 연구가 그렇다. 앞서 말한 이정식의 *The Politics of Korean Nationalism*과 서대숙의 *The Korean Communist Movement, 1918~1948*을 비롯하여 스칼라피노와 이정식이 함께 쓴 *Communism in Korea*[29]와 커밍스의 *The Origins od the Korean War*(두 권)가 그 보기이다.[30]

1980년대 중반부터 한국의 젊은 학자들 가운데 우리의 현대사 연구가 활기를 띠고 있으나 새로운 시각이나 방법보다는 미주에서 이루어진 연구들

---

29 Robert A. Scalapino and Chong-sik Lee은 이 책을 1972년 캘리포니아대학(Berkeley) 출판부에서 출간하였다.
30 커밍스의 이 책은 프린스턴대학교 출판부가 1981년과 1994년에 각각 출판하였다.

의 번역, 소개의 수준에 아직 머물러 있다고 여겨진다. 물론 미주의 한국학 연구자들의 개척적인 연구에 힘입어 이에 대한 새로운 시각이 나오고 새로운 방법이 나오고 있지만 말이다.[31] 짧게 말하면, 미주에서의 한국학은 근·현대 연구에 관한 한, 풍부한 자료, 더욱 객관적인 연구환경에서 이루어지고 있다.

그렇다면 미주의 한국전문가들의 연구경향과 방법은 어떠한가.

첫째, 한국을 넓게, 이웃하는 중국과 일본의 역사 또는 인류보편사와 견주고 보완하는 연구경향과 방법이다. 이를테면 미주 한국학의 대부라고 불리는 팔레는 중국 유교의 사회사적 변천과 견주어 비교하면서 한국의 유교 변천과 특수성을 추적하고,[32] 한국민족주의에 관심을 가진 로빈슨은 한국의 민족주의를 민족주의에 대한 여러 이론에 비추어보고 또한 세계 각지의 민족주의와 견주어보면서 그 특수성을 읽으려 한다.[33] 천주교와 조선의 유교 사회와의 만남에 관심을 가진 베이커는 천주교와 중국과의 만남과 견주며 연구하고,[34] 필자도 일본과 중국에 있어서 기독교의 정착과정과 한국 기독교의 역사를 견주어 비교하면서 일본기독교 역사의 특수성, 그리고 기독교와 한국 역사와의 특수한 만남과 물림을 보려했다.[35]

둘째, 학제적 접근(interdisciplinary approach)이다. 한 주제를 역사학, 사회학, 정치학, 경제학, 심지어 심리학의 접근을 함께 수용, 논의한다. 옛 학문 사

---

31 이를테면 김영호, 『한국전쟁의 기원과 전개과정』(서울: 두레, 1998), 이완범, 『한국전쟁-국제전적 조망』(서울: 백산서당, 1999)이다. 이밖에도 박명림의 연구도 있다.
32 팔레에 관한 국내학자의 소개를 보기위해서 정두희의 윗글과 그가 최근 연세대 현대한국학 연구소의 해외학술 연구콜로키움에서 발표한 팔레의 둘째 책에 관한 연구평론을 볼 것.
33 Michael E. Robinson, *Cultural Nationalism in Colonial Korea, 1920~1925*(Seattle and London: University of Washington Press, 1988)을 볼 것.
34 Donald L. Baker, "Confucians Confront Catholicism in Eighteenth-Century Korea"(Ph.D. dissertation, University of Washington, 1983)을 볼 것.
35 자세한 것은 Chung-shin Park, *Protestantism and Politics in Korea*(Seattle and London: University of Washinton Press, 2003)를 볼 것.

이에 놓인 높다란 담벼락을 허물고 서로의 이론, 서로의 시각을 열린 마음으로 수용하는 연구태도라 할 수 있다. 팔레가 조선시대 유교와 정치에 대한 사회사적 연구를 하면서 경제학, 사회학 그리고 정치학의 이론을 원용하고,[36] 로빈슨이 사회학과 정치학의 민족주의 논의를 폭넓게 기대고 있으며,[37] 에커트가 자본주의 이론과 그 반론에 대한 경제학과 사회학의 이론과 연구방법을 비판적으로 원용하고 있는 것이 그 보기이다.[38]

셋째, 거시적 접근이다. 역사학을 보기로 이야기하면, 거시적 접근(macro-historical approach)이라 할 수 있겠다. 한 인물을 다루어도 전체 역사 속에서, 전체사의 전개를 보려 한다. 이와 이어지는 것이지만, 우리 학계가 논문 중심이라면 미국학계는 연구서(monograph) 중심이라 할 수 있다. 이를테면, 앞서 말한 팔레의 *Confucian Statecraft and Korean Institutions*는 장장 15년 동안 연구한 결과이다. 이러한 업적이 나올 수 있도록 기다리는 미주 대학의 학문분위기는 성급하게 업적을 계량화하여 학자나 학문을 평가하는 우리와는 사뭇 다르다.

넷째, 초국적, 초국가적(trans-national)학문 태도이다. 우리학계가 우리끼리, 우리가 우리를 제일 잘 안다는 좁다란 학문적으로 민족주의적 태도를 가졌다면, 미주의 한국전문가들을 국적, 국가의 경계를 넘나들면서 다른 나라 학자들의 연구업적을 수용하고 있다. 그렇기에 그들은 영어는 물론 한국어, 일본어, 러시아어, 중국어를 훈련 받은 이들이다. 그 만큼 여러 시각에서 방법론을 아우르는 연구 업적을 내어놓는다. 역사학, 사회학, 정치학, 경제학, 심지어는 심리학, 신학에서 이들의 논문이나 저술을 읽고 또 읽어야 하는 것이다.

---

36 각주 32)에 있는 글들과 마이클 신의 「미국내 한국학 계보」, 82~83쪽을 볼 것.
37 각주 33)에 있는 그의 연구서 서론을 읽을 것.
38 그의 연구서 *Offspring of Empire: The Koch'ang Kims and the Colonial Origins of Korean Capitalism, 1876~1945*(Seattle and London: University of Washington Press, 1991)를 볼 것.

그래서 국내 학계에서도 미주의 한국학 업적들을 주의 깊게 읽고 있다. 이를테면 연세대 현대한국학연구소는 1998년 4월부터 거의 한 달에 한번씩 '해외한국학 콜로키움'을 열어 미주를 포함한 해외의 한국학 업적을 다루고 있다. 그 평론을 『해외한국학평론』이라는 학술지를 통해 우리 학계에 내어 놓아왔다.[39] 이 평론을 통하여 지금까지 수십명의 학자들의 업적이 평가되었다. 그리고 『역사비평』은 2002년에 특집으로 미주의 한국학을 비판적으로 다룬 특집을 내기도 했다.[40] 국내 한국학계가 늦게나마 미주를 비롯한 해외 한국학의 업적을 눈여겨보기 시작한 것은 다행이라고 생각된다.

4. 미주 한인사회와 한국학

미주 한인사회 형성의 역사는 19세기 말 하와이 농장으로 간 노동자의 이야기로 시작된다.[41] 그 후 미주 한인사회는 급성장하였다. 하와이 사탕수수밭 노동자들, 인삼 행상인들, 망명객들, 유학생들로 시작된 미주 한인사회는 해방 후 미군정, 6·25 전쟁을 거치면서 가족이민, 유학하는 이들의 수가 증가하고, 직업이민과 투자이민의 수도 증가하면서 재빨리 성장하였다.

미주 한인사회의 성장은 이민의 수의 성장만을 뜻하는 것이 아니다. 교육을 강조하는 이민 1세대의 '희생'으로 2세, 3세들이 훌륭한 교육을 받고 1세대들과는 달리 여러 전문직종에 종사하는 수도 증가하였다는 뜻도 있

---

39 이 잡지는 2000년 봄호를 창간호로 하여 우리 학계에 나왔다. 팔레, 커밍스, 와그너, 에커트, 김기혁, 박정신 등의 저술이 논평되었다.
40 「미국의 한국사 연구」, 『역사비평』 59호(2002년 여름), 27~174쪽을 볼 것. 여기에는 마이클 신, 이훈상, 김성우 그리고 정태헌이 와그너, 팔레, 커밍스, 에커트의 한국사 연구 시각을 비판하고 있다.
41 미주 한인사회의 역사에 대해서는 Wayne Patterson, *The Korean Frontier in America: Immigration to Hawaii, 1896~1910*(Honolulu: University of Hawaii Press, 1988)와 국사편찬위원회가 『재외동포사』(미주편)에 실린 여러 글을 볼 것.

다.[42] 이들이 이른바 '주류사회'로 진출하고 이들이 '한인사회의 소리'를 주류사회의 한 가운데서 대변하는 이들의 수가 많아지고 있다.

이런 뜻에서 미주 한인사회의 성장과 미주 한국학의 성장은 깊게 이어져 있다. 이민 1세대들이 '이곳'(미국과 캐나다)에서 고달프고 고생스러운 삶을 꾸리면서 그들이 온 '그곳'(한국)을 기린다. '이곳'에 '그곳의 문화'(한국문화)를 간직하며 이웃에 전한다. 미주 각 곳에 한인회, 한미친선회 등을 조직하고 '한국의 날'을 가지며 한국음식을 나누고 태권도 시범도 보이며 한복입고 우리의 춤을 춘다. 다양한 인종이 더불어 삶을 꾸리는 북미주의 이 두 나라에서 '자기정체성'을 지키며 다음 세대를 교육시켰다. 바로 이러한 가정과 한인사회 풍토에서 자란 2세, 3세들의 주류사회에서의 활동공간이 넓어짐에 따라 그들 '어버이들의 문화'가 넓어져 가게 되었고, 한국에 대한 관심도 넓어져 갔다.

특히 1960년대 이후 한국의 경제성장으로 한국과 미국 그리고 캐나다 사이에 교역과 교섭이 증대되어감에 따라고 미주 각 대학이 한국학 과목을 개설하게 되었다. 한국의 중요성이 높아진 것이다. 우리가 익히 알고 있듯이 경제적으로 '한강의 기적'을 이루며 무서운 아시아의 네 마리 용 가운데 하나로 떠오른 한국에 대한 관심은 그대로 한국학의 성장과 이어졌다.[43] 미주 한국학의 성장은 앞서 언급한 학자들의 헌신적 학문에의 열정의 소산이기도 하지만, 그리고 미주 한인사회의 성장과 한국경제의 성장이 큰 기여를 했다고 보아야 한다.[44] 특히 한국에 대한 관심의 급증, 그리고 세계경제대

---

42 한 자료에 의하면 1996년에 박사학위소지 한인들이 약 3만명에 이르고 이 가운데 약 3천명이 대학에 종사하고 있다고 한다. 10년이 지난 현재에는 이 수치는 증가하였을 터이다. 『북미 한인 대학교수 총람』, 권두언을 볼 것.

43 하버드의 카터 에커트 교수는 한국경제의 폭발적인 성장을 "한강의 기적"(the miracle on the Han)이라고 했고(Carter J. Eckert, et. al., *Korea Old and New*(Seoul: Ilchokak, 1990, 388쪽을 볼 것), 에즈라 보겔은 싱가포르, 홍콩, 대만과 함께 한국을 무서운 경제 강국으로 떠오르는 "네 마리 용들"이라고 했다(Ezra F. Vogel, *The Four Little Dragons: The Spread of Industrialization in East Asia*(Cambridge, Mass.: Harvard University Press, 1991을 볼 것).

국으로 등장한 한국이 미주를 비롯한 세계 각국에 한국을 알릴 필요성의 급증과 맞물리면서 미주의 한국학이 성장하였다고 보아야할 것이다. 한국의 경제성장에 따라 한국 정부와 재계가 미주를 중심으로 한국학 지원에 나섰기 때문이다.

우리가 익히 알고 있듯이 1970년대 중반부터 하버드, 버클리, 유씨엘에이, 캐나다의 브리티시 콜럼비아와 같은 대학에 한국학지원금을 주었고, 1980년대 들어서면서 일본의 '일본국제교류재단(The Japan Foundation)'이 그렇게 한 것처럼 '한국국제교류재단(The Korea Foundation)'을 설립하고 한국학 관련 강좌 개설, 교수요원 충원, 연구비와 장학금을 지급하여 왔다.[45] '한국국제교류재단'은 2005년도에도 남가주대, 아이오와대, 펜실베니아대, 조지아공대, 피츠버그대, 매릴랜드대 한국학 교수직 비용을 지원하였고, 예일대, 브리티시 콜럼비아대 한국학 강좌 운영지원을 하였다. 이 밖에도 20여 명의 대학원생들에게 장학금을 수여했으며, 교수연구비, 출판지원을 하였다.[46] 분명 이러한 한국정부와 재계의 노력으로 미주 한국학 강좌도, 교수도 그리고 학생들도 늘어나게 되었고, 연구업적도 크게 신장되었다.

이민 2세, 3세들이 훌륭한 교육을 받은 후 전문직종을 가지고 미주 주류사회에 진출하기 시작할 때 이 가운데는 이민자의 자녀로서의 '자기 정체성' 그들 어버이들이 온 '그곳'에 대한 관심이 싹트게 되었다. 이들이 워싱

---

44 미국 한국학 연구 안내서인 Craig S. Coleman(ed.), *A Guide to Korean Studies in the United States*, 서론을 볼 것. 여기에서 콜만은 미주 한국학의 성장은 한국이 아시아 태평양, 나아가서 세계경제에 중요한 경제강국으로 등장한 것과 이어져 있다고 하였다.

45 그러나 박정희 정권과 그 이후 한국정부가 미주 '한국학의 메카'로 떠오르기 시작한 워싱턴대학교에 한국학 육성 지원금을 주려고 했지만 팔레 교수가 여러차례 거절하였다. 그는 독재자에게 연구지원금을 받을 수 없고, 한국이 남북으로 나뉘어있어 한쪽에서 지원금을 받는다면 객관적인 연구가 되지 못하며, 이러한 지원금을 통해 학문영역에 권력이 영향력을 행사하게 된다고 거절하였다. 이에 대해서는 *Pioneers of Korean Studies*, 586~587쪽을 볼 것.

46 한국국제교류재단, 『2005년 연차보고서』(서울: 한국국제교류재단, 2006), 자료 여러 것을 볼 것.

턴, 하버드, 유씨엘에이, 시카고와 같은 한국학 전문가들이 있는 곳으로 가 한국학을 전공으로 학위를 받고 대학교수로 진출하기 시작하였다. 이들가 운데는 경제적으로 높아진 한국의 위상에 찬사를 보내는 이들을 보며 '그 곳'에 대한 자긍심을 갖게 되어 한국학을 전공하는 이도 있을 것이고, 남북 분단, 군사독재체제와 광주민주화운동과 같은 '그곳'의 어둡고 우울한 현실 에 관심을 가지고 한국학을 연구한 이들도 있을 것이다.[47] 어떤 연유로 한 국학을 업으로 삼게 되었든지 지금 한국학 프로그램이 설치된 미주의 주요 대학에는 이른바 '한국계 미국인들(Korean Americans)'이 주류를 이루고 있다. 보기를 들어 유씨엘에이에서 한국학 전공 대학원생이 50명을 넘어서고 있 는데 이들 거의 모두가 '한국계 미국인들'이다.[48]

이들, '한국계 미국인들'과 '한국계 캐나다인들(Korean Canadians)'이 미주 의 한국학 교수로 등장하기 시작하였다.[49] 이를테면, 일레인 킴(Elain Kim)은 소수민족으로서 한국계 미국인들에 대한 연구로 유씨-버클리 교수로 있으 며, 비슷한 분야인 장태환(Edward T. Chang)은 유씨-리버사이드 교수로 있 다. 임홍순(Henry Em)은 시카고에서 박사학위를 받고 유씨엘에이를 거쳐 미

---

47 이를테면 임홍순(Hery Em)은 이민자의 자녀로 시카고에서 어린시절을 보냈고 시카고대학생 때 광주민주화운동을 맞았다. 그후 광주에서 온 윤한봉을 만나고 또래의 교포학생과 청년들 과 함께 한국문제를 토론하기 시작하였다. 그가 공부를 중단하고 1980년대 중반 인천으로 가 노동운동에 참여하기도 했다. 그후 미국으로 돌아가 시카고대학에서 한국역사로 박사학 위를 받고 유씨엘에이 교수직을 거쳐 현재 미시간대학 한국학 교수로 있다. 이러한 임홍순 의 개인사와 그가 한국학을 하게 된 연유는 1980년대 중반 워싱턴에서 박사학위논문을 마무 리하고 있던 필자에게 들려준 내용이다.
48 유씨엘에이에서 '한국학연구소'(Center for Korean Studies) 소장으로 있는 던칸(John Duncan)교 수와 이곳에서 박사학위를 받고 현재 한국(영산대학교)에서 활동하고 있는 교포역사가 윤영 인(Peter Yun)과의 면담에서 얻은 정보다. 브리티시 콜럼비아대학의 '한국학연구소'(Center for Korean Studies)의 소장인 베이커(Donald Baker) 교수와 토론토에서 박사학위를 받고 한국(고려 대학교 국제학부)에서 활동하고 있는 김은기(Andrew E. Kim)교수의 면담에서 얻은 정보에 의하면 이러한 현상은 캐나다에서도 마찬가지다.
49 미주 한국학의 '대부'라고 불리는 워싱턴의 팔레 교수는 '이들'(한국계 미국인들)의 한국학 에의 관심을 주목하며 한국연구에 "객관성"만 담보된다면 바람직하다고 '객관성 문제'를 제 기한 적이 있다. *Pioneers of Korean Studies*, 584쪽을 볼 것.

시간 한국학 교수로 있으며, 마이클 신(Michael D. Shin)은 시카고에서 일제시대연구로 박사학위를 받고 지금은 코넬 한국학 교수로 있다. 인류학의 소니아 양(Sonia Yang)은 아이오아대 교수로, 사회학의 박현준은 펜실베니아대 교수가 되었다. 제니퍼 정-김(Jennifer Jung-Kim)은 유씨엘에이에서 일제시대연구로 박사학위를 받고 스미스 교수로 임명받았다. 이처럼 미주 한국학계에 이른바 "한국계 미국인들'과 '한국계 캐나다인들'이 속속 자리를 잡게 될 전망이다.[50]

'이들'은 '미주 한국학'이라는 울타리 안에서만 활동하지 않는다. 국제화니 세계화니 하며 우리 사회가 야단이고 이에 따라 각 대학에서 국제학 프로그램 설치 경쟁을 벌일 때 바로 '이들'이 한국의 한국학계로 진출하였다. 이 국제화의 물결이 일기 시작 전이지만 1970년대 말 미주의 역사학자 유영익(Young-ick Lew)이 한국학계로 왔다. 그는 하버드에서 갑오경장연구로 박사학위를 받고 휴스턴대학교에서 종신교수로 있다가 고려대, 한림대를 거쳐 연세대 국제대학원 한국학 석좌교수로 왕성한 연구활동을 하고 있다. 워싱턴에서 기독교와 한국역사변동 연구로 박사학위를 받은 필자는 남오레곤주립대를 거쳐 오클라호마주립대 종신교수로 있다가 2000년에 숭실대로 들어왔다. 그리고 어릴 때 캐나다로 이민간 김은기(Andrew E. Kim)는 토론토대학교에서 한국종교연구로 사회학박사를 받고 그곳에서 잠시 강의하다가 지금은 고려대학교 국제학부에서 활약하고 있다. 윤영인(Peter Yun)은 펜실베니아를 거쳐 유씨엘에이에서 고려사연구로 박사학위를 받고 그곳에서 잠시 강의하다가 한국으로 와 고구려역사재단에서 일했다. 그는 지금 영산대학교 교수로 있다. 마이클 김(Michael Kim)은 하버드에서 일제시대연구로 박사학위를 받고 연세대학교 국제대학원 교수로 있다.

---

50 한국국제교류재단, 『2005년 연차보고서』와 던칸, 베이커, 피터윤 등으로부터 얻은 정보에 기대었다.

홍미있는 것은 바로 미주한국학계에서 활동하다가 귀국한 이들과 미주에서 한국학연구로 박사학위를 받고 한국대학에 교수직을 얻은 이른바 이민 2세 학자들은 미주와 한국의 한국학계를 잇는 연구활동을 하고 있다. 이를테면, 유영익은 1990년대 중반에 연세대학교에 '현대한국학연구소(The Institute for Modern Korean Studies)'를 만들고 '해외한국학콜로키움'을 실시 미주를 비롯한 해외 한국학업적을 국내외 학자들로 하여금 평론케 하고 이를 『해외한국학평론』을 통해 학계에 소개하고 있다. 그리고 국내외학자들을 유치하여 '국제한국학학술대회'를 주기적으로 열어 우리 한국학계와 미주를 비롯한 해외 한국학계의 담벼락을 헐고자 하였다. 필자는 최근 국제적 학문감각을 지닌 국내 한국학 연구자들과 해외 한국학 종사자들과 함께 '국제한국역사문화학회'를 만들어 '국학의 국제화'를 모색하고 있다.[51]

미주의 한국학계에 등장한 이민 2, 3세대들의 연구관심이 주로 근, 현대 한국에 집중되어있다. 거의 모두가 일제식민시대와 그 이후의 역사, 종교, 사회, 경제, 문화, 문학 등에 관심을 가지고 있다. 이들은 고대나 중세 또는 전근대에는 거의 관심을 가지고 있지 않다. 미주 한국학 성숙기를 연 와그너, 팔레 그리고 레디아드가 전통시대에 관심을 갖고 한국을 연구한 것과는 대조적이다. 사실 이들이 세상을 떠나거나 은퇴한 이후 미주에는 전통시대를 연구하는 학자는 단지 유씨엘에이의 던칸과 브리티시 콜럼비아의 베이커를 비롯한 서너 명의 학자가 전부다. 이민 2, 3세들이 미주 한국학에 등장하였음에도 말이다. 워싱턴의 팔레 후임도 전근대 한국역사 연구자를 뽑으려 하고, 또한 유씨엘에이에서 한국문학을 가르치고 은퇴(2006)한 피터 리의 후임을 전통한국문학자리로 결정하고 교수요원을 선임하려고 해도 전통

---

51 국내에서 영산대의 피터윤, 연세대의 마이클 김, 외대의 반병률, 숭실대 박정신, 미주에서 브리티시 콜럼비아의 베이커, 인디아나의 마이클 로빈슨, 유씨엘에이의 던칸, 미시간의 헨리 임 등이 이를 두고 논의하고 있다.

시대를 연구한 마땅한 젊은 학자가 없다.[52] 그만큼 미주 한국학이 근·현대에 쏠려있다는 증거이고 이것은 미주 한국학의 어두운 미래다. 그 주된 이유가 언어문제이다. 전통시대 한국을 연구하려면 한문, 중국어, 일어를 천착하여야 하는데 한국학에 뛰어든 이민 2, 3세들이 이러한 언어훈련을 두려워하고 기피하고 있기 때문이다.

5. 꼬리글

미주의 한국학의 역사, 연구, 환경, 그리고 연구 방법과 경향을 짧게 훑어보면서, 미주 한인들의 한국학계 진출을 살펴 보았다. 19세기말 선교사들과 관리들이 '한국연구'를 한 이래 한국과 미국 그리고 캐나다 사이의 교역과 교섭이 증대되고, 특히 1970년대 이래 한국의 경제적 위상이 높아감에 따라 미주의 한국에 대한 관심이 높아갔고, 이에 따라 각 대학에서 한국학 프로그램이 성장하게 되었다.

미주 한국학의 경향이 인접 학문과 대화하면서 그들의 다양한 퍼스펙티브와 이론, 방법을 원용하고 결과를 수용하는 학제간의 연구였다. 특히 이들은 한국의 역사 경험을 연구하는데 국적과 국경의 울타리를 넘어 범세계적 시각적으로 접근하고 있음도 눈여겨보았다. 한국의 역사경험을 연구하는데 이들은 보편성 위에서 그 특수성을 보고자 비교론적 접근을 하고 있다. 미주의 한국학 연구자들이 '우리의 우리연구'에는 민족주의적 정서가 배어있다고 비판하며 '그들의 한국연구'는 민족주의적 정서와는 관계가 없이 '객관적 연구'라고 주장하고 있다. 이런 뜻에서 미주 한인들의 한국학

---

52 워싱턴 한국학 자리에 대해서는 팔레가 타계 전 필자에게 말했고, 유씨엘에이 한국문학 자리에 대해서는 던칸과 피터윤과의 대담에 기댐.

연구를 그리 탐탁하게 여기지 않는 이들도 있다. 또한 이민 2, 3세들이 언어문제로 근·현대에 관심을 집중하고 있어 미주 한국학의 미래를 염려하는 시각도 있다.[53]

그러나 이러한 염려는 미주 한인사회가 더 성숙하게 성장하고, 이민 2, 3세들이 지속적으로 한국학에 관심을 가질 때 그 결과로서 해결될 것이라고 생각된다. 왜냐하면 연구자들이 많이 나오면 그들의 관심도 다양화되고, 그러는 과정에서 근·현대를 넘어 전통시대의 연구에 관심을 가지는 이들이 증가할 것이고, 이들이 언어문제를 스스로 해결할 것이기 때문이다. 지금은 미주 한국학의 급성장을 고무, 격려할 때이다.[54]

---

53 앞으로 '한국국제교류재단'을 비롯한 한국정부와 재계의 한국학 지원은 미주 한국학의 이러한 점들을 교려하여 지원하고 육성하여야할 것이다.
54 1970년대 초만 하더라도 하버드, 버클리, 워싱턴, 컬럼비아, 하와이 등에만 한국학 프로그램이 있었는데 이제는 이 대학들 외에 시카고, 코넬, 예일, 뉴욕주립대, 조지아공대, 노스웨스턴, 유씨엘에이, 남가주, 조지아, 브리티시 컬럼비아, 토론토 등 수많은 대학에 한국학 프로그램이 있고, 브루킹스, 랜드, 노틸러스, 스팀슨과 같은 독립 연구소에서 한국학 연구를 하고 있다. 한국을 비롯한 동아시아 여러 나라의 높아진 위상 때문일 것이다.

참고문헌

● 기초자료

북미한인대학교수협회, 『북미한인대학교수총람』, The Korean American University Professor Association, 1996.

국제교류재단, 『2006년 연차보고서』, 국제교류재단, 2006.

American Data Research Service(com.), *Sonch'onchi*, Washington D.C., 1983.

Coleman, Craig S., *A Guide to Korean Studies in the United States*, The Korea Society/Los Angeles, 1993.

Kim, Keong-il(ed), *Pioneers of Korean Studies*, The Academy of Korean Studies, 2004.

● 저서

정두희 외, 『구미 한국학의 경향과 평가』, 서강대 인문과학연구소, 1996.

김영호, 『한국전쟁의 기원과 전개과정』, 두레, 1998.

이완범, 『한국전쟁-국제전적 조망』, 백산서당, 1999.

Lee, Chong-sik, *The Politics of Korean Nationalism*, University of California Press, 1963.

_____ and Scalapino, Robert A., *Communism in Korea, Part I: Movement*, University of California Press, 1972.

_____, *Korean Workers' Party: A Short History*, Hoover Institute, 1978.

Lee, Peter, *Anthology of Korean Poetry*, John Day Press, 1964.

_____, *Korean Literature: Topics and Themes*, University of Arizona Press, 1965.

_____, *Lives of Eminent Korean Monks*, Harvard University Press, 1969.

Suh, Dae Sook, *The Korean Communist Movement, 1918~1948*, Princeton University Press, 1967

Wagner, Edward, *The Literati Purge: Political Conflict in Early Yi Korea*, East Asian Research Center/Harvard University Press, 1969.

Palais, James B., *Politics and Policy in Traditional Korea*, Harvard University Press, 1975.

_____, *Confucian Statecraft and Korean Institutions: Yu Hyongwon and the Late Choson Dynasty*, University of Washington Press, 1996.

Cumings, Bruce, *The Origins of the Korean War: Liberation and the Emergence of Separate Regimes*, 1945~1947, Vol.1, Princeton University Press, 1981.

_____, *The Origins of the Korean War: The Roaring of the Cataract, 1947~1950*, Vol.2, Princeton University Press, 1990.

Robinson, Michael E., *Cultural Nationalism in Colonial Korea, 1920~1925*, Unversity of Washington Press, 1988.

Wayne Patterson, *The Frontier in America: Immigration to Hawaii, 1896~1910*, University of Hawaii Press, 1988.

Eckert, Carter J., et.al, *Korea Old and New*, Ilchokak, 1990.

_____, *Offspring of Empire: The Koch'ang Kims and the Colonial Origins of Korean Capitalism, 1876~1945*, University of Washington Press, 1991.

Vogel, Ezra F., *The Four Little Dragons: The Spread of Industrialization in East Asia*, Harvard University Press, 1991.

Park, Chung-shin, *Protestantism and Politics in Korea*, University of Washington Press, 2003.

- 논문

신, 마이클, 「미국내 한국학 계보」, 『역사비평』 59호, 76~98쪽, 2002.

역사비평(특집), 「미국의 한국사 연구」, 『역사비평』 59호, 2002.

Baker, Donald L., "Confucians Confront Catholicsm in Eighteenth-Century Korea"(Ph.D. dissertation), University of Washington, 1983.

Chapter 6

미주 한인사회와 '한국민주화운동'*

기억과 기록에 터하여

1. 머리글

미주 한인사회는 19세기 말에 그 뿌리를 내린다. 구한말 조선이라는 유교왕조의 쇠락과 더불어 시작된, 그러니까 1882년 미국을 비롯한 서양 여러 나라들과 조약을 맺고 닫힌 나라의 문을 열었을 때, 그리고 미국, 캐나다, 오스트레일리아, 영국 등 서양의 외교관과 선교사들 그리고 상인들이 조선을 찾았을 때, 하와이 사탕수수밭으로 '노동이주'하면서 미주에 한인사회가 뿌리를 내리기 시작되었다. 1903년부터 1905년 사이에 7,000명의 한국인들이 하와이에 노동자로 이주해 왔다.[1] 미주 한인 이민사 연구를 집요

---

* 이 글은 국사편찬위원회에서 발간한 『북미주한인의 역사』 下권(2007년)에 수록되어 있음을 밝혀둔다.

하게 앞서 연구하는 패터슨에 의하면, 자연재해나 빈곤, 높은 세금이나 정부의 탄압을 피하고 새로운 곳에서 더 나은 삶을 꾸리기 위해 이주한다. 그렇기에 이들은 그들이 떠나온 곳을 망각하고자 할 터이다.[2]

그러나 무능한 정부아래 착취와 빈곤 그리고 억압을 피해와 사탕수수밭에서 노동을 하며 삶을 꾸릴 때나 세계 10대 경제 강국이 된, 그러나 아직도 남북으로 분단된 채로 남아있는, 그들이 떠나온 '어머니의 나라'와 미주 한인들(사회)은 깊게 이어져 있었다. 그들이 삶을 꾸리는 미주라는 '이곳'과 그들이 떠나온 '그곳'사이에 '끈질긴 끈'이 있기 때문이다. 이 '끈'은 사회적이고 경제적이며, 문화적이고 종교적인 '끈'이며 '귀소본능'(歸巢本能)이라고 할 수 있는 실존적이고 동물적인 '관심의 끈'이다.

미주 한인들이 그들이 떠나온 '그곳'에 대한 이러한 '관심의 끈', 그 역사는 구한말의 개화자강운동, 40여 년의 일제식민통치, 그 시대에 끊임없이 펼쳐진 민족독립운동과 해방과 이어지고, 해방공간, 분단 그리고 전쟁과 이어져 있으며, 4·19 혁명, 박정희의 군사쿠데타, 유신체제, 광주민주화운동과 같은 '이 땅의 역사변동'과 이어져 있다. 비록 밖에서 삶을 꾸리지만 그들이 온 '그곳'에 대한 관심은 그들이 지금 살고 있는 '이곳'과 이어져 있기 때문이다. 그들이 살고 있는 '이곳'이 유럽, 아프리카, 남아메리카나 아시아와 같은 세계 여러 다른 곳에서 온 이들과 함께 어우러져 살고 있는 '이곳'의 삶에 그들이 온 '그곳'의 여러 문제들이 영향을 주고 있기 때문이기도 하다. 그래서 미주의 아이리시, 폴리시, 남아메리카는 각기 그들이 온 '그

---

1 미주한인 이주사를 앞서 연구하는 패터슨에 의하면, 1883년 이래 미국으로 가던 서재필, 서광범, 유길준, 윤치호, 안창호, 민영환, 김규식 등이 하와이를 거쳐 갔으며, 1896년에는 '김'(영어문서에는 Kum이라고 기록되었다)이라는 두 사람의 한국사람이 인삼 상인으로 하와이에 왔다. 그러나 본격적인 노동이주는 1903년에 시작되었다. Wayne Patterson, *The Korean Frontiers in America: Immigration to Hawaii, 1896~1910*(Honolulu: University of Hawaii Press, 1988), 3~9쪽을 볼 것.
2 윗글, 2쪽을 볼 것.

곳'의 문화를 잇고 있고, '그곳'의 문제에 관심가지고 있듯이, 미주 한인들과 그들이 온 '그곳'의 문화를 잇고 있고 '그곳'의 역사변동에 관심을 가져왔다.[3] 이러한 '관심의 끈'은 그들의 정체성의 문제요 그들의 '이곳'에서의 삶의 문제이기 때문이다. 그래서 미주 한인들은 '그곳'의 아픔이 '이곳'의 아픔으로, '그곳'의 슬픔을 '이곳'의 슬픔으로 받아들이며 삶을 꾸렸다.

이러한 미주 한인사회의 '멘탈리티'는 우리의 근·현대사에 고스란히 담겨 있다. 구한말 나라가 쇠락해 갈 때 인삼을 팔려고 왔던 사탕수수밭 노동을 하려고 왔던 그들이 온 '그곳'의 개혁, 자강에 관심을 가지고 삶을 꾸리었고, 나라가 일본제국의 식민지가 되었을 때 이런저런 독립운동에 직접 뛰어들거나 뒤에서 지원하였다. 해방이 되었을 때는 분단과 전쟁의 아픔을 '그곳'과 함께 '이곳'에서도 겪었고, 4·19 혁명, 5·16 쿠데타, 10월 유신, 군사독재로 이어지는 어두운 시대 '그곳'에서 민주화운동과 통일운동이 펼쳐질 때 '이곳'에서도 같은 운동이 펼쳐졌다. 이러한 미주 한인사회의 특별한 '멘탈리티'와 그 역사와 이어서 미주 한인사회의 민주화운동을 읽어야할 것이다.

---

3 나라가 잘되야 여기에 사는 우리들도 떳떳하게 살 수 있다. 나라에 무엇이 일어나면 이 곳에 살기 창피하다는 생각은 글쓴이가 만나본 미주 한인들, 특히 민주화운동에 관심가진 이들의 의식 깊숙이 잠겨 있었다. 1970년대와 1980년대 시애틀에서 인권과 민주화운동을 펼친 김동건, 김진숙, 이선복, 전계상과 같은 인물들과의 면담에 기댐. 이러한 한인들의 의식을 글로 표현된 것은 뉴욕에서 민주화운동에 깊게 간여한 이의 다음 글이 있다. 구춘회, 「해외에서 본 3.1구국선언 사건」, 3.1구국선언 관련자, 『새롭게 타오르는 3.1 민주구국선언』(서울: 사계절, 1998), 330~337쪽, 특히 331~332쪽을 볼 것.

2. 미주한인사회와 우리의 역사변동

박정희시대 이전사

앞서 말한대로, 구한말 한인들은 미주에 오자말자 단체를 만들고 교회를 설립하며 학교를 열었다.[4] 이때가 미국과 조약을 체결하고 외교관계를 맺은 후였고, 갑신정변, 청일전쟁, 갑오경장, 러일전쟁, 보호조약 등 그들이 온 '그곳'의 정세가 급변하여 일본의 식민지화되는 과정이었다. 외교관으로 미주를 방문하는 이들, 정치적으로 망명하는 이들이 생겨나던 시대였다.[5] 이처럼 우울하던 시대에 들어온 기독교가 새 소망을 주는 종교로 급속히 성장하던 때였다. 그러니까 자연적으로 '예수믿는 이들'의 이주도 늘어나게 되었다.[6] 이러한 역사적 배경이 초기 한인사회의 성격을 만들어주었다. 쇠락해 가는 나라의 관리가 와서 이들을 보호하지도 못하는 상황에서 한인 이주자 스스로가 서로 의지하며 생활 터전을 닦아가야 했기 때문이다. 교회를 세워 교회를 중심으로 '사회'를 형성하고, 교회를 중심으로 단체도 말들고 학교도 문을 연 것이다.

그래서 역사학자 이만열은 "한인이 있는 곳에는 언제나 교회가 있었다고 할 정도로, 초기 이민사회에서의 교회는 한인들의 신앙공동체일 뿐만 아니라 생활의 중심"이었다고 했고,[7] 유동식은 미주 한인사회에서 교회는 고독과 절망의 삶을 꾸리는 이민 노동자에게 위로, 안정 그리고 소망을 주는 신

---

4 초기 이민의 역사를 비롯한 한국역사변동에 대한 한인사회의 관심에 대해서는 여러 글이 있으나 연세대에서 있었던 미주 한인 이민 100주년 기념학술대회에서 발표된 다음 논의들을 볼 것. 연세대학교 연세국학연구단/하와이대학교 한국학연구소/독립기념관(공동주최), "북미주 지역의 한국인"(자료집, 2002년 5월 16~19일). 특히 윤병석, 「미주 한인사회의 성립과 민족운동」, 3~13쪽과 이만열, 「미주 한인교회와 독립운동」, 197~228쪽을 볼 것.

5 유길준, 서광범, 민영환 등이 외교관으로, 서재필, 윤치호, 안창호 등이 망명객으로 미주를 방문하거나 미주에서 살게 되었다.

6 이만열, 윗글, 199~200쪽을 볼 것.

7 윗글, 201에서 따옴.

앙공동체이자 예배 후 언어장벽을 느끼지 않고 서로 생활정보를 나누고 친교를 하는 곳이었으며, 민족주체의식을 갖게 하는 곳이자 한글과 한국문화를 가르치는 교육의 장이었고 민족운동의 거점이었다고 했다. 그러니까 목사는 자연히 한인사회의 여러 문제를 상담하고 해결하는 지도자였다고 했다.[8] 그렇다. 초기 한인사회는 교회를 중심으로 '그곳'을 기리고 걱정하는 이들의 거점이었고, 서로 위로하며 함께 '이곳'의 삶을 개척해 나가는데 심리적으로 사회적으로 기대었던 종교공동체였다. 이러한 초기 이민사회가 우리의 역사변동과 '관심의 끈'을 잇기 시작한 것이다.

그러니까 '그곳'이 일본제국의 식민지가 되고 '그곳' 안팎에서 민족독립이다 민족해방이다 하며 울부짖을 때 '이곳'의 한인들도 함께 울고 함께 서러움을 겪었던 것이다. 이처럼 '그곳'과 '이곳'은 이들에게 있어서 뗄레야 뗄 수 없는 '끈'이 이어져 있었던 것이다. 이를테면, 7,000명이 조금 넘는 하와이 한인사회에서는 한인들을 단결시키고 일본의 침략행위을 규탄하며 구국정신을 배양키 위해 1903년 '신민회'(新民會)라는 정치단체가 결성되었다. 여기에는 홍승하, 안정수, 윤병구 등 감리교 지도자와 교인들이 주축을 이루고 있다.[9] 같은 해 미주본토의 샌프란시스코에서는 '북미상항친목회'가 조직되었다. 1905년에는 윤병구에 의해 '에봐친목회'가 결성되어 친목회보를 발행하기도 했고 1906년에는 신판식에 의해 '혈성단'을 조직하였다. 이만열의 연구에 의하면, "교회가 있는 곳에는 민족운동 단체들이 조직"되었는데, 1907년 말까지 하와이 각지에 24개의 단체가 결성되었다.[10] 이처럼 한인들이 있는 곳에는 교회가 세워졌고, 교회가 있는 곳에는 교회를 중심으

---

8 유동식, 『하와이의 한인교회』(호놀룰루: 그리스도연합감리교회, 1988), 134~135쪽을 볼 것.
9 이에 대해서는 여러 글이 있으나 쉽게 읽을 수 있는 김원모, 『한미 외교관계 100년사』(서울: 철학과현실사, 2002), 425쪽에 기대었다. 유동식에 의하면 이 단체는 다른 종파와의 관계불편 등으로 이듬해에 해체되었다. 유동식, 윗글, 61쪽을 볼 것.
10 이만열, 윗글, 205쪽을 볼 것.

로 민족운동이 펼쳐졌다.

이들의 민족운동 방식은 대체로 네 가지였다. 첫째, 생활비를 절약하여 여러 독립운동가와 단체를 돕는 것, 둘째, 미국정부와 언론에 일본식민통치의 잔학상을 알려 조선독립의 여론을 조성하는 일, 셋째, 한인신문을 만들어 한인들에게 국내정세를 알리고 애국심을 고취시키는 일, 넷째, 직접 민족운동에 나서는 것이었다.

이를테면, 미주 한인들은 거의 모두가 노동을 하며 생계를 꾸리었기 때문에 직접 독립운동에 나서지 못하지만 생활비를 절약하여 '신민회', '공립협회', '대한국민회', '대한인국민회 중앙총회'와 같은 단체와 안창호, 이승만과 같은 독립운동가들을 재정지원하였다. 이들은 또한 『공립신보(共立新報)』, 『대동공보(大同公報)』, 『신한민보(新韓民報)』, 『신한국보(新韓國報)』와 같은 한인신문들을 구독하고 지원하였다. 심지어 미주 한인들은 박용만 등이 주창한 '독립전쟁론'에 따라 세워진 네브라스카의 '소년병학교(Military School for Koreans)', 멕시코의 '숭무학교(崇武學校)', 하와이의 '국민군사학교(Korean Milirary Academy)' 등도 지원하였다.[11]

특히 미주 한인사회의 독립운동은 제1차 세계대전으로 새로운 강국으로 떠오르고 있는 미국사회에 일제의 학정을 알리고 조선민의 독립열망을 알려 반일여론을 조성하는 일에 큰 기여를 하였다. 흥미있는 일은 이러한 운동이 '미국사회의 특수성'을 간파하고 미국과 조선의 '특수한 관계'를 강조하고 있다는 사실이다. 다시 말하면 미국사회에서의 교회라는 특수한 자리에 기대어, 그리고 조선에 기독교를 전해 준 것이 미국의 기독교라는 점을 한껏 내세우며 한인 기독교인들이 앞장서고 있었다는 점이다. 이를테면, 1919년 '대한부인애국단'이 미합중국 대통령에게 보낸 청원 내용을 따와 보자.

---

11 이만열, 윗글, 208~211쪽과 윤병석, 윗글, 12~13쪽을 볼 것.

"북아메리카 합중국 대통령 각하…….

우리 압박받는 한인의 무기는 오직 공의의 방패와 정의의 대포뿐이오며 일본병정의 만행에 대한 보복은 전혀 하느님께 간구할 뿐이외다. 일인들이 한국부녀를 능욕하며 악행하여 한국예수교도들을 학살하며 도륙하는 모든 비인도적 행동은 예수교 세계에 비상한 공황을 주는데 더딘 듯하니 참으로 명확합니다. 감히 우리는 각하의 대성공하신 시기를 당하여 압박받는 한인의 부르짖는 소리를 들으시며 곧 생각하여 보시기를 간청하나이다. …… 인도의 명의로 무삼 방책으로든지 도와주시기를 꾀하시면 각하께서 능히 오늘 넓은 세계가 다 아는 일본의 큰 죄악을 교정할 수 있나이다.

1919년 7월 9일
대한부인애국단장 양제현
서기 김식은"[12]

이 따옴에서 쉽게 읽을 수 있듯이, "하느님," "공의의 방패"와 같은 기독교적 상징과 언어를 구사하며 "한국예수교도들"의 박해를 "예수교 세계"에서 용납할 수 없음을 강조하며 청원하고 있다.

또한 미주 한인기독교인들은 미국의 기독교 기관과 조직에 기대어 미국 사회의 여론을 환기시키며 독립운동을 펼치었다. 이를테면, 1919년 6월 6월부터 16일까지 모인 기독청년회 대회에 참석하여[13] 일본통치의 잔학상을 알리고 조선독립을 위해 함께 해 줄 것을 청원하기도 했다. 그래서 한인 기독교 기관이 아니라 미국 기독교 기관과 기독교인들을 조선독립운동에 동참케 한 것이다. 그 결과로 다음과 같은 청원서가 미국 상원에 보내지게 된 것이다. 이 청원서를 따와 보자.

---

12 「대한부인애국단은 대통령에게 청원」, 『신한민보』, 1919년 7월 12일자.
13 이 대회에 참석한 한인학생대표는 차의석과 백성민이었다.

"합중국 국회 상의원 각하

믿을만한 통신을 경유하여 우리가 다 아는바 특별히 주의할 것은 현금 공전전후한 한국교회핍박을 일본이 극단으로 진행하는 때문에 한국민족 가운데 예수교회가 놀랍게 자라나며 3천여 곳 예수교당에 37만 예수교 도가 발흥하는 동시에 그 공의회 감화력과 고등문명이 저 간휼하고 근 원이 없는 일본 정치가들을 놀랍게 함으로 저들이 한인의 독립운동을 진압한다 빙자하고 고의적으로 보복적 수단을 가지고 교회를 여지없이 압박하기 때문에.

이와 같은 핍박의 결과로 교당과 학교들을 닫히기도 하며 헐기도 하며 교역자들과 간호부들과 어린 아이들과 심지어 선교사들을 난차하며 그 수족을 끊으며 악형하며 도륙하며 또는 모든 악형하는 제도의 잔인하고 야만스러운 행동이 저면(독일－글쓴이 달음)이 벨지엄(벨기에－글쓴이 달 음) 사람에게 한 것보다 더 심한 때문에 1만여 명 예수교도가 지난 두 주일 동안에 비인도적 야만 일인의 악형으로 인하여 죽게 된 때문에 우 리는 이에 결의하기를 우리는 참되고 정성스런 마음으로 기도하며 하늘 님을 경배하며 예수를 따라서는 충성스럽고 선량한 한국민족을 위하여 항의서를 제출하며 또 우리는 우리 정부를 경유하여 일본으로 하여금 그와 같은 야만의 행동을 당장에 끊어버리게 하며 우리는 또한 각 교파 에 통신하여 다같이 이러한 일에 반항하여 저 전포무도한 일본의 고압 적 폭력으로 무죄한 한국양민의 생명재산을 박멸하는 것을 금하게 할지 며 또 우리가 결의하기를 이 결의안의 한 벌을 기독청년회 홀리스터대 회 일기에 기록하여 두게 할 일.

1919년 6월 14일 미조리주 홀리스터 기독청년회 대회장 포터"[14]

이 따옴에서 보듯이 미주 한인사회의 민족운동은 이처럼 미국교회의 여 러 기관과 활동, 그 조직과 연대망을 통해 미 주류사회의 여론과 미 정부를

---

14 「기독청년대회에서 한국독립을 위하여 청원」, 『신한민보』, 1919년 6월 28일자.

움직이고자 하였다. 이처럼 미주 한인 사회의 형성에도 교회가 중심이었고, 미주 한인사회의 민족운동도 한인 교회와 미주류사회의 교회, 교회기관 등에 기대어 이루어졌다는 사실이다.

해방, 분단, 전쟁, 이승만 시대, 4·19 혁명, 5·16 군사쿠데타로 이어지는 우리의 역사격변기에도 이러한 미주 한인사회의 관심—그것이 조국 돕기든, 전후복구든, 구호물이든, 정치적 관심이든—은 지속적으로 미주의 한인교회와 '미국 교회협의회(National Council of Churches)'와 같은 미 주류사회 교회와 조직망, 그리고 '세계교회협의회(World Council of Churches)'와 같은 세계 기독교 기관에 기대어 나타났다.[15]

3. 박정희 군사쿠데타와 미주 한인사회의 '한국민주화운동'

우리가 익히 알고 있듯이, 이승만 정권이 4·19 혁명으로 막을 내리고 제2공화국, 그러니까 장면정권이 들어서자, 오랜 권위정부 아래서 표출하지 못하고 있던 소리들이 한꺼번에 터져 나왔다. 더 많은 자유와 권리를 찾으려는 움직임이 있었는가 하면, 분단된 조국의 통일을 부르짖는 소리도 있었다. 그러나 이른바 제2공화국은 박정희의 군사쿠데타로 그 막을 내리고, 그 이후 근 30여 년의 군사통치시대를 맞았다.

이러한 격변기를 미국에서 유학생으로, 그리고 교수생활을 하다가 1970년에 서울대 사회학과 교수로 부임한 한완상에 의하면, 4·19 혁명 이후 미주 한인사회는 조국의 민주화에 고무되었다가 갑작스런 군사쿠데타로 큰

---

15 이를테면, 6·25 전쟁으로 폐허가 된 남한에 전후복구와 구호물자가 미주 교회와 교회기관에 의해 남한의 교회와 교회기관으로 전달되었다. 이에 대해서는 Chung-shin Park, *Protestantism and Politics in Korea*(Seattle and London: University of Washington Press, 2003), 44~45쪽을 볼 것.

충격을 받고 여기저기에서 교회를 중심으로 교회지도자들과 대학교수를 비롯한 기독교지성들이 연대하여 조국의 민주화를 염원하는 움직임이 일기 시작하였다.[16] 일제시대에는 독립운동을 하였고, 제1공화국시절 이승만에 비판적이어서 귀국하지 못하고 미국 대학에서 교수로 있다가 제2공화국시절 유엔대표부 대사였던 임창영이 쿠데타로 물러난 후 미주 민주화운동의 불을 짚혔고 미국에서 교수로 있던 선우학원 등도 움직였다.[17]

미주의 한국민주화운동도 한국의 민주화운동과 이어져 있다. '민정이양'을 약속했던 쿠데타세력은 군복을 벗고 정치에 참여 경제건설을 내세워 1969년에 3선개헌을 강행했고, 1971년 대통령선거에서 야당 후보 김대중에게 고전을 한 후 1972년 이른바 '10월 유신'을 단행하였다. 그것은 국내외의 민주화운동을 탄압하고 영구집권을 위한 조치였다.[18] 이것은 국내외에 반유신운동을 촉발시켰다.

'10월유신' 직전 미주에 온 김대중은 미주 각지의 자발적인 한인들의 한국민주화운동을 한 조직으로 묶을 필요를 느끼고 미주 각지를 순방하며 미주 민주인사들을 접촉하였다.[19] 이러한 노력으로 1972년 '한국 민주회복 통

---

16 글쓴이는 2006년 12월 14일 한완상(전 대한적십자사 총재)과 남산에 위치한 그의 집무실에서 두 시간여의 면담을 가졌다. 한완상은 1962년에 유학을 가 1967년 에모리대학교에서 사회학박사학위를 취득한 후 뉴욕과 이스트캐롤라이나대학교 등에서 교수를 하다가 1970년에 귀국하였고, 그후 1971년부터 한국 민주화운동에 큰 역할을 한 '기독자교수협의회'에 가입, 1975년에는 총무로 활동하였다. 퇴직, 투옥, 복직을 거듭하다가 미국 정계와 교계의 도움으로 1981년 미국으로 이주하였다. 1984년 귀국할 때까지 그는 미주의 민주화운동에 참여하였다. 이 글은 그와의 면담과 한국기독자교수협의회, 『한국기독자교수협의회 30년 자료집』(서울: 한국기독자교수협의회, 1998)에 크게 기댔다.
17 한완상과의 면담에 기댐. 그리고 임창영학습회, 『임창영박사유고선집 1』(버클리: 임창영학습회, 1997)도 참고하였다.
18 강만길, 「3.1구국선언의 역사적의의」, 3.1구국선언 관련자, 윗글, 23~30쪽, 특히 23~24쪽을 볼 것. 1971년 대통령선거 유세에서 김대중은 이번이 마지막 대통령선거일 것이다. 이번에 박정희가 대통령이 되면 영구집권으로 갈 것이라고 했다. 그의 예견이 맞은 셈이다. 한완상과의 면담에 기댐.
19 김경재, 「1970~1980년대 북미주 인권·민주화·평화통일운동 자료분석」, 한국신학대학원 학술원 신학연구소, 『한국기독교인의 정치의식과 민주화운동』(2004년 5월 8일, 학술대회 자

일촉진 국민회의 미주본부(Korean Congress for Democracy and Unification)'가 결성되었다. 이 조직에는 뉴욕, 워싱턴, 보스톤, 엘에이 등지의 '목요기도회', '북미주 기독학자 협의회(The Association of Korean Christian Scholars in North America)' 등 이전에 미주에서 한국민주화를 위한 각지의 다양한 조직이 망라되었다. 여기에는 유엔대사를 지낸 임창영, 선우학원, 김동수, 함성국 등이 참여하였다.[20]

김대중은 1973년 7월 일본으로가 '한국 민주회복 통일촉진 국민회의 일본본부'를 결성하고자 했다. 김재화, 정재준, 배동호, 곽동의, 정경모 등과 만나 이를 준비하고 있었다. 8월 15일 결성대회를 준비하고 있을 때인 8월 8일 김대중은 한국중앙정보부에 의해 납치되었다. 일본수도 동경 한 복판에 있는 '그랜드 팔레스 호텔'에서 납치당한 것이다. 김대중 납치 이후 일본에서 '한민통' 결성을 준비하고 있던 이들은 김대중 구명운동을 벌리면서 1973년 8월 15일 동경에서 납치된 김대중을 의장으로 추대하고 김재화를 의장대행으로 결성하기로 하였고, 8월 15일에는 동경 히비야대강당에서 2000여명의 재일동포들이 모인 가운데 '한국 민주회복 통일촉진 국민회의 일본본부' 결성을 선포하였다.[21] 김대중은 1973년 8월 13일 서울자택에 나타났다. '한민통' 일본본부가 결성하기로 한 날이다.

이런 일련의 사건은 국내외 민주화운동의 열기를 더해 주었다. 1974년 장준하를 중심한 유신헌법에 대한 '개헌청원 100만인 서명운동'이 전개되

료집), 23쪽.

20 이들은 모두 목사이거나 기독교인들이다. 나는 이글을 위하여 앞서 말한 한완상과 면담을 하였고 또한 홍근수와도 면담을 하였다. 홍근수는 서울대를 졸업하고 한국신학대학원을 나온 목사로서 1974년 미국유학을 가 그곳에서 공부하고 목회를 하면서 미주 민주화운동에 참여한 인물로, 귀국하여 향린교회에 시무하며 통일운동에 앞장 선 인물이다. 홍근수와의 면담은 2006년 12월 5일 그의 '평화 통일을 여는 사람들' 사무실에서 있었다. 한완상과 홍근수와의 면담에 기댐.

21 임창영학습회, 윗글, 96~103쪽을 볼 것. 임창영도 이를 위해 일본에 가 있었고 납치 하루 전에는 김대중과 만찬을 하기도 했다.

어 긴급조치 1호가 발동되고, 이어서 '민청학련 사건'이 발표되었다. 신문기자들이 '자유언론실천선언'이 뒤따르고 윤보선 등이 '민주회복국민회의'를 결성하였다.[22] 종로 5가 기독교회관이 국내 민주운동의 거점으로 등장한 것은 다 이즈음이다. 미주 한인들의 민주화운동도 그 열기를 더해 갔다.

김대중이 일본에서 납치되어 한국으로 돌아가고 난 이후 미주의 한국민주화운동의 역사에 김재준이 중심인물로 등장하였다. 한국의 대표적 진보 신학자로서 조선신학교(한신대학교 전신)를 세워 문익환, 문동환, 김경재, 강원용 등과 같은 신학자들을 길러냈을 뿐만아니라 한일협정 반대와 같은 정치적 발언과 행동을 한 기독교 지도자인 김재준이 은퇴 후 캐나다 토론토에 머물면서 미주의 한국민주화운동을 10여 년 이끌었다.[23] 74세의 김재준은 1974년 4월 뉴욕에서 개최된 '북미주 기독학자 협의회' 제 8연차 대회 강사로 참석하여 북미주 기독교인들의 역사의식과 비판의식을 역설함으로 미주의 한국민주화운동을 시작하였다.[24] 김재준은 1974년 11월 23일 워싱톤에서 개최된 '한국 민주회복 통일촉진 국민회의 북미본부' 총회에 '축사'를 부탁받고 참여하였다가 '의장'에 선출되었다.[25] 1970년대 중반에서 1980년대 중반까지 미주 한인사회의 한국민주화운동의 구심역을 한 이 조직에 가

---

22 강만길, 윗글, 25쪽.
23 김재준에 대해서는 김경재, 『김재준 평전』(서울: 삼인, 2001), 장공 김재준 목사 탄신 100주년 기념사업회, 『장공 김재준 논문 선집』(서울: 한신대 출판부, 2001), 장공 김재준 목사 기념사업회, 『김재준 전집』(서울: 한신대 출판부, 1992), 그리고 김재준, 『범용기』 2권(토론토: 칠성 광고사, 1981/ 1982)를 볼 것.
24 김경재에 의하면 '북미주 기독학자 협의회'는 김재준이 등장하기 전에는 그렇게 정치적이거나 이념적인 조직이 아니었다. 그러나 김재준이 한국 군사독재체제의 반인권, 반민주의 행태를 구체적으로 거론하며 기독교 지성의 비판의식, 역사의식을 일깨움으로 한국 민주화운동에 적극적으로 관심을 가지게 되었다고 한다. 김경재, 윗글, 22쪽. 그러나 한완상과 홍근수에 의하면 이미 '북미주 한인 기독학자 협의회'는 유신이래 여러차례 한국민주화에 대한 관심을 나타내고 있었다고 한다. 그렇다면, 김재준의 등장으로 더 적극적인 관심을 보이고 행동하기 시작했다고 보는 것이 옳다. 그들과의 대담에 기댐.
25 김경재, 윗글, 23~24쪽을 볼 것. 이른바 '한민통 일본본부' 결성에 참여하고 김대중납치를 일본에서 겪은 임창영도 의장으로 거론되었으나 고사함으로 김재준을 합의추대형식으로 의장으로 선출하였다.

담한 인물들을 여기 기록해 두자.[26]

의장	김재준
부의장	이용운, 동원모
고문	김상돈, 전규홍, 안병국, 이재현
	송정률, 김성락, 최석남
중앙상임위원	김응창, 이근팔(워싱턴)
	김원국, 이승만(뉴욕)
	송영창, 고종구, 김운하(엘에이)
	강한수, 최명상(시카고)
	이하전, 송선근(샌프란시스코)
	김동건(세인트루이스)
	김장호(보스톤)
	전계상(시애틀)
	이상철(토론토)

우리가 여기에서 눈여겨 보아야할 사실이 있다. 김재준, 김성락, 이승만, 이상철 등이 목사라는 점이다. 이들은 각지에서 교회라는 신앙공동체를 통해 한국민주화의 동지들을 규합할 수 있고 그리고 미국과 세계교회 기관과 연대할 수가 있는 인물들이었다.

보기로 시애틀 한인사회의 한국민주화운동을 보자. 이 조직에 전계상이 참여하고 있는데,[27] 1970년대 말 세인트루이스에서 김동건[28]과 그의 부인

---

26 한신대 학술원 신학연구소, 『북미주 인권·민주화·평화통일 운동자료』(3권) 자료번호 000876에 기대었음. 이 자료에 의하면 정책기획연구실장에 이재현, 징계위원장에 안병국, 사무총장에 강영채, 조직위원장에 이응창, 재정위원장에 이성호, 홍보위원장에 정기용, 사무차장에 이근팔이 활동하고 있었다.

27 전계상은 미국에 와 기계공학으로 박사학위를 받고 보잉사 수석엔지니어로 일하며 한인회장을 엮임한 인물이다.

김진숙이 이주해 기존조직을 확대, 개편하였다. 전계상, 김동건, 김진숙, 이선복[29] 등이 위원장 직책을 돌아가며 맡았는데, 1979년 이곳 워싱턴대학교 한인학생회 회장인 박정신이 합세하여 젊은 학생과 청년들을 끌어들이어 조직과 활동에 활기를 불어넣었다. 이들이 모이는 장소는 물론 회원들의 집이었다. 그러나 공식적인 행사는 늘 미국교회나 한인교회에서 이루어졌다. 특히 미주의 '한국학의 메카'라고 불리는 워싱턴대학교에는 한국인권과 민주화에 관심을 가지고 있는 팔레(James Palais) 교수와 커밍스(Bruce Cumings) 교수가 있었는데, 한국에 관심을 가진 미국 지성인들과 이곳 '한국인권위원회'를 잇는 가교역활은 팔레의 학생이었던 박정신의 몫이었다.[30] 시애틀의 경우처럼 미주 각지의 한인들의 한국 인권, 민주화운동은 각지의 교회와 그 지역 미국인들과 연대하여 펼쳐졌다.

여기서 우리가 다시 강조하고 싶은 것은 미주 한인들의 조국독립운동의 역사에 나타난 것처럼 미주 한인들의 한국민주화운동도 한인교회, 미국이나 캐나다 교회 그리고 세계교회와 연대하며 이루어졌다는 사실이다. 이를테면 '세계교회협의회', 미국교회 그리고 캐나다교회가 설립한 워싱턴의 '한국인권을 위한 북미주연합(North American Coalition for Human Rights in Korea)'과 같은 단체는 *Korea / Update*와 *Korean Weekly Report*를 영문으로 발간하였고, 뉴욕에서는 '한국민주화를 위한 국제기독자 연대(The International Christian Network

---

28 이 조직에 세인트루이스 대표로 나와 있는 김동건은 한 때 국내 정치를 하던 인물로 한신대를 나와 미주로 이주, 사업을 하면서 한신대를 나온 부인 김진숙과 더불어 한국인권과 민주를 위한 운동에 헌신적이었다. 그가 1970년대 말에 시애틀로 이주해와 기존의 전계상, 이선복 등과 함께 '인권위원회'를 만들어 활동하였다.

29 이선복은 경복고를 나와 미국으로 유학하여 미국은행에 근무한 인물로 한인회 회장도 역임하였다. 박정신은 1979년 가을부터 2000년 봄학기까지 워싱턴대학교 한국학생회 회장을 지내며 '광주민주화운동' 때 이곳 한인학생들에게 국내문제에 관심을 갖도록 하였다.

30 팔레에 대해서는 이 『해외동포사』에 실린 나의 글 「미주 한국학의 성장」 여러 곳을 볼 것. 이때 빈번히 있었던 한국영사관 앞 데모에는 전계상, 이선복, 김동건, 김진숙, 박정신을 비롯한 한인들과 팔레와 커밍스 그리고 에커트(Carter Eckert), 베이커(Donald Baker), 던칸(John Duncan)등 팔레의 제자들도 함께 하였다.

for Democracy in Korea)'에서는 *Korea Scope*를 영문으로 발간하여 '한국의 인권 사정과 민주화 운동 소식'을 알렸다. 이것은 미주 주류사회에 한국인권과 민주화에 대한 관심과 여론을 형성하는 역할을 하였다.[31] 이러한 여론 환기와 더불어 한국민주화를 위한 재정지원도 미주의 기독교 기관을 통해 이루어졌다.[32]

'한국인권을 위한 북미주연합'은 김재준이 명예의장으로, 한국에 선교사역을 한 바 있는 빌링스(Peggy Billings)가 의장으로, 그리고 하비(Pharis harvey)가 총무로 활동하였는데, 이들은 모두 목사였다. 이들은 한국문제 권위자인 커밍스(Bruce Cumings),[33] 프레이저(Donald M. Fraser),[34] 헨더슨(Gregory Henderson),[35] 오글(George Ogle)[36] 등을 자문위원으로 이 활동에 참가시켰다. '한국 민주화를 위한 국제기독자 연대'는 편집인은 문동환(영문이름 Stephen T. Moon)이고,[37] 편집진에는 베이커(Edward Baker), 손명걸,[38] 패리스 하비, 팔레, 커밍스, 헨더슨, 한완상,[39] 오글 등이 활동하고 있었다.

우리가 살펴본 바와 같이 미주 한인사회에 일어난 한국민주화운동은 주

---

31 나는 이미 이러한 점에 대해서 논의한 바가 있다. Chung-shin Park, *Protestantism and Politics in Korea*, 194~195쪽을 볼 것. 이에 대하여 최근에 나온 글로는 Donald Baker, "International Christian Network for Korea's Democratization," *Kim Dae-jung Presidential Library and Museum*, "Democratic Movements and Korea Society"(The First International Conference on Korean Studies, December 7, 2005, at Kim Dae-jung Presidential Library and Museum, Seoul), 163~191쪽을 볼 것.

32 Chung-shin Park, 윗글, 같은 곳과 Baker, 윗글, 181쪽을 볼 것.

33 그는 한국전쟁연구로 널리 알려진 학자인데 1970년대 중반에 당시 '한국학의 메카' 워싱턴대학교 교수로 출발하여 현재는 시카고대학교 교수로 있다. 그는 워싱턴에 있을 때 팔레 교수와 더불어 그곳 한인들의 한국인권과 민주화운동에 참여하기도 했다.

34 그는 연방하원의원(미네소타주 출신)으로 의회내 한국문제에 관심을 가진 진보적 정치가로 한국문제를 다룬 1976년 하원 '프레이저 청문회'로 유명하다.

35 그는 한국에 근무한 바 있는 외교관 출신으로 한국문제를 여론화 하는데 앞장 선 인물이다.

36 그는 한국에 선교사로 와 있을 때부터 한국의 인권과 민주화를 위해 활동하다 추방당한 인물이다.

37 문동환은 한신대 교수로 있으면서 그의 형 문익환, 아버지 문재린 등과 함께 한국 인권과 민주화를 위해 국내외에서 활동하였다. 이 당시는 미국망명 때였다.

38 뉴욕의 목사로서 목요기도회 북미주 기독학자 협의회 등에서 활약하였다.

39 한완상은 당시 미국망명 중이었다.

로 미주의 기독교 목사와 기독교 지성인들이 교회와 북미주와 세계 기독교 기관과 연대하면서 영문잡지와 기독교 조직망을 통해 한국의 사정을 알리고 미국과 캐나다 정부의 관심과 정책변화를 도모하였다. 이들은 직접 한국에서 투쟁할 수 없으므로 한국에 특별한 정치적 상황이 벌어지면 곧 각지에서 데모를 하여 여론을 환기하고자 하였다. 이들이 펼친 각지의 수많은 데모는 하나의 '정치 이벤트'로 미주 주류사회의 호기심을 자아내게 기획되었다. '광주민주화운동 주모자'의 한 사람으로 지목받고 피신하다가 1982년 미국에 밀입항한 윤한봉이 미주 한인들의 민주화운동에 뛰어들면서 엘에이에 '민족학교'를 세우고 미주 각지에 '한국청년연합'을 조직하였는데 이들은 장구, 북 등 우리의 전통 악기를 동원하여 한복을 입고 데모하였다. 서양사람들과 언론의 관심을 노린 것이다.[40] 여러 데모 가운데 가장 흥미있었다고 평가되는 것을 여기 기록해 두자.

1976년 3월 1일을 맞아 국내에서는 유신의 철권정치에 도전하는 한 사건이 터졌다. 이른바 '3·1 민주구국선언'이었다. 역사학자 강만길은 유신의 암흑을 일제 식민시대와 견준 문익환이 기독교지도자들이 주도한 '3·1 운동기념일'을 그냥 보낼 수 없어 선언문을 준비하고, 일본에서 납치되어 온 김대중도 돌파구를 마련하기 위해 선언문을 준비하고 있던 중 윤보선을 접촉하면서 단일 선언문이 되었다.[41] 이 선언문은 명동성당에서 개최된 3·1절 기념미사에서 이우정이 낭독하였다.[42] 11명이 구속되고 7명이 불구속으

40 1980년대 초 시애틀 항구를 통해 밀입국한 윤한봉은 미주 한인민주운동이 연로한 인사들에 의해 주도되고 있음을 비판하고 각지의 한인 청년, 학생들을 규합하여 미주운동을 젊고 적극적으로 발전시켰다고 평가된다. 글쓴이는 이때 워싱턴대학교에서 유학하고 있었고 또한 그곳 '인권위원회'에 관계하고 있었음으로 윤한봉과 여러날, 오랫동안 시간을 보내며 '한국사정'과 미주운동에 대한 그의 생각을 들을 수가 있었다.

41 강만길, 윗글, 26쪽을 볼 것. 그리고 같은 책에 실린 이해동의 「이책을 내면서」, 5~116쪽, 특히 5~6쪽도 볼 것.

42 여기에 서명한 사람은 함석헌, 윤보선, 정일형, 김대중, 윤반웅, 안병무, 이문영, 서남동, 문동환, 이우정이었다. 선언문을 타자한 사람은 문익환의 아들 문호근이었고, 인쇄한 사람은 이

로 재판을 받게 되었다.

이 사건이 알려지자 미주의 한국 인권과 민주화운동단체들도 활발하게 움직였다. 선언문을 번역하여 미주 언론기관에 보내는 일, 미국과 캐나다 정부에 압력을 가하는 일, 미주와 세계 기독교 조직망을 통해 세계에 한국 인권과 민주화에 대한 관심을 고조시키는 일로 분주하였다. 그 가운데 하나가 데모였다. 1976년 9월 9일 워싱턴 백악관 앞과 국무성 앞 그리고 한국 대사관 앞에서 각지에서 모인 미주 민주인사들이 데모를 한 것이다. 데모대 가운데 18명은 광목으로 만든 죄수복을 입고 가슴에 죄수번호와 이름을 써 붙이고 이들의 석방을 외쳤다. 미국 사람들의 눈에 '희한한 일'이 벌어진 것이다. 서양 사람들과 언론의 이목을 끈이 이 데모에 누가 누구의 죄수복을 입고 나왔는지를 여기 기록해 두고자 한다.[43]

윤보선 전 대통령	**대역**	김재준 목사
함석헌 선생		한승인 장로
정일형 목사		김병서 교수
이태영 변호사		이보라(이태영 동생)
김대중 전 대통령 후보		이근팔(한민통 사무차장)
이우정 교수		구춘회(북미주 인권위원)
문익환 목사		문재린 목사(문익환 아버지)
문동환 목사		이승만 목사
이문영 교수		최성남 장로
윤반웅 목사		김홍준 장로
안병무 교수		임병규 장로

해동이었다. 이 선언문이 명동성당에서 낭독될 수 있었던 것은 이 미사를 주관한 '카톨릭정의구현사제단' 소속의 신부 신현봉, 함세웅, 김승훈 등의 사전양해가 있었기 때문이다. 이해동, 윗글, 6~7쪽을 볼 것.
43 박용길, 「침묵을 깬 3·1민주구국선언」, 3·1구국선언관련자, 윗글, 263~271쪽, 특히 271쪽.

서남동 목사	임과하 교수
이해동 목사	김윤국 장로
함세웅 신부	김순경 교수
문정현 신부	김마태 박사(의사)
신현봉 신부	안중식 목사
김승훈 신부	이승운 목사
장덕필 신부	신대식 목사

여기에 우리의 눈길을 끄는 것이 몇 가지 있다. 첫째 이 '3·1 민주구국선언사건'이 신구교의 울타리를 넘어 연합한 것처럼 미주 한인 민주화운동가들도 목사가 신부를 대역하며 데모를 한 것, 둘째, 국내에서 목사들 신부들, 그리고 기독교 지성이 참여한 것처럼 미주에서도 목사들과 기독교 지성들이 민주화운동에 열성인 점, 마지막으로 문재린이 그의 아들 문익환의 대역으로, 이보라가 그의 언니 이태영의 대역을 한 것이다.

4. '광주민주화운동', 그 이후

우리가 익히 알고 있듯이 국내외의 민주화운동이 활발해 지고 1979년에 들어서면서 '부마항쟁'과 같이 그 투쟁의 열기가 고조되자 유신체제는 그 안에서 붕괴되기 시작하였다. 1979년 10월 16일 중앙정보부장이자 그의 고향 친구 김재규에게 박정희는 암살을 당했다. 그래서 최규하가 대통령직을 이어받았지만 전두환, 노태우로 대표되는 이른바 '신군부 세력'에 의해 조종되다가 1980년 '김대중내란음모사건'으로 김대중, 문익환 등 민주인사를 투옥하고 '광주민주화운동'을 무력으로 무참히 짓밟은 후 전두환이 대통령에 오른다. 1980년 이른바 '서울의 봄'이 '빛의 고을' 광주에 피를 뿌리고 이 땅을 암울과 절망 속으로 내몰았다.[44] 1919년 3·1 운동 뒤 시인 오상순이 말한 것처럼, 한국은 '폐허' 그 자체였다.

그러나 '광주민주화운동'은 우리 역사의 지향점을 바꾼 대 사건이었다. 첫째, 한국민들이 '혈맹'이라는 미국을 다시, 그리고 비판적으로 보기 시작하고, 둘째, 남북분단이 민주화의 주된 원인이라는 시각이 대두되었으며, 셋째, 김대중이 사형을 언도받고 미국의 도움으로 1982년 석방된 후 곧 미국 망명을 하게 된 점, 그리고 넷째, 군부독재가 참혹하게 민주세력을 탄압할 때 민주진영의 투쟁도 따라 과격해 지기 시작한 점이다.

반미정서가 광주민주화운동 이후 급속히 확산되었다. 1982년 대학생 문부식 등의 '부산 미문화원 방화사건' 등이 그 보기이다. 이것은 미주 민주화운동 세력에게도 큰 영향을 미쳐 미주 한인민주화운동의 분화를 가져온다. 이 분화는 또한 광주민주화운동 이후 고조된 분단이 민주화를 막고 있으며, 따라서 민주화운동는 분단극복운동과 이어져 함께 하여야 한다는 주장이 대두되면서 심화된다. 특히 미국에 온 김대중이 미주에 '한국인권연구소'를 열고 각지의 민주운동세력을 결집하며 '정치재개'를 꾀하게 되는데 이것 또한 미주 민주화운동의 분화를 부채질하게 되었다. 짧게 말하면, '광주민주화운동' 이전에는 미주 각지에 있는 기독교 지도자들과 지성인들이 종교적인 양심이나 역사의식 때문에 한인교회와 캐나다, 미국 그리고 세계 교회 기관과 그 연대망을 통해 비교적 통합된 운동을 펼쳤다. 그러나 '광주민주화운동' 이후는 미국을 바라다보는 시각, 분단극복(통일)과 민주화 관계, 김영삼을 비롯한 국내의 여러 정치세력과 경쟁관계에 있는 김대중의 미국 망명과 '정치행보' 따위가 얽히어 미주 한인사회의 민주화운동이 다양하게 분화되었다.[45]

---

44 이 시기 역사변동에 대한 것은 송찬섭 / 홍순권, 『한국사의 이해』(서울: 한국방송대학교출판부, 1998), 19장, 특히424~429쪽을 볼 것.

첫째 그룹은 '한민통일본본부'와 계속 연대를 해 온 임창영은 분단극복과 한반도의 민주화를 이어서 보고 있다. 그는 제3의 길, 즉 '사회주의인터내셔널(Socialist International)'에 가담하여 활동하였다.[46] 여기에는 신한민보를 발행하고 있는 김운하,[47] 목사 김성락,[48] 목사 홍동근,[49] 목사 김현환[50] 등이 있다. 미주 민주화운동세력 가운데 통일의 기치를 든 인물은 이들 외에도 교수 선우학원, 목사 이승만, 신학교수 강위조 등이 있다.

이들이 벌인 통일운동은 물론 세계에 퍼져 있는 해외 한인 기독교지도자와 북한 기독교지도자들 사이의 정기적인 만남을 통하여, 그리고 이들이 직접 북한을 방문하여 '북한의 개방'과 통일문제를 기독자의 입장에서 모색하였다. 1981년 스위스 비엔나에서, 1982년 헬싱키에서 해외 기독자와 북한 기독교 지도자들이 서로 만나 함께 예배보고 민족문제를 논의하기 시작하

---

45 한완상과의 면담에 기댐. 먼저 미국에 와 있던 한완상은 뒤이어 망명온 김대중이 '작은 정치'를 넘어 민족의 '큰 어른의 길'을 갈 것을 조언했지만 김대중은 이를 거절하였다고 함. 미주운동의 분화에 대해서는 김경재, 윗글, 26~28쪽도 볼 것.

46 임창영학습회, 『임창영박사유고선집 Ⅰ』, 여러 곳, 특히 71~73쪽, 그의 통일관에 대해서는 81~83쪽을 볼 것.

47 한국에서 언론자유 투쟁을 벌이다 미국에 온 김운하는 오랜 미주 민족지 『신한민보』를 인수 발행하면서 지속적으로 민주화운동에 참여하였으나 '광주민주화운동' 이후 통일을 우선하는 운동으로 나가게 되었다. 1980년대 『신한민보』 기사를 볼 것.

48 평양 숭실대를 졸업하고 목사가 된 김성락은 미국에서 유학을 하고 평양으로 가 숭실대 교수로 있다가 신사참배와 창씨개명을 거부, 교수직을 박탈당하고 1937년 미국으로 망명, 그곳에서 목회를 하였다. 해방 후 1958~1964년까지 서울 숭실대 학장으로 봉직하고 다시 미국으로 돌아가 목회를 하였다. 그런 그가 민족통일운동을 하다가 1989년 엘에이에서 타계하였다. 그에 대해서는 숭실인물사편찬위원회, 『인물로 본 숭실 100년』(서울: 숭실대학교 출판부, 1992), 99~116쪽을 볼 것.

49 홍동근은 목사가 되어 영락교회 부목사로 한경직 목사의 총애를 받았다. 일본 경도 한인교회를 거쳐 미국 엘에이 '선한사마리아교회'에서 목회를 하며 김성락과 함께 미주 민주화운동을 하다가 '광주민주화운동' 이후 통일운동에 매진하였다. 그에 대한 것은 홍동근, 『未完의 歸鄕日記-北韓訪問記』(엘에이: 통일신학회, 1988)을 볼 것.

50 김현환은 경북 사람으로 고등학교 영어교사를 하다가 미국 시카고의 매코믹신학교에서 남미해방신학과 흑인신학 그리고 제3세계 신학을 천착한 후 유니테리안 교회 목사로 엘에이에 정착 목회하면서 김성락, 홍동근 등과 '통일신학'을 하며 통일운동에 매진하였다. 1970년대 말 미국유학을 갔던 나는 그와 시카고에서 우연히 만나 조국을 이야기하며 사랑을 받았다. 그 사랑 여기에 기록해 두고자 한다.

여 그 이후 남한 교회지도자들을 포함 점차 참여범위를 확대해 갔다.[51] 이 가운데 나라 안팎에서, 이념적으로 오른쪽이나 왼쪽이거나 간에 존경을 받고 있던 목사 김성락의 북한방문은 국내외 한인 통일운동에 큰 충격을 주었다. 이 '역사적 사건'에 대한 양은식의 기록을 여기 따왔다.

"80년대에 들어서면서 김성락 목사는 보다 더 대담한 일에 나선다. 생이 많이 남지 않은 시점에서 보다 근본적인 민족에의 봉사를 생각했던 것인가. 1982년 헬싱키에서 열린 해외동포와 북의 기독자 간의 대화에 참석하여 개회설교를 했다. …… 100여 명이 참석하고 민족의 숙원 통일문제를 다루는 엄숙한 분위기로 긴장된 자리에서 누가복음 5장 17~18절을 봉독하고 '우리는 반신불수된 조국을 함께 데리고 이 중풍병을 고치고자는 마음으로 여기 모였다'고 선언했다. 곧 김성락 박사는 평양을 방문해서 김주석과 담화, 통일문제를 논의하였다. 김목사는 오찬석상에서 김주석의 요청에 따라 기도를 하였다……. 김성락 박사는 2년 후 다시 북한을 방문했다. 이번에는 성경 200권과 자신이 편집해 복사한 찬송가 100권을 가지고 갔다. 이것이 평양에 봉수교회가 서게 된 계기를 만들었던 것으로 보인다."[52]

그렇다. "늙으신 김성락 목사님이" 찬송가와 성경을 들고 북한으로 가 김일성주석과 한 식탁에서 함께 기도하였으니 홍동근의 말대로 가히 "역사적 사건"임에 틀림없다.[53] 이처럼 미주를 중심으로 한 해외 한인들의 통일운동도 세계 곳곳에 퍼져 있는 기독교 지도자들이 앞서 나갔고, 이런 만남이 축적되어 국내에서 목사 문익환이 1989년 평양으로 가 김일성주석을 만나 조국통일을 논의하게 하였고, 이런 움직임이 남북화해의 시대를 도래케 하였

---

51 양은식, 윗글, 114~115쪽과 홍동근, 윗글, 18~22쪽을 볼 것.
52 양은식, 윗글, 114~115쪽에서 따옴.
53 홍동근, 윗글, 19쪽.

다고 생각된다. 미주를 중심으로 한 해외민주화운동과 통일운동의 역사적 중요성을 여기에서 읽는다.

둘째는 김재준, 문동환, 이상철 등 국내의 민주화운동 세력이 처한 상황을 고려해서 급진적으로 통일을 추구하며 북한을 방문하고 북측 인사들을 접촉하는 것을 자제하는 이른바 '선민주화' 운동세력이다. 이들은 1980년 광주민주화운동 이전부터 해오던 미국과 캐나다 정부와 사회에 한국의 인권과 민주화에 관심을 가지도록 여론화하는 일에 주력하였다. 그리고 미주와 세계 기독교 기관과의 연대와 그 조직망에 기대어 운동을 하는 세력이다. 이들은 '한민통' 미주 본부와 선을 긋고 이른바 '한국 민주화 연합(The United Movement for Democracy in Korea, 약칭 UM)'을 중심으로 운동을 펼치었다. '한민통'과의 조직적인 분화인 셈이다. '선민주화계열'의 선우학원은 김재준과 이른바 '유엠' 그룹은 1980년대 들어서면서 이념적으로 유연성을 가지기 시작했으나 아직도 반공적인 입장을 벗어나지 못했다고 비판하였다.[54] 그러나 김재준의 사상과 활동을 누구보다 앞서 연구한 김경재는 김재준과 '유엠' 그룹이 대북문제에 신중한 입장을 취한 것은 첫째, 남북 대치 상황에서 남한에서의 인권, 민주화운동은 "친북한적이 아님"을 분명히 할 필요성, 둘째, 남한의 민주화세력을 친북 공산주의자로 몰아가고 있는 상황, 셋째, 김일성체제를 현실적으로 인정하나 개인의 자유와 인간존엄을 보장하고 있지 못하다는 생각 때문에 김재준은 신중할 수밖에 없었다고 했다.[55] 사실 김재준, 문동환, 이상철 등의 '민주주의 국민연합 북미본부'은 선우학원이 비판한대로 그렇게 경직된 것은 아니었다. 이들이 1979년 초 등소평의 미국방문시 등소평, 카터 미국대통령 등에게 보낸 편지내용을 보면 말이

54 선우학원, 『남과 북의 통일론 및 해결책, 민족통일의 비전: 통일의 선구자 선우학원박사팔순 기념논문집』(서울: 푸른기획, 1997), 468~496쪽을 볼 것.
55 김경재, 윗글, 27쪽을 볼 것.

다. 이 역사적 자료를 여기 기록해 둔다.

"등소평 중국 부주석 귀하

귀하의 방미를 환영합니다.

우리는 귀하의 카터 대통령과의 회담에서 한반도 문제가 중요과제 중 하나로 논의되리라는 보도를 듣고 있습니다. 그러므로 차제에 우리는 귀하에게 아래와 같은 사항을 제언합니다.

1. 한반도 주변 4강의 한반도 내에서의 이익보장이 반드시 분단 분점에 의해서만 가능하다는 견해를 다시 검토해 주시기를 바랍니다.
2. 한반도의 주인은 한국민족이요 "4강"이 아니라는 것을 천명합니다.
3. 한국(조선이라 해도 무방) 민족은 결코 국토의 분단 안정을 용납하지 않을 것이며 통일이 달성되기 까지는 결코 투쟁을 중단하지 않을 것입니다. 현 상태로서의 안정은 민족의 분노와 불안을 격화 또는 심화하는 결과를 가져올 것입니다.
4. 대안으로 한반도에 통일국가가 건설되고 4강관계에서 "중립"이 확보되는 경우에만 4강의 한반도 내에서의 이익이 정상적으로 보장되고 아세아 정세의 불안이 해소될 것으로 믿습니다.

우리는 귀하의 중국정세에 대한 거대한 공헌을 칭송합니다. 나아가서 한반도의 통일 독립 민족 국가건설에도 적극 협력해 주시기를 기대합니다.

1979년 1월 23일

민주주의 국민연합 북미본부

상임 위원장 김재준"[56]

---

56 한신대학술원, 『북미주 인권. 민주화. 평화통일 운동자료(I)』, 자료번호 000282를 볼 것. 카터

우리가 이 긴 글귀를 따온 것은 '선민주·후통일'세력이라는 김재준, 문동환, 이상철 등을 중심한 이르바 '유엠' 그룹이 통일을 전혀 염두에 두지 않았던 세력으로 보지 말아야 한다는 점을 강조하고자 함이다. 김재준의 제자 문익환이 북에 다녀오고, 그의 친동생 문동환이 김재준을 이어 이 그룹을 이끌었던 점도 여기에 적어두고자 한다.

5. 꼬리글
미주한인사회의 '한국민주화운동', 어떻게 읽을 것인가

남한에서 민주화가 이루어졌고 여러 어려움이 있으나 이제는 남북이 만나 화해하고 공존하자는 시대에 우리는 살고 있다. 대통령을 시정잡배들처럼 욕을 해도 경찰이나 정보기관이 잡아가지 않는다. 군도 권력을 탐할 생각을 하지 못한다. 오랜 세월 고통과 투쟁을 하며 인권과 민주화를 위해 헌신해온 나라 안팎의 민중들이 있었기 때문이다. 그리고 남과 북의 사람들이 거침없이 만나 서로 손잡고 '우리의 소원은 통일'이라고 함께 합창을 하고 있다. 아시아 게임이나 올림픽 경기에서 '한반도기'를 들고 남과 북의 선수단이 웃으며 함께 입장하고 있다.

이러한 시대의 도래는 분명 나라 안에서 암울한 시대를 박차고 인권, 민주 그리고 분단 극복을 외치고 죽어간 이른바 수많은 '민주인사'와 깨어난 민중이 있었기 때문이다. 그러나 일제식민시대 민족독립과 해방을 위한 투쟁이 그러했듯이, 민주화되고 남북의 화해를 논의하는 이 시대의 도래는 '나라 안 사람들'만의 노력, 그들만의 투쟁으로 쟁취된 것은 아니다. 노동이 주를 했든, 유학을 갔든, 아니면 가족이민을 했든 간에 나라를 떠나 삶을

대통령에게 보낸 편지는 위 자료집 자료번호 000283을 볼 것.

꾸리고 있는 '나라 밖 사람들'의 그들이 떠나온 '그곳'에 대한 관심과 활동이 우리나라의 민주화와 남북화해에 큰 역할을 하였던 것이다.

이를테면, 민족해방을 위해 단체를 만들어 성명서를 내고 생활비를 쪼개어 독립운동자금을 마련한 것처럼, 캐나다와 미국으로 대표되는 미주의 한인동포들은 '한국 민주회복 통일촉진 국민회의'나 '한국 민주화 연합'과 같은 단체를 만들어 그들이 살고 있는 나라사람들에게 '그곳'의 인권과 민주화에 관심을 가져 달라고 호소하고 이 여론 확산을 등에 업고 그들이 사는 나라의 정부에 압력을 가하는 활동을 끊임없이 하였다.

우리는 미주동포들의 이러한 활동에서 하나의 '운동 모형'을 읽게 된다. 그것은 거의 모든 독립운동이나 민주화운동이 그들의 교회와 캐나다, 미국 그리고 세계 기독교 기관과 그 연대망에 기대어 펼쳐졌다는 것이다. 그들이 사는 미국과 캐나다 사회에서 교회의 '힘'을 보았기 때문이기도 했을 것이고, 또한 비정부기구로서 세계적 조직망을 가지고 있는 기독교를 한국민주화운동에 활용하려한 운동전략일 수도 있다. 그러나 무엇보다도 미주의 한국민주화운동의 주체세력의 분석에서 보았듯이, 김재준, 문동환, 이승만, 이상철, 홍근수와 같은 미주운동주체들이 거의 모두가 기독교 지도자이거나 기독교인들이었기 때문에 그들이 쉽게 접근하고 활용할 수 있었다는 사실도 눈여겨 보아야할 것이다.

이제 한국민족에게는 남북분단의 극복이라는 큰 역사적 과제를 안고 21세기에 들어섰다. 이 과제를 위해 미주한인사회는 어떤 역할을 할지, 그리고 이 과정에서 미주한인기독교인들은 어떤 모습으로 나타날지가 우리의 관심으로 남아있다. 왜냐하면, 조국의 독립운동과 민주화운동에, 그리고 통일운동에 미주한인사회와 한인교회가 큰 역할을 하였기 때문이다.

참고문헌

● 기초자료

『신한민보』.

3 · 1 구국선언 관련자, 『새롭게 타오르는 3 · 1 구국선언』, 사계절, 1998.

김경재, 「1970~1980년대 북미주 인권 · 민주화 · 평화통일운동 자료분석」, 한신대학교
학술원 신학연구소 『한국기독교인의 정치의식과 민주화운 동』(학술대회 자료
집), 한신대학교학술원 신학연구소, 2004.

김재준, 『범용기』 1, 1981.

＿＿＿＿, 『범용기』 2, 1982.

임창영학습회, 『임창연박사유고선집 I』, 임창영학습회 / 버클리, 1997.

한국기독자교수협의회, 『한국기독자교수협의회 30년 자료집』, 1998.

한신대학술원 신학연구소, 『북미주 인권. 민주화. 통일평화운동 자료』 전3권, 한신대학
술원 신학연구소, 2004.

홍동근, 『未完의 歸鄕日記-北韓訪問記』, 통일신학회, 1988.

● 저서

김경재, 『김재준 평전』, 삼인, 2001.

김원모, 『한미외교관계 100년사』, 철학과 현실사, 2002.

선우학원박사팔순기념논문편찬위원회, 『해결책, 민족통일의 비젼』통일의 선구자 선우
학원박사 팔순기념논문집편찬위원회, 1997.

송찬섭 · 홍순권, 『한국사의 이해』, 한국방송통신대학교 출판부, 1988.

숭실인물사편찬위원회, 『인물로 본 숭실 100년』, 숭실대학교 출판부, 1992.

연세대학교 연세국학연구단 / 하와이대학교 한국학연구소/독립기념관(공동주최), "북미
주지역의 한국인"(학술대회 자료집), 2002.

유동식, 『하와이의 한인교회』, 호놀룰루 그리스도연합감리교회, 1988.

Baker, Donald, "International Christian Network for Korea's Democratization," Kim
Dae-jung Presidential Library and Museum, "Democratic Movement and Korean
Society"(The First International Conference on Korean Studies at Kim Dae-jung's
Presidential Library), pp.163~191, 2005.

Patterson, Wayne, *The Korean Frontier in America: Immigration to Hawaii, 1896~1910*, University of Hawaii Press, 1998.

Park, Chung-shin, *Protestantism and Politics in Korea*, University of Washington Press, 2003.

Yonsei University's Kim Dae-jung Presdential Library and Museum, *"Democratic Movement and Korean Society"*(The First International Conference on Korean Studies), Yonsei University, 2005.

Chapter 7

2007년 '여성 대통령', 그 바람과 현실[*]

동시대 역사 에세이

1. 머리글

'여성 대통령' 담론, 그 잉태의 역사

2007년, 새로운 대통령을 선출하는 해다. 우리가 날마다 접하고 있는 것이 모두 '누가 대통령이 될 것인가'에 대한 기사이고 방송이다. 이러한 뉴스에 기대어 보면 다음에는 한나라당의 후보가 대통령이 될 것이라는 이른바 '한나라당 대세론'이 주를 이루고 있다. 이 '한나라당 대세론'에는 현 노무현시대에 대한 실망과 최근까지 여당노릇을 해온 '열린우리당'에 대한 불신이 그 뿌리에 앉아있다.[1]

---

[*] 이 글은 성신여대 한국여성학연구소(2007년 5월)에서 발표한 것을 재수록했음을 밝혀둔다.
[1] 이 점에 대한 분석과 해석은 다를 수 있다. 우리 언론의 주류를 이루는 보수언론들이 '참여

이 '한나라당 대세론'과 더불어 올해 우리의 대선 이야기에는 '여성 대통령'이 나올 것인가 하는 것도 들어있다. 제일 야당인 한나라당 대표를 지나면서 '차떼기', '책떼기' 정당으로 침몰해 가던 당을 '천막당사'로 구출해내고, 그가 당 대표로 있을 때 치룬 크고 작은 보궐선거나 재보선 선거에서 '불패의 신화'를 이루어낸 박근혜가 서울시장을 지낸 이명박과 함께 한나라당의 유력후보로 떠올라있기 때문이다.[2] 사실 한나라당의 후보가 되면 이번에 대통령이 된다는 것이 지배적인 관측이다.[3] 그래서 2007년에는 '여성 대통령'이 나올 수 있다고 여성계 논객들은 주장하며 신문에 정기적으로 글을 써오고 있다.

'한나라당 대세론'과 함께, 더 정확하게는 박근혜가 유력후보로 등장하면서 나온 '여성 대통령 대망론'은 지난 9여년, 특히 지난 4년 우리 사회에서 '주류'에 대한 반발이나 거부감, 기존 체제나 가치에 대한 저항이나 대항의식의 표출로 촉발되는 급격한 사회변동과 이어져 있다. 1998년 '국민의 정부'라는 김대중 시대가 열림으로 우리 정치사에서 의미 있는 정권교체가 이루어졌고, 남북문제를 포함한 거대한 변화의 물꼬가 트였다. 2003년 '참여정부'라고 이름붙인 노무현시대가 열리면서 나라의 모든 분야에서 우리사회는 그야말로 총체적인 변화와 갈등의 마당이 펼쳐졌다. 바로 이 마당에서 '여성 대통령 담론'이 두드러지게 되었다. 그러니까 무슨 이유에서든, 그것

정부'의 정책과 정치에 대하여 처음부터 비판적이었고, 이 보수언론매체를 통해 '반 참여정부 정서'가 널리 확산된 결과라고 주장할 수도 있고, 처음부터 이상만을 쫓아간 노무현시대 사람들이 이상을 현실에 접목시키는 과정과 방법이 세련되지 못했다는 주장도 있을 수가 있다. 어느 쪽이든 노무현의 '참여정부'가, 특히 열린우리당의 '정치하기'가 국민의 마음을 사로잡지 못한 것이 이른바 '한나라당 대세론'이 등장하고 확산된 주된 이유라는 것이 우리의 주장이다.

2 박근혜의 업적에 대해서 많은 보도가 있으나 짧은 언급으로는 '이명박, 박근혜 캠프 줄서기 백태', 『新東亞』 2007년 5월호, 114~121쪽, 특히 114~116쪽을 볼 것.
3 『조선일보』와 TNS코리아의 여론조사에 기댐. 『조선일보』 2007년 5월 7일자. 이 기획기사에 의하면, 박근혜와 이명박이 나누어져도 이명박이 앞서지만 누가 여권의 후보가 되어도 이 둘 가운데 하나가 다음 대통령이 될 것이라고 한다.

이 개혁피로감이든, 철없고 경험 없는 '좌파 세력'의 날뜀에 대한 매스꺼움이든, 아니면 이른바 '조·중·동'을 비롯한 우파의 의도적 여론조작이든, 지난 9여년, 특히 지난 4년의 노무현정부에 식상하거나 거부하는 정서가 널리 퍼지면서 '한나라당 대세론'이 잉태되었고 이와 함께 '여성 대통령 담론'이 나왔다는 말이다.[4]

이것은 역사전개에서 나타나는 하나의 역설이다. 김대중과 노무현시대에는 기존 관념, 기존 가치, 기존 체제나 문화가 도전을 받는다. '차떼기'로 상징되는 정경유착이나 '그들만의 리-그'가 무너지게 된다.[5] 기존의 관념이나 가치, 기존의 권위나 체제, 그리고 기존의 문화나 관습이 도전받고 붕괴된다. 옛 시대 검찰, 경찰, 국가정보원(정보부), 정경유착, 어용지식인집단, 비호남주의 위세가 급격하게 몰락하였다. 이후 새 질서가 안착되고 새로운 가치나 권위가 들어서지 못한, 이른바 변혁의 혼란과 혼돈의 시기가 들어선 것이다. 이 시대를 포스트모던사회라고 부르든 디지털시대라고 일컫든, 개인이나 개성의 사회라고 말 하든 너나 나나 기존의 그 어느 것에도 얽매이고 종속되지 않으려고 한다. 여기에서 길게는 전통 유교사회에 그 뿌리를 둔, 짧게는 군사독재시대의 권위적 남성중심주의 정치행태와 문화에서 나온 남성중심주의가 도전받게 된다. 이러한 변혁기에 변혁을 거부하는 보수의 '한나라당 대세론'이 나오고, '한나라당 대세론'과 함께 '여성 대통령 담론'이 나온다. 그래서 이것은 역사의 역설적인 산물이다.

그래서, 아니 이와 더불어 두드러지게 나타난 것이 여성들의 정계진출이다. 우리가 익히 알고 있듯이, '옛 체제'(ancient regime)에서는 '모양새 만들기'에 따라 여성 국회의원(주로 비례대표나 전국구)이나 각료 한둘이 나왔다. 그러

---

4 이것을 우리사회에서는 한나라당의 반사이익이라고 말한다.
5 여기서 '그들만의 리-그'라고 하는 것은 남자들끼리, 영남사람들을 중심으로 이루어진 우리의 정치 카르텔을 말한다.

나 김대중과 노무현시대에는 여성들의 정계진출이 '의도적으로' 기획되었고 그래서 수적으로도 크게 달라졌다. 정치지도자의 자리에 올라선 여성의 수적 증가와 여성운동의 확산, 이에 따른 여성들의 발언권 증대, 그리고 권력을 바라보는 이들이 여성의 힘을 무시할 수 없게 된 정치 환경이 낳은 것이기도 하지만, '진보적인' 김대중은 의도적으로 여성의 진출을 기획하여 여성부를 신설하였는가 하면, 실패하였지만, 최초로 여성총리를 지명하는 등 그들의 정계진출을 도왔다.[6] '뚝심과 오기의 대통령'이라는 노무현은 더 많은 여성들을 국회와 관계에 진출시켰다. 남성중심주의 문화의 상징인 법무부장관에 우리역사 최초로 여성을 임명하였고 그 후 그를 서울시장후보로 내세웠는가 하면,[7] 또한 우리역사 최초로 여성 국무총리를 탄생시켰다.[8] 우리역사에 여성의 지위향상을 상징하는 '큰 사건'으로 기록될 일들이 벌어진 것이다. 그래서 박근혜와 더불어 한명숙과 강금실이 '여성 대통령' 후보군에 올라있다. 바로 여기에 2007년도에는 여성 대통령이 나올 수 있다는 담론이 형성된 것이다. 이 담론 밑에는 여성 대통령 소망론이 깔려 있다.[9]

---

6 영부인 이희호는 한국 여성운동의 1세대로서 김대중 시대 여성의 정계진출에는 그의 역할이 심대했다는 것은 널리 알려져 있다. 이화여대 총장출신인 장상이 국무총리에 임명되었으나 여성계의 바람과는 달리 그는 국회의 인준을 받지 못했다.
7 민변소속의 강금실을 말한다.
8 김대중 시대 정계에 입문한 한명숙이 최초의 여성총리가 되었다. 그는 민주화 운동으로 투옥된 경험이 있다. 그가 이제 여성 대통령 후보로도 거론되고 있다.
9 여성 대통령을 바라는 쪽은 여성운동과 민주화운동을 줄기차게 해온 진보적 여성계이다. 이들이 박정희의 딸이자 보수적인 박근혜를 여성이라는 이유로 그를 '여성 대통령'으로 지지하고 투표할 것인가 하는 점도 우리의 관심사이다.

2. 그 바람
우리 지식인들의 진보적 몰역사성

그러나 우리는 '여성 대통령'이 되고자 소망하는 이들, '여성 대통령'이 나오기를 고대하는 이들 모두가 보지 못하는, 아니 보고자 하지 않는 대목에 주목하고자 한다. 진실로 우리가 2007년 '여성 대통령'이 나올 수 있는 사회구조와 정치문화의 토양을 가지고 있는가 하는 점이다.

거론되는 여성들이 진실로 남성중심의 보수적이고 유교적인 우리사회에서 남성중심문화의 단단한 벽을 뚫고 대통령 후보로 거론되었는가. 영남지방에서 그리고 보수 쪽에서 하늘처럼 숭앙하는 '그 아버지'의 후광으로, 또는 개혁적(남자) 대통령의 의도된 선택으로 장관이나 국회의원 그리고 국무총리에 올라 지금 대통령 후보로 거론되고 있지는 않은가. 스스로 남성중심의 사회, 남성중심의 정치의 높다란 벽을 넘어 지금의 그 자리에 올라와 있는가 하는 것이 우리의 질문이다. 권력은 쟁취하는 것이지 주어지지 않는 것이라는 정치입문의 첫 계명을 여기 다시 환기시킬 필요는 없다.[10]

그래서 우리는 이렇게 보고자 한다. 생각은 진보적이어서 여성 대통령이 탄생되어 우리사회가 진정으로 양성평등의 사회로 나아가기를 바라지만, 현실은, 특히 정치현실은 아직 남성중심사회여서 여성이 대통령이 되는 것, 그리고 우연히, 정말 우연히 대통령이 되어도 남성중심의 정치와 문화의 장벽을 넘어 대통령직을 훌륭하게 수행할 수가 있을 것인가. 이러한 의구심이 있어도 우리사회의 발전을 위해서 우리는 그 길로 나가야한다고 생각하면서도 우리는 현실의 정치토양을 무시할 수가 없다. 여성 유권자가 다수라고 우리사회에서 여성을 '주류'라고 일컫지 않는다. 비주류 노무현이 대통령이

---

10 고건과 정운찬의 도중하차가 이의 좋은 보기이다. 이들보다는 현재 거론되고 있는 여성 후보 한두 사람을 이들 남성보다도 더 강한 권력에의 의지를 보여주고 있기는 하다.

되자 첫날부터 지금까지 주류로부터 '십자포화'를 받아오지 않았는가.[11]

우리사회에는 여성 대통령을 머리로는 바라면서 이의 탄생을 가로막는 아직도 반여성(또는 비여성)의 정치문화와 행태에는 별로 관심을 두지 않는다. 이를 끊임없이 돌파하고 또 돌파하여야 한다는 도덕적이고 진보적 당위성을 우리는 내세운다. 그래서 한명숙, 박근혜, 강금실, 그 어떤 여성 정치인들이 남성중심주의 문화의 벽을 넘으려 도전하고 또 도전하라고 박수를 보내며 우리는 함께 할 수 있다. 그러나 그 남성중심주의의 벽은 아직도 높고 아직도 너무 견고하다는 현실을 우리는 지적하지 않을 수 없다.

사실 우리 사회에서 여성들의 사회진출, 특히 정계진출은 눈에 띄게 빠르다. 구한말 여성에게 교육의 문이 열리고, 새로운 사회운동의 바람을 타고 '신여성'이 나타났다. 일제식민통치 시대에는 민족운동에도 참여하였고 해방이 되자 사회 여러 분야에 여성들이 진출하였다. 특히 1960, 70, 80년대 산업화와 민주화 시대를 거치면서 여성들이 가정의 울타리를 벗어나 경제활동을 하게 되고, 민주화를 위한 투쟁에 함께 참여함으로 그들의 영역이 교사, 간호사에서 전문직종인 의사, 교수, 판사, 검사, 변호사와 같은, 이전시대 남자들의 독무대를 파고 들어가더니 이제는 치열한 경쟁의 바닥인 정치계에 여성들이 등장하였다. 단순하게 그들의 수적 증가만이 아니라 각 분야에서 지도자의 자리로 들어서게 되었다. 남성중심의 유교적 조선사회를 배경으로 깔면 짧은 기간에 가히 혁명적 사회변동과 여성의 사회진출을 읽게 된다.

이를테면, 과거제도, '사농공상(士農工商)', '남녀칠세부동석(男女七歲不同席)'이라는 제도와 가르침이 상징하는 '남자들만의 리그'인 조선의 유교사회를 되새겨 보자.[12] 조선시대 유일한 '출세의 길'인 과거시험은 모든 백성에

---

11 비주류인 여성이 대통령이 되면 남성중심의 우리의 주류사회는 여성이라고 말하지 않고 남성의 상징 언어들인 결단, 판단, 추진력이 부족하다든지 약하다고 할 터이다.

게 열려 있었다. 백성이면 누구나 시험내용인 유학을 공부하여 시험을 칠 수 있었고, 합격하면 관직에 오를 수 있었다. 그러나 우리가 알고 있듯이, '모든 백성'은 '모든 백성'이 아니고 이념적으로 남자만을 이야기하는 것이고, 경제적으로는 '잘 먹고 잘 사는 사람들(the well-to-do)'의 아들들이었다. 가난한 농민의 아들들은 생계를 꾸리기 위해 논밭에 나가 일해야 했기 때문에 공부할 기회도 없었고 시험칠 기회를 가질 수 없었다. 그러니 이들이 과거시험에 합격하여 관직에 오르는 것은 거의 불가능하였다. 여자들은 농민의 딸이든 양반의 딸이든 과거를 위한 교육의 대상에 포함되지 않았다. 여자들은 그 '모든 백성'에 포함되지 않았다. 그래서 조선왕조의 관리들은 모두 남자였고 모두가 '잘 먹고 잘 사는 사람들, 양반들, 그 가운데 남자들이었다.

'사농공상'의 사회제도도 마찬가지다. 구분과 구별, 거기에 따른 차별의 사회제도였다. 배운 이들, 권력가진 이들 그리고 잘 사는 이들이 주류가되어 모든 것을 독식하고 지배하는 사회였고, 생산계급인 '농공상' 계층의 사람들은 비주류로 주류인 양반들의 들러리가 되었던 사회였다. '남녀칠세부동석'도 남자와 여자가 구분되고 구별되는 사회를 일컫는 말이다. 어릴 때부터 남자는 '집 밖'으로, 여자는 '집 안으로' 나뉘어 남자는 사회의 주류로 여자는 비주류로 교육시키고 세뇌시켰던 사회가 우리 전통시대 유교사회였다. '남자들만의 리-그'였던 것이다.[13]

우리의 이러한 역사유산을 되새길 때, 구한말, 일제시대, 특히 분단, 전쟁, 산업화와 민주화시대를 거치면서 나타난 여성들의 사회진출은 앞서 말한 것처럼 그야말로 하나의 혁명적 발전현상으로 받아들일 수 있다. 여기에 우

---

12 조선사회에 대한 논의는 나의 글 『한국기독교 읽기』(서울: 다락방, 2004), 114-118쪽에 기대었다. 이와 함께 나의 영문저서, Chung-shin Park, *Protestantism and Politics in Korea*(Seattle and London: University of Washington Press, 2003) 여러 곳을 볼 것.
13 박정신, 『한국기독교 읽기』, 116~118쪽을 볼 것.

리사회에서 '여성 대통령 담론'이 나올 수 있는 것이다. 특히 여성들의 지위향상과 그들의 정계등장의 역사를 우리사회의 급격한 변화에 기대어 읽을 때 말이다.

그러나 우리 사회의 변화에 오로지 기대지 말고, 그래서 앞서 나가야 한다는 바람을 깔지 말고 이 문제를 한번 바라보자. 우리사회의 변화와 함께 변하지 않고 지속되고 있는, 그래서 여성을, 여성의 사회진출을 지속적으로 짓누르고 있는 남성중심의 사회문화구조를 바라보자는 말이다. 진보적인 지식인들이나 여성계 지도자들이 바라는 그 '여성 대통령'이 조선시대부터 변하지 않고 지금도 우리사회, 우리 여성들이 바라는 바대로 앞으로 나아가지 못하도록 발목을 잡고 있는 바로 '그것'을 보자는 말이다. 그렇지 않는다면 우리의 '여성 대통령 담론'은 우리가 바라는 만큼 몰역사적일 수가 있다.

3. 그 현실
우리 역사사회구조의 비진보성

'변화'와 '바람'에 터해 우리사회에서 여성들의 지위향상을 읽으면 가히 혁명적이었다고 보여진다. 그럼에도 불구하고, 마음이 찢어지도록 아프다고 해도, 우리사회는 아직도 남성중심사회이며 남성중심문화가 우리사회를 뒤덮고 있다고 말하는 것이 옳다.

우리사회에서 대표적 지식인 사회인 대학을 들여다보자. 그 수많은 대학 가운데 여자대학을 제외하고 여성 총장이 얼마나 나왔나.[14] 심지어는 여자대학에서 남성이 총장이 되는 것이 당연하다고 여긴다. 학생의 반이 여자인

---

14 최근(2007년 봄) 국립대학인 경상북도 상주 소재 상주대학교에서 여성 총장이 선출된 것이 장안의 화제가 되었다. 그만큼 우리사회가 남성중심주의라는 말이다.

데 여자 교수는 도대체 얼마나 되나. 우리 대학사회에서 흔히 있는 두 이야기를 여기 등장시켜 보자.

첫 번째는 1980, 90년대 머리로서 하는 여성운동을 이끈 이 가운데 하나의 이야기다. 서울 어느 대학에 전임이 될 때 진보적으로 생각하는 남자 선임교수가 다른 교수들의 반대에도 불구하고 앞장서 이 여성을 교수로 선임하게 되었다. 학과 학생 반 이상이 여자이어서 이들에게 '역할 본보기'(role model)가 필요하다며, 또한 여성의 사회진출을 위해서는 대학사회의 변화가 필요하다며 다른 교수들을 집요하게 설득하여 이 여성을 선임하게 되었다. 앞으로 더 많은 여자교수가 나올 수 있도록 서로 협력하자는 약속과 함께 말이다. 그런데 전임이 된 이 여자교수는 그 후 여자교수를 선임하려고 할 때마다 학문적 훈련이 덜 되었다, 업적이 부족하다, 아직은 더 많은 여자교수가 필요 없다고 주장하였다. 근 20년 동안 말이다. 여성이 여성의 진출을 막고 있다는 증거다.

두 번째로, 서울의 다른 어떤 대학에서는 여학생이 과학생의 반이 넘어 어떤 진보적 남자교수가 여자교수를 선임하고자 했을 때 젊고 진보적이라는 남자교수들이 서로 짝하여 여성 교수선임을 끝까지 반대하였다.

이런 이야기는 우리 대학사회 여기저기에 널려있다. 여자교수가 없는 학과가 태반이 넘는다. 이처럼 아직 우리사회는 남성 중심적이고 남자가 앞서야 한다는 생각이 팽배해 있다.

사실 우리역사에서 기독교만큼 여성을 위해 교육하고 여성의 사회진출에 앞선 공동체가 없다. 기독교는 구한말 이 땅에 들어온 이래 여성교육에 앞장섰다. 여성교육기관을 세워 유교사회에서 '비주류'로 소외된 여자들을 교육시켰을 뿐만 아니라 전국에 들어서기 시작한 교회에서 여성들을 사회화시키고 그들에게 정치훈련을 시켰다. 우리가 알고 있듯이, 바로 이 기독교 공동체에서 여성들이 남녀가 함께 찬양대나 청년부 또는 주일학교 교사로 활동하기도 했고, 부인 전도회나 제직회 따위에서 회장, 서기, 회계 또는 집사나 권찰로서 활동하기 시작하였다. 바깥 유교사회와는 달리 교회 공동체 안에서 남녀의 벽이 무너지고 여성의 지위가 향상되기 시작한 것이다. 교회 공동체에서 여성들이 남자와 마찬가지로 교육을 받고 그리고 남자와 함께 활동하면서 공중 앞에 서서 기도를 하거나 성경을 읽고, 회의를 주재하거나 조직을 움직이는 정치훈련을 받게 되었던 것이다. 그래서 기독교 여성들이 일제식민통치시대 민족운동에 남자들과 함께 참여하면서 그들의 지위를 향상시켜 나간 것이다.[15]

그러나 해방 후 오늘의 기독교 공동체는 어떠한 모습으로 우리사회에 자리하고 있는가 한번 보자. 여성들이 우리사회에서 어떻게 자리매김 되고 있는지를 보기 위해서 말이다. 우리역사에서 그 누구보다 앞서 '비주류'인 여성을 교육시키고 교회 행정과 활동에 참여케 해 정치훈련을 시킨 이 기독교 공동체, 그리고 전체인구 25%가 교인이라는 이 기독교 공동체에서는 지금 여성들은 어떠한 모습으로 자리하고 있는가.[16]

교회에 한번이라도 가 본 이들은 한국기독교는 남성중심, 가부장적인 종교공동체임을 쉽게 알게 된다.[17] 1920년대부터 여성안수문제가 대두되었지만 최근에 이르러서야 여성도 목사가 되고 장로가 될 수 있게 되었다. 오랫동안 이 '여성해방'의 본고장인 교회가 '남자들만의 리―그'였던 것이다. 남자만이 목사와 장로가 되었고, 그래서 노회나 총회에는 이 남자들만이 총대(대의원)로 참여하여 모든 것을 결정하였다.[18] 이러한 현상에 대해서 한국교

---

15 윗글, 118~124쪽에 기댐. 이와 함께 나의 영문저서, *Protestantism and Politics in Korea*, 120~124쪽과 나의 발표문 Chung-shin Park, "The Protestant Church as a Political Training Ground in Modern Korea," 2004 Symposium of the Luce Foundation Korean Christianity Program: The Impact of Christianity on Korean Culture, UCLA, May 7, 2004도 볼 것.

16 한국기독교의 성장에 대한 사회적 인식을 보기 위해서는 나의 영문저서, *Protestantism and Politics in Korea*, 첫째 마당을 읽을 것.

17 여성신학의 시각으로 가부장적인 한국기독교를 읽은 최만자, 『여성의 삶, 그리고 신학』(서울: 대한기독교서회, 2005)을 볼 것.

회협의회 양성평등위원회가 주최한 <기독여성포럼>에서 여성신학자 구미정은 다음과 같이 고발한다.

> "기독교가 제도화의 과정을 밟으면서 유교적 가부장주의를 받아들여 보수 이데올로기로 변질되었다……. 이와 함께 기형적 가족주의가 한국기독교에 만연되었으며, 교회에서 여성은 희생과 봉사를 강요당한다."[19]

그렇다. 구미정이 지적하듯이, 교회의 주된 행사인 예배에서 여성에게는 설교와 대표기도는 물론 재정을 비롯한 교회의 주요문제를 다루는 당회나 제직회를 주재하는 역할을 맡기지 않는다. "여 성도는 단지 교인의 식사를 준비하고 설거지와 청소를 하며, 한복을 차려입고 손님을 맞이하는 봉사만 할 뿐이다."[20] 설교나 대표기도 그리고 당회나 제직회 주재는 남자목사나 남자장로의 몫이다. 한 두 교단을 제외하고는 여성안수를 허용하여 여자목사나 여자 장로가 나왔다. 그러나 담임목사는 언제나 남자고 여자 목사는 보조 역할을 한다.[21]

우리가 '여성 대통령'을 이야기 하면서 한국기독교의 모습을 보는 것은 앞서 이야기 했듯이 우리사회에서 여성을 보는 눈이 어떠한가를 보기 위함이다. 전통시대 유교 사회질서에서 소외되고 차별받은 여성에게 교육의 기회를 열고 남녀평등을 처음으로 외치며 여성의 지위를 향상시키는데 선구적 역할을 해온 기독교의 오늘의 모습이 이처럼 남성 중심적이다. 이 종교 공동체 안에서 여성은 지금도 보조적인 역할을 하고 보조적인 자리에 앉아

---

18 윗글, 317~318쪽.
19 "교회안의 남녀평등 아직 멀었다" <뉴스앤조이>, 2007년 4월 말 기사. 이 포럼은 2007년 4월 26일 "양성평등 교회문화 만들기"라는 주제로 기독교회관에서 열렸다.
20 윗글을 읽을 것.
21 여자 담임목사가 있으나 이는 남성중심의 교회에서 초빙한 경우는 거의 없고 대부분 여자 목사들이 개척한 경우다. 한국기독교 최대 교단인 대한예수교장로회 합동파는 아직 여성안수를 허용하지 않고 있다.

있다. 아직도 우리사회는 여성 리더십에 친화적이지 않다. 한국교회의 모습이 이를 밝히 보여주고 있는 것이다.

최근 <중앙일보>에 흥미 있는 기획기사가 실렸다. 이른바 우리사회의 세 가지 정치 통설에 관한 것이다.[22] 그 가운데 하나가 "여성은 여성 안찍는다"는 속설이다.[23] 이 속설은 "여성은 여성을 찍지 않는다", "여성은 남편과 동일하게 투표 한다"는 남성중심사회에서 여성들의 남성중심 정치행태를 말하는 속설이다. 그렇다. 우리사회는 아직 남성 중심적이고, 남성 리더십에 익숙해 있어 여성조차도 남성에게 기대고 여성조차도 남성 리더십을 원하고 있다. 이 기사는 그러나 올해 대선에서는 이 "속설"이 "안 통할 수 있다"고 말한다. 그것은 바로 우리가 주장하고 있는 진보적이거나 전향적인 우리 지식인들의 '몰역사적 바람'이다. "여성은 여성 안찍는다"는 속설이 "안 통할 수 있다"는 것은 "통할 수 있다"는 것을 역설적으로 말해 주고 있는 것이다. 여성의 비여성적 남성 중심적 정치(투표)행태를 넘어서고 싶은 '바람'을 담은 해석이지 오늘의 여성이 '비여성적 남성 중심적 정치(투표) 행태'를 이미 넘어서 있다는 주장이 아니기 때문이다.[24]

그래서 우리는 올해 '여성 대통령'이 나와 양성평등의 사회로 한발 더 나가고, 긴 세월 비주류인 여성이 우리사회에 주류로 남성과 함께 하는 사회 발전을 누구보다 바라고 있다. 다만 '여성 대통령 담론'에서 지나칠 수 있는, 그러나 중요한, 우리사회가 남성중심주의라는 역사사회구조, 그러니까 '비 진보적' 역사사회구조를 되새길 필요가 있다는 것을 우리는 말하고 싶은 것이다.

---

22 중앙일보. SBS. 한국리서치 공동 표심 추적이라는 기획기사는 "2007년 대선 '3대 속설' 안통할 수 있다"의 제목으로 나왔다. <중앙일보> 2007년 5월 3일.

23 다른 두 '속설'은 "386은 진보다"와 "수도권은 나눠먹기다"이다.

24 단순히 여성이라고 여성을 선택하지 않을 터이다. 여성들도 후보들의 비전, 정책 따위를 판단하여 투표를 행사할 것이다.

4. 꼬리글

'여성 대통령 담론'을 넘어서

그렇다. 올해 대통령선거에서는 '여성 대통령'이 나올 수 있다. 어느 대선 때와는 전혀 다른 상황이 벌어지고 있기 때문이다. '한나라당 대세론'이 나오고, 한나라당의 유력후보 가운데 여성 정치인 박근혜가 있다. 최초의 여성 총리 한명숙이 후보로 나설 채비를 하는가 하면 최초의 여성 법무부장관 강금실이 후보로 거론되기도 한다. '여성 대통령'이 나올 듯하다.

이러한 우리의 바람에는 여성주의와 민족주의 냄새도 난다. 오래전에 이미 영국도 마가렛 대처를 수상으로 만들었고, 최근에는 독일을 비롯한 여러 곳에서 여성이 국가 최고지도자의 자리에 올라섰다. 미국에서는 힐러리 클린턴이 대통령 자리를 넘보고 있다. 아니 인도에서도 파키스탄에서도, 그리고 필리핀에서도 여성 총리가 나왔고 여성 대통령이 나오지 않았는가. 우리도, 세계 11대 경제 강국인 대한민국도, 교육열이 누구보다도 더 높은 우리 한국 사람들도 여성 대통령을 만들 수 있고 또한 나와야 한다는 여성주의나 민족주의에 터한 바람이 있다. 그 바람이 실현될 수 있다. 우리시대의 화두가 '꿈은 이루어진다'가 아닌가.

그럼에도 불구하고 우리의 '여성 대통령 담론'에는 우리사회의 진보적 지식인들과 진보적 여성운동가들의 몰역사적 바람이 담겨있다. 그 '바람'이 실현되기 위해서는 그 '바람'의 바람이 태풍처럼 일어나 남성중심주의 문화의 높고 단단한 벽을 허물거나 그 벽을 넘어서야 한다. 구한말부터 이를 위한 몸부림이 우리역사에 무용담처럼 기록되어 있지만, 아직도 유교적 전통에 뿌리를 둔 남성중심의 문화라는 우리의 냉엄한 역사사회구조를 여성 친화적인 사회구조로 바꾸지 못했고, 그래서 아직 여성 친화적인 정치문화를 만들어내지 못했다. 그러기에 '여성 대통령'이 나온다 하더라도 그것은 중요한 '하나의 역사적 사건(a significant historical event)'이지 남성중심주의 문화나 여성 친화적인 사회구조의 탄생을 뜻하지 않을 것이라는 것이 우리의 주장이다.

그래서 우리는 '여성 대통령'이라는 화두보다도, 아니 이 담론을 넘어 국가와 민족의 미래를 위한 의제를 설정하고, 그 의제를 이루어가는 정책과 리더십 논의로 나가자고 주장한다. 여성이기 때문에 대통령이 안 된다는 봉건적 생각은 버려야 하지만, 여성이기 때문에 대통령이 되어야 한다는 논리는 '여성의 지위향상'과 '남녀평등'을 위해서라는 도덕적 당위성 외에는 별로 설득력을 지니지 못하고 있다. 역사적 전환기에 들어선 우리사회에 나타난 이념적, 경제적, 교육적 그리고 문화적 '양극화 문제' 재편의 움직임이 보이는 동북아시아에서 우리나라(대한민국)와 우리겨레(남북의 사람들)가 어떤 자리에 있어야 하는지, 전지구적 관심인 지구온난화현상과 환경문제 따위에 대한 여러 후보들의 문제의식, 비전, 정책을 쪼개어 따지는 마당이 필요하다.

그런데 우리의 이른바 '유력후보들'이 이런 문제의식이나 비전을 가지고 있는가. 한쪽에서는 탈당, 당 해체, 당 사수로 갈리어 싸우고, 다른 한쪽에서는 '경선 룰'을 가지고 서로 삿대질이다. 그래서 2007년 대통령선거를 맞는 우리는 우울하다.

참고문헌

『朝鮮日報』, 『중앙일보』 등 일간지.

『新東亞』 등 월간지.

<오마이뉴스>, <뉴스앤조이> 등 인터넷 신문.

박정신, 『한국기독교 읽기』(서울: 다락방), 2004.

_____, 『한국기독교사 인식』(서울: 혜안), 2004.

_____, 『근대한국과 기독교』(서울: 민영사), 1997.

최만자, 『여성의 삶, 그리고 신학』(서울: 대한기독교서회), 2005.

Park, Chung-shin, *Protestantism and Politics in Korea*, Seattle and London: University of
　　　Washington Press, 2003.

_____, "The Protestant Church as a Political Training Ground in Modern Korea," 2004
　　　Symposium of the Luce Foundation Korea Christianity Program: The Impact of
　　　Christianity on Korean Culture, May 7, 2004. Recently, this article is published in
　　　International Journal of Korean History vol. 11(December, 2007), pp.1~15.

Chapter 8

사회사에 기대 읽어 본
우리 사회 인문학자들의 비인문학스런 모습[*]

1. 머리글

우리 사회 '인문학 위기 담론', 그 흐름의 뿌리

2006년 9월에 고려대학교 인문대학에 몸담고 있는 교수들이 무리지어 학장을 앞세우고 엄숙한 표정을 지으며 '인문학 위기'라는 성명을 발표하고, 뒤이어 국가기관인 <학술진흥재단>이 지원하고 기획한 '인문주간'이 이화여대에서 거행되었는데 이 행사에 전국 각 대학의 인문대학장들이 모여 '인문학 위기선언'을 하였다(박정신, 『경향신문』: 박정신, 『新東亞』).[1]

---

[*] 이 글은 2007년 6월 16일 숙명여자대학교에서 "지식과 그 너머 : 인문사회과학에 대한 회고와 전망"이라는 주제로 열린 <『현상과인식』 창간 30주년 기념 학술대회>에서 발표한 것을 수정한 것임.

이들의 주장과 '인문학 위기 담론'을 둘러싼 이야기는 이렇다. 세계화인지 국제화인지 정체 모호한 태풍이 불어 닥쳐 우리 사회가 '경쟁'의 깃발을 내세우고 효율과 효능을 잣대로 삼아 '구조조정'을 한다면서 야단이다. 이 바람이 대학에도 불어 닥쳐 다른 순수 기초학문과 더불어 '인문학'이 퇴출 위기에 놓이게 되었다는 것이다. 다시 말하면, 우리 사회에서 휘몰아치고 있는 신자유주의의 개방과 경쟁의 거센 바람에 휩쓸려 우리의 대학들도 '실용', '효율' 그리고 '효능'이라는 경제적 잣대에 따라 대학 경영을 하고 학부제니, 학과 통폐합이니, 교과 개편이니 하며 이른바 '대학개혁'을 서두르고 있다. 바로 이 물결의 소용돌이에서 인문학을 비롯한 기초학문 분야를 경시하거나 또는 외면하는 현상이 나타나게 되었다. 달리 말하면, 대학에서 영어와 컴퓨터와 같은 실용 과목은 인기 있어 늘어나고 문학, 역사 그리고 철학과 같은 순수 인문학 분야의 과목은 폐강되어 줄어들게 되었다(『오마이뉴스』, 2007년 5월 1일자).[2] 그래서 인문학을 비롯한 순수학문이 대학에서 죽어 가고 있다는 것이다. 대학에 몸담고 있는 인문학자들이 참다못해 대학 울타리 밖으로 뛰쳐나가 대학에서 죽어 가는 순수 기초학문과 인문학을 살려 달라고 호소하게 된 것이다.

우리 사회에서 인문학이 위기라며 인문학자들이 무리지어 이야기한 것은 이번이 처음이 아니다. 가깝게는 1996년 전국의 인문대학 학장들이 제주도에 가 함께 호텔방에 유숙하면서 이른바 '제주선언'을 하였고, 뒤이어 1997년에는 전국 14개 대학 인문학 연구소가 공동으로 학술 심포지엄을 개최하여 인문학의 위기 탈출을 모색한다며 법석을 떤 적도 있다(홍성욱, 1997).[3] 거

---

1 이에 대해서는 여기에 언급한 나의 시론과 칼럼에 더하여 당시 여러 신문의 보도를 볼 것.
2 최근 서울의 한 대학에서 이른바 'CEO 총장'이라는 이가 이러한 흐름에 따라 북한학과를 폐지하겠다고 하여 교수와 학생들이 격렬하게 반대하는 시위를 벌이기도 했다.
3 이에 대하여 당시 여러 신문 보도를 볼 수 있을 것이지만, 나라 안에서 벌어지는 '인문학 위기' 논란을 애처롭게 바라다본 나라 밖의 한인 인문학자인 홍성욱의 관찰과 논의는 우리의 토의에 도움이 될 것이다. 그는 이 글에서 인문학이 실용의 콤플렉스에서 벗어날 것을 주문

의 10년을 주기로 위기를 이야기하며 이른바 '인문학 위기 담론'을 인문학자들이 확대하고 재생산하고 있는 것이다. 인문학자들이 무리지어 인문학의 위기를 이야기할 때 다른 한쪽에서는 '이공계 위기'를 외치고 있었다는 사실에 우리는 주목하고자 한다(『문화일보』, 2007년 7월 13일).[4] 그들이 인문학자이든 공학도이든 또는 과학자이든, 우리사회 지식인 모두가 자기가 몸담고 있는 분야의 위기를 말하고 있는 셈이다. 우리 지식인 사회의 오늘의 모습이다.

우리는 주기적으로 나타나는 이러한 지식인들의 자기 분야 위기, 특히 인문학자들의 '인문학 위기 담론'을 여러 시각과 여러 수준에서 논의할 수 있을 것이지만, 이 글에서는 이 '위기 담론'이 대학교수와 같은 이른바 '강단 지식인', 특히 '강단 인문학자들'에 의해서 제기되고 확대, 재생산되고 있다는 점, 그리고 이들의 위기 탈출 방안의 주된 내용이 정부(권력)에 기대고, 그리고 경제주의에 터해 있다는 점에 주목하고자 한다.

우리 지식인들, 특히 우리의 인문학자들이 인문학자다운 자기 성찰과 인문학자스런 위기 탈출을 모색하는 것이 아니라 정부라는 권력에 손 벌리며 돈으로 위기를 벗어나고자 하는 비인문학스런 모습과 행보를 보여 주고 있다. 바로 여기에 우리 사회의 인문학자들을 비롯한 지식인 일반에 드리운 '한계'를 보게 된다. 권력에 기대고 경제주의에 터한 오늘의 우리 지식인, 오늘의 우리 인문학자들에게서 전통시대 우리 지식인의 모습을 보게 된다. 오늘의 우리 지식인, 오늘의 우리 인문학자들에게서 경제주의 때문에 인문학이 위기라며 소리 질러 대면서 역설적이게도 바로 그 경제주의에 기대어

하고 있다.
4 흥미로운 것은 인문학자들이 인문학의 위기를 이야기할 때 이공계 학자들도 이공계 기피현상이니 이공계 위기라며 무리지어 정부(권력)에 하소연하는 행태도 주기적으로 나타나고 있음을 우리는 주목하고자 한다. 인문학자들의 행태를 논의하면서 우리 사회 지식인들의 모습을 일반화하려는 이 글의 논지를 뒷받침하는 좋은 보기이기 때문이다.

위기를 탈출하고자 하는 모순과 위선, 그래서 비인문학스런 모습을 보게 된다는 말이다(『한겨레』, 2007년 6월 1일 ; 『한국일보』, 같은 날 보도).[5]

그래서 이 글은 권력과 엉킨 전통시대 우리 지식인, 우리 지식인 사회를 살피고, 경제주의에 함몰된 오늘의 인문학자들의 비인문학스런 모습을 담아 내고자 한다. 권력에 기대고 경제주의에 노예된 우리의 지식인, 우리의 인문학자들의 자리와 그들의 주장을 넘어 새로운 지식인 사회, 새로운 인문학자의 모습을 그리고 또한 기리면서 말이다. 그렇기에 이 글은 '자기 성찰'의 마음가짐에 터하고 있다(박영신, 2007).[6]

2. 전통시대 우리 지식인, 우리 지식인 사회

역사는 갈등과 긴장의 마당이다. 오랜 인류의 역사를 읽어도 그러하고 우리의 역사를 보아도 그러하다. 이러한 갈등과 긴장의 역사에는 항상 지식인이 등장한다. '힘이 있는 이들'과 '힘이 없는 이들' 사이에서 어떤 지식인들은 '힘이 있는 이들'과 적은 수이지만 어떤 지식인들은 '힘이 없는 이들'과 짝하여 갈등과 긴장의 역사 한가운데 서게 된다. 힘이 있는 편에 선 지식인들은 지배 이데올로기를 만들고 이 이데올로기에 터해 사회를 재구성하는 역할을 하게 된다. 힘이 없는 이들 편에 선 지식인들은 이른바 반체제의 이데올로기를 만들고 이 이데올로기에 터해 기존 사회에 저항하고 항거하는

---

5 이른바 1996년 '제주선언'에서도 "정부는 인문학 연구와 교육에 대해 정책적 배려와 지원을 다해야 한다"고 했고, 2006년 '인문학 위기선언'에서도 정부가 재원을 확충하여 인문학의 위기를 극복해 달라고 했다. 그래서인가. 정부는 10년간 4천억 원을 내서 위기의 인문학을 구하겠다고 나섰다. 권력과 돈으로 인문학을 살릴 수 있을까. 경제주의에 빠진 몇몇 인문학자들의 주머니 사정을 일시적으로 해결할 따름이 아닌가. 나의 생각이다.

6 정말 우연이다. 같은 학술행사에서 기조발제를 한 사회학자 박영신도 우리 지식인, 지식사회의 자기 성찰을 촉구하고 있다. 그래서 나의 글을 고치고 다듬으면서 그의 글이 큰 도움이 되었다.

운동을 부추긴다(박영신, 2007).[7]

불교 지식인들과 권력이 깊게 물리어 있던 고려시대 말에는 유학 지식인들이 비판적 담론을 만들고 기존 고려시대 말 권력을 잡은 최영을 정점으로 한 이른바 '구세력'에 불만을 품은 '신군부세력'과 손을 잡고 반체제혁명을 단행하였다. 이것이 바로 1392년 이성계와 신진 유학 지식인들이 합세하여 고려왕조를 무너뜨리고 조선왕조를 창건한 역사이다. 신진 유학 지식인들이 불교 지식인과 짝한 고려의 구세력을 밀어내고 권력의 중심부에 들어서게 되었다. 자연히 그들의 '학문'인 유학(성리학)이 새 왕조의 통치 이념이 되었다. 이 유학에 터하여 사회의 모든 것이 개혁이라는 이름으로 재편성되었다. 마티나 도이힐러는 이를 "유교화(Confucianization)"라고 부른다(Deuchler, 1984). 이 유교화의 내용을 밝히 보여 주고 있는 것이 과거제도이다.

이 과거제도를 조선사회가 관료제 사회였음을 증거하는 보기로 흔히들 내세운다. 이를테면, 귀족사회인 고려왕조를 붕괴시키고 새 왕조를 창건한 이들은 고려의 귀족사회, 다시 말하면, 세습적인 권력구조의 폐단을 막기 위해 새 왕조의 관리를 시험을 통해 뽑겠다고 채택한 것이 바로 과거제도라는 말이다. 그러니까 시험을 통해서 관리를 뽑고, 이들이 통치한 조선사회는 관료제 사회라는 것이 우리 학계의 오랜 주장이다(Ki-baik Lee, 1984 : 9장). 그러나 도이힐러나 던칸과 같은 바깥 역사학자들은 이에 동의하지 않는다(Deuchler, 1984 ; Duncan, 2000).[8]

이들에 의하면, 중국에서는 세습적인 귀족세력에게 권력이 집중되는 것을 막고 보다 넓은 사회계층에게 관리로 진출할 수 있는 기회를 확대하기 위하여 과거제도가 실시되었다. 그러나 조선에서는 왕조 창건 세력도 고려

---

7 사회이론가 박영신의 말을 빌리면 '체제 지식'과 '삶의 지식'이 될 터이다(박영신, 윗글).
8 던칸은 고려왕조의 멸망과 조선왕조의 창건을 연구했는데, 그는 고려말 정치사회와 조선초 정치사회와는 별다른 차이가 없고 옛 고려의 권력구조 따위가 과거제도가 실시된 조선 초기 사회에도 그대로 지속되고 있었다고 주장한다.

의 귀족들이었고, 이들이 고려를 전복하고 조선왕조를 창건한 후에 자신들이 가진 귀족적 특권과 권위를 합리화하고 강화하기 위해 과거제도를 채택하였다(Deuchler 윗글 ; Duncan 2000 ; 정두희, 2002 : 292).[9] 그 시행을 보아도 그렇다. 이론적으로 과거제도는 모두에게 열려 있지만, 실제에 있어서는 그 시험을 치르고 합격하여 관직에 오르는 것이 모두에게 열려 있었던 것은 아니었다. 이를테면, 과거시험의 주된 내용이 유학(성리학)이었으므로 시험을 치기 위해서는 유학교육이 필수적이었고, 합격하기 위해서는 오랜 기간 유학교육을 받아야 했다. 자연히 부유한 집안의 아들은 경제적 부담 없이 오랜 기간 유학교육을 받을 수 있었고 가난한 농민 집안의 아들은 생계 때문에 이러한 기회를 가질 수가 없었다. 그러니까 일반적으로 말해서 관직에 오르는 이들은 거의 모두가 이른바 부유한 양반집안의 사람들이었다.[10] 권력과 부, 그리고 교육(명예)이 소수의 집안에 집중되는 현상을 낳게 되었다. 과거시험이라는 것도 '그들만을 위한 리그'였던 것이다.

우리가 관심을 가지는 것은 바로 이러한 사회에서는 '학문하기'란 관직에 오르기 위한(권력의 자리에 오르기 위한) 방편이나 수단이 되었다는 사실이다. 조선시대 유학 지식인은 관직(권력의 자리)에 오르기 위해 학문을 하였기 때문에 조선시대 학문은 권력과 밀착되어 있었다. 결국 조선의 유학 지식인들은 권력화하여 권력에 기대거나 권력에 예속되었다. 학문과 권력이 떼려야 뗄 수 없는 관계에 있게 되었다. 학문이 권력에 기대고 권력이 학문에 기댄다. 그렇기 때문에 이 '그들만의 리그'에서는 그들끼리의 권력투쟁이 있게 마련이고, 그들끼리의 학문적 논쟁이 있을 뿐이다. 그들의 권력투쟁은 그들이 가진 학문 사이의 투쟁이 된다. 권력을 가진 소수의 유학 지식인들의 학

---

9 도이힐러와 던칸의 윗글, 여러 곳을 볼 것. 또한 도이힐러의 위 연구서에 대한 정두희의 서평 논문도 읽을 것(정두희, 2002 : 283~300쪽).
10 우리가 익히 알고 있듯이 여자들에게는 아예 과거시험을 치르고 관직에 오르는 길이 차단되었다.

문이 권력의 이데올로기가 되었다. 그들의 학문이 정학(正學)이 되고 권력을 가지지 못한 이들의 학문은 사학(邪學)이 되었다. 이처럼 정학과 사학이 권력과의 관계에서 규정되었던 것이다. 이러한 사회에서 지식인들은 권력지향적이 된다.[11]

여기에서 유교 교조주의가 나온다. 권력의 자리에 앉은 유학 지식인들의 생각이나 학문이 정학이 되어 교조화되고, 권력을 가지지 못한 이들의 생각이나 학문은 이단이나 사학으로 정죄된다. 생각이 조금만 달라도 한치의 양보도 없다. 권력과 이어져 있기 때문이다. 교조화한 유학 지식인들은 같은 유학 지식인이라 하더라도 다른 학파나 정파에 속한 이들을 정치적으로 처단하고 사약을 내리기도 하였다.

17세기 '예송논쟁(禮訟論爭)'이 바로 그 좋은 보기이다.[12] 우리가 익히 알고 있듯이, 예송논쟁은 현종과 숙종 대에 걸쳐 효종과 효종비에 대한 조대비(인조의 계비)의 복상기간(服喪期間)을 둘러싸고 일어난 서인에 속한 유학 지식인들과 남인에 속한 유학 지식인들 사이에 일어난 논쟁으로 시작되었다. 왕실의 단순한 전례문제(典禮問題)로 보이지만 이는 율곡학파와 퇴계학파에 속한 유학 지식인들의 학문적 대결, 서인(후에는 노론과 소론으로 나누어짐)과 동인(후에는 남인과 북인으로 나누어짐) 사이의 권력투쟁으로 이어져 서로가 사설이니 이단이니 하며 사약을 주고받았던 사건이다.

이 논쟁은 교조화된 유학 지식인들, 권력화된 유학 지식인들이 권력을 놓고 한판 벌인 학문적 논쟁이자 권력투쟁이었다. 권력에 기댄 이들 유학 지식인들의 논쟁은 권력과 엉키어 서로 증오하고 서로 제거하여야 하는 대상이 되어 죽고 죽임을 당하였다. 조선 지식인 사회의 모습을 이 예송논쟁이

---

11 조선시대에는 권력에서 밀려난 유학 지식인들, 그리고 아예 권력에 오를 가능성을 보지 못하는 지식인들은 은둔하여 그들 나름의 '학문하기'를 하기도 했다.
12 이러한 나의 생각은 인문학, 특히 역사학과 대중과의 소통에 앞서고 있는 이덕일의 글에 크게 기대고 있다. 이덕일(1997, 2000 그리고 2004) 등 그의 여러 글을 볼 것.

우리에게 밝히 보여 주고 있다(이덕일, 2000 : 4부).[13] 교조화되고 권력화된 조선 유학 지식인 사회에서 나온 이러한 어두운 지식인의 모습을 정약용과 그들 집안의 역사에서도 읽을 수 있다. 정약용과 그의 형제들은 단지 권력의 자리에 있는 유학 지식인들과 조금 다른 생각을 한다는 이유만으로 저주받고 비참하게 죽어 갔다(이덕일, 2004).

우리가 여기에서 주목하는 것은 우리 전통시대 유학 지식인들의 '학문하기'가 권력의 자리에 오르기 위한 것이었고, 그들이 권력에 올라 그들이 가진 생각과 학문이 권력의 이데올로기가 되어 정학으로 다른 생각이나 학문을 하는 이들을 이단이니 사학이니 하며 권력으로 탄압하고 제거하려했다는 점이다. 그래서 유학 지식인들은 권력과 떼려야 뗄 수 없는 이들이 되었다. 그들의 학문은 권력을 보호하고 권력은 그들의 학문을 보호하는 '공생적 관계(a symbiotic realtionship)'가 우리의 전통 유학 지식인들과 권력 사이에 이루어져 고착되었던 것이다(박정신, 1983 : 89~102). 한마디로, 그리고 일반적으로 말해, 조선시대 유학 지식인들은 권력을 위한, 권력에 기댄, 권력과 이어진 '학문하기'를 하였다. 권력, 그 너머의 세계에 그다지 관심을 가지지 않은 지식인들의 모습, 권력의 울타리 안에 갇힌 지식인들의 모습에서 우리는 전통시대 유학 지식인들의 '한계'를 읽는 것이다.[14] 바로 오늘의 우리 지식인들의 모습과 행보에서 조선시대 유학 지식인들의 이러한 권력과의 엉킴의 모습과 행보가 업보인 듯 어둡게 드리워져 있음을 본다.[15]

이를테면, 최근 전국 대학의 인문학자들이 무리지어 '인문학의 위기'를

---

13 이덕일은 송시열을 중심한 교조화된 유교 지식인들이 연출한 무서운 예송논쟁의 역사를 현장감 있게 그려 내고 있다.
14 나는 조선시대 모든 유학 지식인들이 권력을 위한, 권력에 기댄 지식집단이라고 주장하지 않는다. 항상 예외가 없는 역사 현상은 없기 때문이다.
15 이 글의 주제와는 직접적으로 이어져 있지 않지만, 전통시대 유교 교조주의적 학문 풍토가 오늘의 우리 지식인 사회나 학문 풍토에 드리워진 어두운 그림자를 신학자 박형룡의 학문하기에서 읽은 나의 글도 볼 것(박정신, 2007).

선언하면서 그 위기 돌파책으로 '정부'(권력)에 기댄 행보, 정부의 지원을 요청한 것이 그 좋은 보기이다. 그리고 정부도 우리 사회의 여론 주도층인 이 지식인들의 요구를 받아들여 올해 370억 원을 비롯하여, 2016년까지 향후 10년간 4천억 원을 인문학 육성을 위해 투자한다고 응답하였다(『한국일보』, 2007년 5월 18일). 조선시대 유학 지식인들처럼 오늘의 인문학에 종사하는 지식인들이 권력에 기대어 문제를 풀고 있는 모습이다. 학문이 권력에 기대고, 학문이 권력의 울타리 안에서 권력의 시혜를 받는 자리에 들어서 있는 바로 이 모습에서, 그들이 앞세운 명분이 무엇이든, 우리는 권력과 학문의 엉킴, 권력에 기댄 우리 지식인 사회, 인문학자들의 비인문학스런 모습을 읽는다.[16]

3. 오늘의 우리 지식인, 우리 지식인 사회

오늘의 우리 사회에는 국제화다 신자유주의다 하는 깃발이 여기저기에 휘날리고 있다. 정보통신기술의 발달과 지속적 통상 확대로 온 지구가 하나의 '촌'을 이루게 되고, 이 하나된 지구촌에서 끊임없는 경쟁의 한마당이 펼쳐지고, 여기에서 살아남기 위해서는 경쟁하여야 하고, 이 경쟁을 위해 옛것 모두를 바꾸어야 한다고 난리다. 그래서 기업도 정부도 실용, 효율 그리고 효능의 잣대에 맞추어 구조조정한다. 대학도 변화니 구조조정이니 하며 함께 따라 춤춘다. 오늘 우리 사회에서 일어나는 변화나 구조조정의 바람, 그 밑

---

16 이 글이 처음 발표된 <『현상과인식』 창간 30주년 기념 학술대회>에서 토론시간에 우수한 인문학 후속세대를 인문학으로 유인하기 위해 정부의 지원을 요청하는 그 외의 대안이 없지 않은가 하는 질문이 있었다. 이들이 말하는 '우수학생'이란 수능시험 수치를 염두에 두고 하는 말인지, 인문학적 소양을 지닌 학생을 뜻하는 것인지 거기에 참여한 이들조차 수치, 경제주의, 권력에 기댄 위기 탈출을 당연시하는 느낌이었다. 돈으로 학생을 유인한다는 사고 또한 비인문학스럽다.

바탕을 들여다보면 사회학자 박영신이 오래 전부터 이야기해 온 이른바 '경제주의'가 거기에도 침투하여 도사리고 있다(박영신, 2006 : 107~128).[17]

그에 의하면, 해방 후 우리 현대사, 특히 박정희의 군사 쿠데타 이후 우리 사회는 오로지 경제성장에 매달려 있었다. 새마을운동의 노래 '잘살아 보세!'가 상징적으로 말해 주는 것처럼 지배 엘리트도 피지배 세력도 한 덩어리가 되어 모두가 경제에 몰입된 경제제일주의 '종교'의 열렬한 신도가 되었다. 그래서 '새벽종'이 울릴 때 모두 일어나 밤 10시 '사랑의 종'이 칠 때까지 모두가 잘살아 보자는 종교에 홀리어 있었다. "경제성장을 내세워 물질적 풍요를 약속하는 구원의 설법에 사천만 동포가 '자발적으로' 합의하였던 그 합의 바탕이 넓고 깊게 다져져 있었다. …… 경제성장이 종교"가 되었던 것이다(윗글 : 112). 그래서 이 '경제성장'이라는 종교는 정치, 사회, 문화 모든 영역에 침투해 이들 영역 자체를 경제성장에 기여해야 할 영역으로 격화시켰다. 여기에 머물지 않고 이들 영역이 "경제적 원리에 의해 작동하게끔 강한 위력을 행사"하는 데까지 나아갔다(윗글 : 113~114). '기생관광'이라는 것도 이를 "통해 벌어들이는 외화가 경제발전에 기여하는 역할의 중요성"이 강조되고 외화벌이 매춘 행위가 "애국 행위"라는 주장도 나오게 되었다. 당시 문교부 장관도 이 매춘 행위를 "몸을 바치고 밤낮으로 분투하는 애국 충정"이라고 말할 정도였다(윗글 : 115). 모든 것을 경제적 계산을 하고, 경제적 성장의 잣대로 이해하는 이른바 경제주의가 우리 사회에 깊게 뿌리내리고 가지쳐 뻗어 나간 것이다.

그렇다. 오늘의 우리 사회에서 세계화니 신자유주의니 하며 경제적 잣대로 모든 것을 재단하고 구조조정하는 현상은 분명 오늘에 나타난 이야기가

---

17 박영신은 '경제주의'라는 개념을 1970년대에 우리 학계에 내어 놓고 그에 기대어 줄기차게 우리 사회 여러 현상들을 성찰적으로 분석해 오고 있다. 이 글은 1970년대에 나온 것이지만 최근에 다른 글들과 엮어 낸 것이다.

아니다. 박정희 군사 쿠데타와 더불어 나타난 경제주의라는 '신흥종교'의 가르침에 우리 공동체 구성원 모두가 열광하고, 그 경제주의라는 종교는 이제 이 사회 한가운데 우뚝 서게 되었으며, 그래서 이 종교의 가르침은 공동체 구성원 모두의 의식 깊숙이 자리하게 되었다. 단순히 세계화니 신자유주의니 하는 세계사적 물결을 타고 밖에서만 침투한 것이 아니다.

어찌되었건, 세계화니 신자유주의니 하는 바람이 몰아치고 있는 우리 사회에 다시 이 경제주의라는 종교가 위세를 발휘하고 있다. 정부도 기업도 다 이 경제주의 잣대로 구조조정하고 정책을 세우고, 대학도 이 경제주의에 기대어 실용이니 효율이니 하며 구조조정하고 교과목을 조정한다. 우리의 모든 삶을 이 경제주의에 가두어 둔다. 아니 우리의 학문 그 안에도 이 경제주의가 음흉하게 도사리고 있다.

이를테면, 우리 학계의 '근대화 논의' 구체적으로 말하면 일제 강점기에 우리 사회는 근대화의 길을 걸었는가 아니면 수탈을 위한 근대화였는가 하는 논쟁이 그 좋은 보기이다. 식민시대 근대화론자들은 일제 강점기에 얼마나 많은 공장이 들어섰고, 얼마나 많은 학교가 문을 열었으며, 경제 크기가 어떠했는지, 문자해독 인구가 얼마나 늘어났는지를 따진다. 그리고 난 다음 식민시대에 경제가 발전하고 성장했다며 식민시대 근대화론을 외친다. 다른 한편에서는 이러한 공장이나 학교는 수탈이나 지배를 목적으로 한 것이라고 하면서 일제가 없었더라도 이러한 공장이나 학교가 들어설 수가 있었다고 외친다. 우리의 '근대화 담론'에서 의식의 자존, 독립적인 인간교육, 자유나 인권의 신장 따위와 같은 삶의 근대화는 논의에서 빠지고 오직 경제적 수치를 들추어 근대화 논의 자체를 경제에만 한정시킨다. 우리 속에 도사리고 있는 경제주의가 학문의 영역에까지 침투한 증거이다. 이처럼 우리의 학문 자체가 경제주의에 함몰되어 있다(정태헌, 2007).[18]

---

18 <낙성대연구소> 무리와 <교과서포럼> 무리들이 우리 역사를 새롭게 쓴다고 '운동'을 하

그렇다. 그야말로 경제주의라는 제국주의가 우리 사회 모든 영역, 심지어는 대안의 삶을 이야기하고 대안의 가치를 가르쳐야 하는 종교 공동체에도 침투하였다. 경제주의 담론을 우리 학계에 앞서 논의한 박영신의 글을 따와 보자.

> 경제주의 추세를 교회가 철저히 반영하고, 차라리 그 원리를 후원하고
> 있었다. 교회마다 물질적 풍요와 여유를 찾기에 급급하고, 기독교의 부
> 흥과 영향력을 교회(인) 수와 헌금액 등에 비추어 판단하는 등, 모든 것
> 을 물량적으로 측정하였으며, 교회 회원의 가정은 물질적 축복을 비는
> 신앙(?)으로 넘치게 되었다. …… 목회자의 설교 내용, 예배처소의 치장,
> 각가지 의례의 개발 의도, 직분자의 태도 등등에서 교회의 물질 지향성
> 을 단숨에 확인할 수 있(……)다(박영신, 2006 : 115~116).

경제주의가 이처럼 종교 공동체에도 침투하여 식민화시켰으니 지식계급의 텃밭인 우리의 대학은 오죽하겠는가.[19] 경제주의가 대학사회에 침투하여 다른 모든 것을 이에 예속시키고 있다. 경제주의에 함몰된 지식인 공동체인 우리 대학의 총장이라는 자리도 돈을 모아 오는 자리가 되었고, 대학을 평가할 때도 수치놀음이고 교수평가도 논문의 내용이나 질보다 그 수의 많고 적음으로 한다. 바로 이 수치놀음, 바로 이 효율과 실용에 터한 경제주의 때문에 인문학이 죽게 되었다고 인문학자들이 아우성이다. 그들의 학문영역이 사회에서 외면당하고, 그들이 가르칠 과목이 대학에서 없어지고 있다고 말이다. 그래서 전국의 인문대학장들이 앞서고 인문학자들이 뒤에서 무

고 있다. 그들이 내어 놓은 여러 글들을 읽을 수 있겠으나 식민지 근대화론을 종합적으로 그리고 성찰적으로 다루고 있는 정태헌의 최근 글이 학계의 주목을 받고 있다. 이러한 시각은 물론 나의 것이다.

19 이와 이어지는 것으로 한국교회 성직자들의 계급화에 대한 나의 글도 읽을 것(Chung-shin Park, 2003).

리지어 이 경제주의라는 제국주의에 식민화 지경에 이른 '인문학을 살려 달라'고 엄숙한 얼굴을 하고 외치게 된 것이다.[20]

그런데 이들, 경제주의 때문에 인문학이 죽게 되었다고 소리치는 바로 이 인문학자들의 "정부는 인문학 연구와 교육에 대해 정책적 배려와 지원"을 다해 달라는 선언에서 놀랍게도 우리는 우리의 지식인들, 특히 우리 인문학자들이 바로 그 경제주의에 함몰되어 있음을 본다. 경제주의적으로 '인문학의 위기'를 바라다보고 경제주의적으로 이를 해결하고자 몸부림치고 있는 것이다.[21] 경제주의를 비판하면서 바로 그 경제주의에 함몰된 이들에게서 오늘의 우리 지식인들의 자화상을 본다.

그래, 고백해 보자. 우리 대학사회에 몸담고 있는 이들 스스로 고백해 보자. 국제적인 학술지나 어디어디에 등재된 논문을 쓰면 대학당국이 차등을 두어 장려금을 지급하는 제도와 관행이 우리 대학사회에 유행처럼 번졌다. 학문을 위한 글쓰기가 장려금을 받기 위한 글쓰기로 전락한 것이 아닌지 자괴감을 갖는 대학 지식인들이 한둘이 아니다. 그래서 한동안 화제의 인물이었던 로버트 로플린 한국과학기술원 총장이 대학교수들을 "잿밥에만 눈먼" 사람들로 치부한 적도 있다(『서울신문』, 2005년 2월 17일).[22] 그는 자신이 본 우리 대학 교수들이 "연구 내용"보다 "정부 보조금 계약 크기"에 관심을 가지고 "중요하지 않은 연구임을 알면서도 정부 보조금 획득을 위해 착수" 한다고 했다(윗글). 박영신도 "탐욕의 지식"에 노예된 우리의 지식인들은 "바깥 지원을 받지 않으면 …… 아무리 절박한 것이라 하더라도 연구주제로 삼지 않는다"고 분노한 적이 있다(박영신, 2007 : 4). 그들은 학문으로서 학문하기가 아니라 보조금 때문에 학문을 하고 있다는 말이다. 어디어디에 등재

---

20 이에 대한 나의 생각은 최근 내가 쓴 신문과 잡지의 여러 글들을 볼 것.
21 이는 1996년의 <제주선언>에서 따왔는데, 앞에서 언급한 홍성욱의 윗글, 첫 부분에서 다시 따온 것이다.
22 그가 2005년 2월 17일 열린우리당 정치아카데미에서 한 강연에 대한 보도에 터했다.

된 논문을 들고 장려금을 받기 위해 나이 어린 대학원생 조교를 괴롭히거나 대학 행정당국을 찾아다니는 교수들의 모습은 이제 어느 대학에서만 볼 수 있는 희귀한 장면이 아니라 모든 대학에서 쉽게 볼 수 있는 오늘의 우리 대학 지식인의 모습이요 오늘의 우리 대학 풍속도이다. 우리 대학이, 우리 대학 지식인들이, 아니 우리 인문학자들이 이처럼 경제주의에 노예되었고, 바로 그 경제주의에 학문을, 인문학을 예속시키고 있는 것이다.[23]

오늘의 우리 대학 지식인들, 우리 인문학자들이 경제주의 현실에 순응하고 예속되어 자기 성찰이 없는 지식계급으로 전락하고 말았다.[24] 그래서 지식인들, 우리의 인문학자들이 인문학적 상상력을 상실하고 도덕적 자기 성찰이 없다. 자연히 경제주의라는 제국주의의 지배를 벗어나려는 돌파의식도 의지도 없다. 우리는 이러한 모습에서 인문학의 위기라며 자기들의 영역이나 지키고 자기들의 이해를 좇고 있다는 생각을 지울 수가 없다. 우리 지식인 사회의 무기력을 여실히 보여 주고 있는 셈이다.

얼마나 창조적이냐의 잣대보다 우리 지식인 사회의 무기력을 얼마나 일깨우고 이를 얼마나 돌파하려고 하느냐의 잣대로 볼 때, 우리 지식인 사회에서 김용옥의 행보를 긍정적으로 읽을 수가 있다. 정부나 대학이라는 권력에 기대지 않고 도올은 상상력과 역동성을 잃고 권력에 기대어 생존하려는 무기력과 자괴의 늪에 깊이 빠진 우리 지식인 사회에 돌을 던지고 있다. 바로 이 도올의 '돌 던짐'에서 돌파의 인문학자, 역동적 지식인 모습을 우리는 읽을 수 있기 때문이다. 비록 그가 한곳에 머물러 한 주제를 깊이 천착하지 않고 끊임없이 이곳저곳으로 떠돌면서 김삿갓 같은 방랑의 학문하기를 하지만 말이다(박정신, 2007).[25] 오죽하면 우리가 도올을 이야기하겠는가.

---

23 나는 지식인들, 인문학자들은 가난하게 살아야 한다고 주장하지 않는다. 우리 지식인들이, 우리 인문학자들이 경제주의에 노예되었음을 말하고 있는 것이다.
24 물론 자기 성찰을 주장하는 인문학자들도 있다. 보기로 김형찬과 윤태동이 쓴 신문 칼럼이나 시론을 볼 것.

그만큼 우리의 지식인들은 경제주의라는 늪에 깊이 빠져 상상의 나래를 펴고 힘차게 날 수 없는 지경이 되었다는 말이다.

최근 4천억 원을 10년 동안 인문학에 투자한다는 정부의 발표를 접하고 얼마나 우리 인문학계가 흥분했는가. 기대감으로 말이다(『한국일보』, 2007년 5월 18일 ; 『한겨레』, 같은 날 보도). 우리의 지식인들, 특히 우리의 인문학자들이 얼마나 경제주의의 늪에 깊이 빠져 있고, 그 경제주의의 늪에서 탈출하려는 그 허우적거림도 경제주의적이라 씁쓸하다. 주기적으로 '위기'라고 권력에 손 벌리고 지원금을 받았지만 아직도 우리는 주기적으로 나오는 그 '위기'라는 외침을 듣고 있는 것이다.

4. 꼬리글
권력과 경제주의의 굴레, 그 너머

전통시대 우리의 유학 지식인들은 권력과 공생의 관계를 맺고 있었다. 이들은 권력을 위한 학문하기, 권력에 기댄 학문하기, 권력의 울타리 안에서 학문하기를 하였다. 거꾸로 말하면, 이들의 학문이란 권력의 울타리 안에서, 그리고 권력에 의해서 보호받고 육성되었다. 권력과 떼려야 뗄 수 없는 것이 이들의 학문이요 학문하기였다.

최근 우리 사회에서 일고 있는 인문학 위기 담론을 읽으면서 오늘의 우리 지식인들, 특히 인문학자들도 권력에 기대어, 권력의 보호를 받고자 하는 모습을 본다. 학문적 그리고 도덕적 자기 성찰을 통해 위기를 탈출하려

---

25 시, 소설, 영화나 연극, 그리고 불교, 유교, 기독교를 넘나들면서 우리 사회에 끊임없이 지적 논쟁을 일삼는 그를 나는 우리 시대의 지적 방랑객 김삿갓으로 부른 적이 있다. 2007년 4월 24일 첫 번째 <숭실인문학포럼>에서 행한 주제강연, "우리는 왜 도올을 이야기하는가"에서 말이다.

는 모습보다는 정부(권력)에 기대어 위기를 탈출하고자 한다. 알렉산더 대왕이라는 권력에 기대어 학문을 명분으로 삼아, 제자들의 학문 환경을 위한다는 명분을 내세워 얼마든지 지원금을 받을 수도 있었던 가난한 인문학자 디오게네스의 모습을 오늘의 우리 지식인들, 우리 인문학자들에게서 볼 수가 없다. 그에게는 권력이 내리는 지원보다 홀로 명상하며 인문학자들만이 즐기는 상상의 나래를 펴 새 세상을 그리고 또한 기리는 것이 더 중요했기 때문이다.

이에 더하여 오늘의 우리 사회가 깊이 빠져 있는 경제주의에 우리의 지식인들, 특히 우리의 인문학자들도 깊이 빠져 허우적거리고 있는 모습을 본다. 그 경제주의가 우리 인문학자들의 비판의 대상이고 극복의 대상일 터인데도 말이다. 오히려 그 돌파의 대상인 경제주의에 기대어 위기를 탈출하고자 한다. 우리 공동체 구성원 모두가 경제주의에 노예되었음을 앞서 증거하듯이 말이다. 오늘의 우리 지식인들, 우리 인문학자들은 그 '노예되었음'조차 모르고 있다.

그래서 '인문학의 위기'라고 우리 사회가 주기적으로 외쳐 왔지만, 그래서 주기적으로 정부(권력)가 제도를 마련하고 재정적으로 지원해 왔지만, 오늘도 우리는 '인문학의 위기'라는 옛 노래를 낡은 축음기에 틀어 대고 있다. 우리의 지식인들, 우리의 인문학이 권력과 경제주의에 기대어 위기를 탈출하려고 했기 때문이다.

이제는 우리 사회의 지식인들, 특히 인문학에 몸담고 있는 이른바 인문학자들은 권력과 경제주의의 굴레를 벗어나려는 자기 성찰과 행동을 할 때다. 학문을 내세우며 학문을 볼모로 하여 알렉산더 대왕에게 지원을 요청하고픈 생각을 떨쳐 버려야 한다. 학문을 내세우며 학문을 볼모로 하여 권력에 기대고자 하는 의식에서, 그리고 경제로 모든 것을 해결하고자 하는 생각에서 벗어나야 한다. 오늘 우리가 아무리 학문하기가 힘들고 인문학 하기가 고달파도 지식인, 특히 인문학자가 지켜야 할 마지막 자존심까지 내팽개칠

수는 없는 것이다. 더 좋은 교육 환경과 더 나은 연구 환경을 위해, 아니 학문의, 인문학의 미래를 위한다며 권력에 손 벌리고 지원금을 애걸하지 말아야 한다. 권력과 돈에 기댄 학문 보호나 학문 육성은 학인들만이 아니라 학문 자체를 권력과 돈에 예속시킬 것이기 때문이다.

그래서 우리는 주장하는 것이다. 우리의 지식인, 특히 인문학자들은 에서가 오래 전 저질렀던 과오, 배고파 팥죽 한 그릇을 얻어먹고 '장자 됨'을 포기한 그 과오를 저지르지 말자고 말이다. 팥죽 한 그릇보다 '장자 됨'을 지키자는 말이다. 권력과 경제주의 굴레, 그 너머에 있는 미래의 우리 지식인 사회, 미래의 우리 인문학을 위해서 말이다. 그래서 고독하게 좁은 길을 한평생 걸어온 우리의 지식인 박영신의 외침이 우리의 귀에 들려온다.

> 삶의 지식을 이야기하는 사람은 당당하다. 스스로 들어선 그 길이 좁다는 것도 알고 그 길이 외롭다는 것도 알고 있다. 그러나 그에게는 어려움과 외로움을 견딜 수 있는 결의와 능력이 있다. 굳어진 것은 무엇이나 거부하고 주도하는 것은 무엇이나 논박하는 것을 자신의 사명으로 삼고, 불가능하게 보일지라도 체제의 지식 그 너머 또 다른 지식의 가능성에 대한 희망을 품고 살아간다. 그는 그렇게 생각하며 지식 행위를 멈추지 않는다. '삶의 지식', 거기에 모든 열정을 쏟는 지식의 사람은 이지러진 삶을 보고 모른 체 지나치지 못한다. 뭇 지식의 사람들이 지나쳐 버린다 해도 그만은 지나쳐 버릴 수 없다. 그러한 결의의 사람, '삶의 지식'에 헌신하도록 부름을 받은 사람이다(박영신 2007 : 10~11).

오늘날 이 땅의 지식인, 이 땅의 인문학자들이 귀담아들어야 할 광야의 외침이다.

참고문헌

『문화일보』, 2007년 6월 1일자.

『서울신문』, 2005년 2월 17일자.

『오마이뉴스』, 2007년 5월 1일자.

『한겨레』, 2007년 5월 18일자와 2007년 6월 1일자.

『한국일보』, 2007년 5월 18일자와 2007년 6월 1일자.

김형찬, 「인문학 부흥, 돈만으론 안 된다」, 『동아일보』, 2006년 12월 5일자 시론.

박영신, 「역사와 사회변동」(서울 : 민영사 / 한국사회학연구소), 1987.

_____, "경제주의와 종교적 삶", 박영신 / 정재영(엮음), 「현대 한국사회와 기독교」(서울 : 한들출판사), 2006.

_____, 「지배 지식, 그 너머의 지식 —'지식 행위'에 대한 자기 성찰」(「현상과인식」 30주년 기념 학술대회, 2007년 6월 16일, 숙명여자대학교 100주년기념관).

박정신, 「도쿠가와 시대의 유교와 산업화」, 『현상과인식』, 1983년 가을.

_____, 「非인문학적인 '인문학 위기선언'」, 『경향신문』, 2006년 9월 30일 시론.

_____, 「우리 지성사의 시각에서 본 박형룡」, 『한국개혁신학』 21, 2007년 4월.

_____, 「인문학 위기? 인문학 교수들의 '밥벌이 위기'일 뿐」, 『新東亞』, 2006년 11월 호

_____, 「우리는 왜 도올을 이야기하는가」, 첫 번째 <숭실인문학포럼> 주제강연, 2007년 4월 28일, 숭실대학교.

윤태동, 「인문학 위기와 자기 성찰」, 『경향신문』, 2007년 6월 1일자 시론.

이덕일, 「당쟁으로 보는 조선역사」(서울: 석필), 1997.

_____, 「송시열과 그들의 나라」(서울: 김영사), 2000.

_____, 「정약용과 그의 형제들」 1, 2권(서울: 김영사), 2004.

정두희, "M. 도이힐러, 「한국의 유교화 과정 : 사회와 이념에 관한 일 연구」", 「해외한국학평론」, 3, 2002년 12월.

정태헌, 「한국의 식민지적 근대성찰」(서울: 선인), 2007.

홍성욱, 「실용성 콤플렉스 벗어나야 인문학이 산다」, 『新東亞』, 1997년 4월호

Deuchler, Martina, *The Confucian Transformation of Korea : A Study of Society and Ideology* (Cambridge, Mass. : Harvard University Press, 1984).

Duncan, John, *The Origins of the Choson Dynasty* (Seattle and London : University of Washington Press, 2000).

Gouldner, Alvin, *The Future of Intellectuals and the Rise of the New Class* (New York : Seabury Press, 1979).

Lee, Ki-baik, *A New History of Korea* (Edward W. Wagner and Edward J. Shultz, trans.)(Seoul : Ilchokak, 1984).

Park, Chung-shin, *Protestantism and Politics in Korea* (Seattle and London : University of Washington Press, 2003).

Chapter 9

기독교와 한국 역사[*]

그 만남, 물림 그리고 엇물림의 꼴과 결을 찾아서

1. 머리글

나와 한국역사, 그리고 나와 기독교의 만남

필자는 1949년 경상북도 산골마을, 문경에서 가난한 목사의 아들로 태어 났다. 바로 이 한 글귀가 나와 우리 역사, 그리고 나와 기독교의 '운명적 만 남', 그 꼴과 결을 이야기해주고 있다.

그러니까 해방된 지 4년이 채 안 되는 때, 분단 된지 얼마 되지 않아 태 어난 나는 한살 때 6·25 전쟁을 맞게 되어 초등학생 누나의 등에 업혀 피 난을 가야했다. 우리 민족사에 '빛과 그림자'가 드리워졌던 시대에 이 땅에

---

[*] 이 글은 『한국사시민강좌』 제36집(2005년)에 게재되어 있음을 밝혀둔다.

태어난 나는 운명적으로 우리 역사와 만나게 된 것이다. 그래서 나의 어린 시절은 일제강점기 말, 해방공간, 분단과 6·25 전쟁 그리고 전후 복구의 역사와 이어져 있다. 할아버지와 그의 친구들, 그리고 어버이와 그들의 세대로부터 일제의 전쟁동원과 신사참배강요의 체험, 해방공간의 그들의 모습, 분단과 6·25 전쟁기의 생존의 이야기를 들으며 울분하고 또 슬퍼하면서 나는 성장하였다.

그러나 우리 세대의 이야기는 여기에서 멈추지 않는다. 4·19 혁명이 일어나 '건국대통령' 이승만이 망명가는 모습을 보아야 했고, 5·16 군사 쿠데타, 3선 개헌, 10월 유신, 육영수와 박정희의 비극적 죽음, '서울의 봄'과 광주민주화운동, 또 다시 군사독재의 질곡, 김대중 정부의 등장과 6·15 남북정상의 극적 만남과 같은 이념적으로 정치적으로 우리 현대사에서 그야말로 '큰 사건들'을 겪으며 삶을 꾸리어야 했다. 우리 역사의 이러한 격랑을 지나면서 나는 역사학도가 되었고, 그렇기에 나는 이 시대를 산 다른 이들과 같은 마음으로 울분하고 또 울분하며 삶을 꾸리었고 우리의 역사를 읽기 시작하였다.

그럼에도 불구하고 이러한 우리 민족공동체의 격동기를 거치는 나의 삶은 대부분의 나의 세대들의 삶과는 다르다. 그것은 내가 한 산골마을의 가난한 목사의 아들로 태어났기 때문이다. 아버지의 기독교 세계관과 청빈의 삶에 대하여 어릴 때부터 때때로 저항하며 자랐지만, 나의 생각과 삶의 골격은 이러한 아버지의 생각과 삶에 터하여 세워지게 되었다. '주의 날'을 비롯하여 교회의 모든 모임과 행사에는 '목사의 아들'로 무조건 앞서 모범적으로 참여하여야 하는 어린 시절을 보냈다. '교회와 학교'가 내 모든 삶의 마당이었다. 그러니까 나의 어린 시절의 삶과 같은 또래의 삶 사이에는 엄청난 거리가 있었다. 기독교와 내가 만났기 때문이다.

나중에 들은 이야기지만, 나는 '기독교 덕'을 받고 자랐다. 목사 가족의 피난길에도 이승만 대통령의 배려인지 미군의 배려인지 모르지만, 우리 가족은 다른 지역에서 온 목회자 가족들과 함께 피난지에서 '특별한 대우'를 받았다. 기독교 목사의 엄청난 '힘'을 보며 자란 것이다. 초등학교 시절 줄 곧 반장을 했던 나는 3·1절이나 광복절 기념행사 때 맨 앞에 서서 아버지가 기념사 연사로 또는 만세삼창 인도자로 단상에 오른 것을 자주 보며 뿌듯한 마음을 지니며 성장하였다. 우리 산골마을에서 목사인 나의 아버지의 '두드러진 자리와 역할'을 보며 자란 것이다. 미국에서 오는 구호물자도 아버지 손을 거쳐 배급되었고, 미국 선교사들이 아버지를 방문하는 모습을 자주 보았다. 이장, 읍장, 군수, 국회의원이 아버지를 방문하여 무언가 의논하고 돌아가는 모습도 빈번히 보았다. 이 산골마을에서 목사인 나의 아버지는 '존경받는 유지'였다.

그래서 나는 목사가 되겠다고 기독교대학 사학과에 들어갔다. 바로 이것이 나의 어린시절의 삶의 꼴과 결이 된 '우리 역사'와 '기독교'의 만남과 물림에 대한 지적 관심을 가지게 되는, 그리고 내가 역사학의 길에 들어서는 계기가 되었다.

2. 기독교와 한국역사와의 만남과 물림의 꼴과 결을 찾아서

목사 수업 준비를 위해 들어간 숭실대학에서 나는 목사이자 역사학자인 김양선을 만나게 된다. 당시 그는 백락준과 더불어 기독교와 한국역사와의 만남과 물림에 대해 관심을 가진 출중한 역사학자였다. 작은 키에 웃음을 머금고 강의실에 들어서 카랑카랑한 음성으로 한국기독교사를 강의하는 모습도 인상적이었으나, 그의 강의가 내가 어린 시절부터 궁금해 오던 여러 '의문들'—어떻게 시골교회 목사인 나의 아버지가 존경을 받고 영향력을 가진 유지가 되었는가, 언제, 어떻게 기독교가 이 땅에 왔는가, 무엇 때문에 서양 종교인 기독교가 이 땅에서 사회적으로 큰 영향력을 가진 거대한 종교공동체가 되었는가와 같은 질문들-을 하나하나 풀어주었기 때문에 나는 그에게 홀딱 반하고 말았다. 이즈음 나는 김양선의 『韓國基督敎解放十年史』[1]와 백락준의 영문저서, *The History of Protestant Missions in Korea, 1832~1910*[2]를 읽게 된다.

한국기독교사를 함께, 그러나 경쟁적으로 개척한 이 두 역사학자와의 지적 만남은 참으로 보배로운 것이었다. 김양선은 숭실대와 평양신학에서 공부한, 그야말로 학문적으로 자수성가한 '토종 역사학자'였고, 백락준은 일찍이 미국으로가 예일대학의 세계적 교회사학자 라토레트(Kenneth S. Latourette)의 지도를 받으며 선진 역사학을 전수받았다. 김양선은 서북청년들이 만주에 가 그곳에서 스코틀랜드 선교사들을 만나 개종한 이들의 이야기에 주목하여 이른바 기독교의 '주체적 수용사관'을 제시하고, 백락준은 선교사들의 노력을 들쳐 내며 '선교사관'을 우리에게 전수하였다. 김양선을 '우리의 이야기들'을 많이 모아 소개했고, 백락준은 선교사들의 이야기를 자세히 소개하였다. 이 두 역사학자는 기독교와 우리 역사의 만남과 물림의 꼴과 결에 대한 이야기를 나에게 해 주었는데, 이때부터 나는 그들의 두 시각-주체적 수용론과 선교사관-을 아우르는 안목을 줄기차게 추구하게 된다.[3]

이즈음 나는 스스로 한 질문을 던지게 된다. 그 질문은 우리의 근·현대사의 굽이굽이마다 긍정적이든 부정적이든 기독교 공동체의 흔적이 뚜렷이

---

1 이 책은 1956년 대한예수교장로회 총회종교교육부에서 출간했는데 해방이후 기독교역사의 중요자료가 수록되어 있다.
2 백락준의 박사학위논문인 이 책은 평양 숭실대학(Union Christian College) 출판부가 1929년에 펴냈는데 1970년에 연세대학교 출판부가 다시 출판하였다.
3 이 두 역사학자는 나에게 국학, 특히 근, 현대 우리 역사연구에 한문, 일어를 비롯하여 영어가 얼마나 중요한지를 일깨워 주었다. 그때부터 이 두 역사학자는 강의실 안팎에서 요즈음 우리가 말하는 '국학의 국제화'의 토대를 세우고 있었다. 나는 최근에 이 두 역사학자가 한국기독교의 유입과정을 어떻게 인식하고 있는지를 정리한 적이 있다. 박정신, 「백낙준과 김양선의 한국기독교사 인식-이른바 '선교사관'과 '수용사관'의 꼴과 결」, 나의 논문집 『한국기독교사 인식』(서울: 도서출판 혜안, 2004), 51~73쪽에 실려 있음.

남아있는데도 왜 역사가들은 기독교 공동체의 역사연구에 관심을 기울이지 않는가이다. 우리의 근·현대사의 총체적인 인식을 위해서 한국기독교사를 연구하여야 하는데도 말이다. 이때부터 나는 어느 누구가, 어떤 자리에서, 어떤 생각을 가지고 보든지 기독교와 우리 근·현대사를 이어서 보지 않고는 우리 근·현대의 역사변동을 총체적으로 인식할 수도 설명할 수도 없다는 믿음을 가지었다. 긍정적이든 부정적이든 '기독교와 한국 역사' 이 둘은 우리의 역사에서 각별하게 만나 깊게 물리고 엇물리는 역사를 함께 연출하였기 때문이다. 그래서 이 둘의 만남, 물림 그리고 엇물림의 꼴과 결을 살피는 것이 나의 학문적 '업'이 된 것이다.[4]

이때의 우리 역사학계에는 실증사학이 풍미하고 있었다. 사료를 짜깁기하며 역사현상을 재구성하는 작업이다. 나는 이러한 실증사학의 중요성을 인정하면서도, 복잡한 역사현상을 설명하고 인식할 때 나름의 '인식의 틀'이나 '설명의 틀'을 목마르게 찾고 있었다. 이즈음 나는 미국 유학을 간 형님(지금은 연세대 사회학 명예교수인 박영신)으로부터 베버의 *The Protestant Ethic and the Spirit of Capitalism*을 받는다. 내 생일 선물로 부쳐준 것이다. 나는 사전을 들쳐가며 이 책을 꼼꼼하게 읽었다. 이때부터 나는 역사연구에 사회이론을 비롯한 인접학문이 얼마나 중요한지를 깨우치기 시작한다. 사회학 이론가인 형님의 글들, 지식사회학 서적들을 읽으며 인접학문의 담벼락을 혼자 넘나들기 시작하였다.

그러다가 나는 고려대 대학원에서 강만길과 만나게 된다. 당시 강만길은 30대 말의 열정적 역사학자였다. 남달리 우리 역사를 껴안는 가슴, 남다른 우리 역사 읽기가 돋보였던 역사학자였다. 거시적 안목과 논리 정연한 강의

---

4 나는 이러한 시각으로 기독교와 우리 역사와의 관계에 대해 개관한 적이 있다. 1996년 봄 연세대학교 국학연구원이 용재 백락준을 기리는 국제학술모임에서 발표한 것인데 이글, 「기독교와 한국 역사변동─그 만남, 물림 그리고 엇물림의 사회사」는 나의 논문집, 『한국기독교사 인식』(서울: 혜안, 2004), 125~179쪽에 실려 있다.

도 인상적이었지만, 무엇보다도 그의 지도로 석사학위논문 「윤치호연구」를 썼다는 것이 자랑스럽다. 우리 학계에서 처음으로 귀중한 사료인 『尹致昊日記』[5]를 토대로 논문을 썼는데 나는 지금도 이 논문을 자랑스럽게 생각한다.[6]

사료를 다루는 기술이나 나의 시각과 주장을 가다듬는 요령이 미숙하기 짝이 없지만, 당시 나의 지적 관심 가운데 하나인 격랑의 우리 근·현대사의 질곡을 지나면서 한 기독교 지성의 생각과 행동이 어떻게 변화되었는가, 또한 왜 그렇게 변하였는가 하는 것이었다. 이를테면 생각(신앙이나 사상)과 행위와의 관계에 대한 질문이었다. 이 논문을 쓸 때가 유신시대였는데 진보적 기독교인들은 사회, 정치행동을 적극적으로 펼치었고, 반대로 보수적 기독교인들은 '정교분리'를 내세우며 비정치적 정치행보를 하던 때이다. 이때부터 나는 한 지성의 생각과 행위 그리고 어떤 종교공동체의 사상(신학)과 행동과의 관계, 그 꼴과 결을 살피고 설명하는 역사 쓰기에 관심을 가지게 되었다.

사실 내가 「윤치호연구」를 쓴 것은 지도교수인 강만길과 미국유학을 마치고 귀국한 형님 박영신 때문이다. 기독교와 우리 역사와의 만남과 물림, 이 종교공동체의 사회, 정치행동에 대한 나의 학문적 관심에 대하여 강만길 교수는 너무 큰 주제를 가지고 거대한 담론을 생각하고 있는 것 같다며 나의 논문주제에 회의를 나타내었다. 그는 또한 기독교와 우리 역사의 만남과 물림을 내가 일방적으로 그리고 긍정적으로 보려는 의식이 강하다고 질타하기도 하였다. 작은 주제를 가지고 기독교와 우리 역사를 '상호교섭'의 시각으로 접근하는 훈련이 필요하다고 지도해 주셨다. 이 때 나의 형님은 귀

---

5 내가 석사학위논문을 쓸 때인 1970년대 중반에는 전 11권 가운데 5권만이 국사편찬위원회에서 간행하였다.
6 이 석사학위 논문은 『白山學報』 23호(1977), 341~388쪽에 「尹致昊研究」라는 제목으로 실리었는데, 이후 나온 나의 논문집, 『근대한국과 기독교』(민영사, 1997)에도 실려 있다.

중한 사료인 『윤치호일기』를 가지고 윤치호의 삶과 사상 그리고 그의 사회, 정치적 행동을 살필 것을 제안하였다. 이렇게 하는 것이 나의 오랜 질문인 기독교와 우리 역사와의 이음새를 살피고 당시 나의 지적 관심인 한 지성의 사상과 그의 사회, 정치행동과의 관계를 논의할 수 있는 주제를 갖게 된 것이다.

석사학위논문을 거의 완성했을 때 '국학의 국제화'라는 거창한 기치를 내세우고 나는 미국으로 떠났다.[7] 학문의 길에 들어설 때와 비슷한 마음, 설렘과 두려운 마음으로 미국으로 건너갔다. 오로지 내 삶의 꼴과 결이 된 나와 우리 역사와의 만남, 나와 기독교의 만남, 아니 나를 이음새로 기독교와 우리 역사와의 만남, 물림 그리고 엇물림의 꼴과 결을 밝혀내고 설명하는 것이 나의 '업'인 양 여기는 '사명감'에 넘쳐서 말이다.

3. 실증의 역사학에서 설명의 역사학으로

나는 미국 워싱턴대학교로 가 팔레(James B. Palais) 교수의 지도로 역사학 훈련을 받았다. 지금은 우리 사회에 널리 알려져 있지만 내가 미국으로 간 1970년대 말 당시에는 몇몇 학자만이 눈여겨 본 역사학자였다. 내가 워싱턴으로 팔레를 찾아간 것도 미국유학을 마치고 귀국한 형님 박영신의 팔레에 대한 극찬 때문이었다. 형님은 우리의 역사경험을 사회학이론의 틀로 인식하고, 그 인식에 터하여 사회이론을 재구성하려는, 다시 말해서 '우리다

---

7 이 대목에서 한마디 달아두어야겠다. 내가 미국으로 한국역사를 공부하러 간다고 하자 지도교수인 강만길과 형님을 제외하고는 다들 의아해 하였다. 한국사를 한국에서, 한국 역사학자의 지도로 훈련받지 않고 한국사를 미국에서, 미국 역사학자에게 훈련받기 위한 나의 결단을 모두가 어처구니가 없다는 반응을 보였다. 우리의 역사는 우리가 더 잘 안다는 '국수주의적 냄새'가 물신거리는 반응을 뒤로하고 나는 미국으로 갔다. '국학의 국제화'에 앞장서겠다는 거대한 깃발을 들고 말이다.

운 사회이론'을 찾겠다는 학문적 야심이 넘친 사회학자이다.[8] 팔레를 개인 적으로 만나지도 못한 형님은 팔레의 글들을 읽고 그는 단순한 '실증사학 자'가 아니고 인접학문을 넘나들면서, 그리고 다른 나라와 다른 지역의 역 사변동과 우리의 역사를 비교사적으로 견주어보려는, 내가 나아가고자 한 '설명의 역사학'을 하는 출중한 역사학자라고 내게 말해 주었다. 그렇기에 나는 다른 학교에는 아예 관심조차 두지 않고 워싱턴으로 간 것이다.

그러나 내가 만난 팔레는 '실망' 바로 그것이었다. 그가 한국의 대학교수 처럼 정장을 하지 않아서가 아니다. 나를 처음 만나던 날 헬멧을 쓰고 오토 바이를 타고 그의 키보다 적지 않은(?) 큼직한 여송연을 입에 물고 '갱처럼' 나타났다고 해서가 아니다. 그의 인상은 깐깐하고 냉소적이며, 그리고 차갑 고 무서웠기 때문이다. 우리에게 친숙한 그런 '지도교수'가 아니었다. 만나 자 마자 내가 무슨 논문을 쓰기 위해 이곳에 왔는가 묻는다. 기독교와 한국 역사와의 만남과 물림 그리고 엇물림에 대해서 쓰고 싶다고 나는 대답하였 다. 그는 차갑게, 그러나 훗날 나의 학문여정에 보배가 되는 한마디를 해 주었다. 내뱉듯이 말이다. 그의 과목(한국 근·현대사)은 학위과정 맨 마지막 에 듣고, 사회학, 경제학, 정치학, 인류학과 같은 인접과학의 과목을 성적에 구애받지 말고 들어라, 그리고 중국사, 일본사, 유럽사상사를 들으라고 조언 해 주었다. 비교사적 안목과 '설명의 역사학'의 기초를 다듬으라는 지도였 던 셈이다.

그래서 나는 그의 과목을 한동안 듣지 않았다. '역사학의 울타리' 안에서 만 헤엄치던 나는 인접과학의 담벼락을 넘어가 그들의 이론세계에서 서툰, 그러나 용감하게 헤엄쳐 보게 되었다. '한국사'라는 마당에서만 놀던 나는

---

8 나의 형님은 나의 삶과 학문에 누구보다도 큰 영향과 도움을 주었다. 미국에 있을 때 그가 쓴 거의 모든 책과 글들을 보내주었고, 논문을 쓸 때 필요하다면 언제나 자료를 구해 보내주 었다. 오늘날까지도 나의 글을 보면 칭찬과 격려를 아끼지 않는다. 그는 나에게 둘도 없는 스승이고 학문의 벗이자 내가 넘어보고자 하는 높은 배움의 산이다.

근대 유럽의 지성들의 세계로 여행을 가게 되었다. 지적 관심이 전혀 없었던 것은 아니나 나에게는 생소하고 당혹스러운 이웃 나돌아 다니기였고 확신이 서지 않아 불만과 불평으로 가득 찬 여행이었다. 그러나 이러한 학문적 나들이 몇 년이 되자 나는 베버, 마르크스, 니체와 같은 이론가와 사상가들의 기독교와 사회, 역사변동에 대한 이론과 비판을 이해 해 가기 시작하였다. 우리의 근·현대사와 일본과 중국의 근·현대사를 비교하는 습성도 가지게 되었다.[9]

이즈음 나는 '기독교와 우리 역사와의 만남, 물림 그리고 엇물림에 대한 다음과 같은 여러 질문을 할 수 있게 되었다. 서양선교사들이 한국보다 중국과 일본에 더 먼저 관심가지고 더 일찍, 더 많은 수의 선교사들이, 더 많은 선교자금을 가지고 갔으나 중국과 일본에서는 이른바 '기독교 운동'이 실패하였거나 미미하였는데 더 늦게, 더 적은 수의 선교사들이, 더 적은 선교자금을 가지고 온 한국에서는 왜, 무엇 때문에 '기독교 운동'이 비길 데 없이 성공하였는가 하는 질문을 하게 되었다. 도대체 이를 어떻게 설명하고 이러한 역사현상의 의미는 무엇인가. 구한말 유교사회에 기독교는 어떻게 뿌리내리기 시작하였는가. 기독교와 유교사회와의 만남은 '긴장(tension)'이었나 '용해(fusion)'이었나. 당시 기독교는 사회적으로 역동적인 작은 종교공동체였는데 이 기독교가 거대한 종교공동체가 된 오늘날에도 지속적으로 역동적으로 우리 사회에 기능하고 있는가. 그렇지 못하다면 왜 그렇게 되었는가. 이 종교공동체의 신학(또는 신학의 변화)때문인가. 이 종교공동체의 놀라운 성장과 이 종교공동체의 사회, 정치적 입장과 행동과의 관계는 무엇인가.

나는 이러한 사회사적 질문을 던지면서 워싱턴대학교 동양도서관 자료실에서 파묻혀 지냈다. 어두운 서가 구석 책상에 자리하여 시간 가는 줄 모르

---

9 이즈음 나는 니체의 기독교비판과 신채호의 기독교비판을 언제인가 한번 비교해 보자는 생각을 가지고 있었는데 아직까지 나에 대한 이 약속을 지키지 못하고 있다.

고 자료를 읽었다. 선교사들의 보고들, 편지들 그리고 그들이 남긴 책들과 에세이들을 꼼꼼히 읽고 메모해 나갔다. 선학 김양선을 비롯한 여러 역사학자들이 발굴한 '우리의 이야기들'에 대한 '우리의 기록들'도 꼼꼼히 챙기었다. 이때 워싱턴대학교 국제대학원 원장인 일본역사 대가인 파일(Kenneth B. Pyle)의 연구조교가 되었다. 일본에 가 선교사로 활동한 이의 후손답게 그는 그의 연구프로젝트를 돕기 보다는 나의 학위논문에 열중하라고 배려해 주었다. 내 학위논문이 미국 역사학계에 주목받는 논문이 될 것이라는 격려와 함께 말이다. 이때 나는 미국연방문부성의 National Resource Fellowship을 받게 되어 오로지 박사학위논문 집필에 몰두할 수 있었다.

지도교수 팔레와 상의하여 논문제목과 차례를 대략 결정하였다.[10] 두 가름으로 나누었는데 첫째 가름에서는 둘째 가름에서 구체적으로 논의될 기독교인들과 우리의 사회, 정치운동과의 관계에 대한 논의를 돕기 위한 이를테면 '설명의 틀' 또는 '인식의 틀'을 세우고자 했다. 첫째 가름 첫째 마당에서는 한국기독교의 성장, 그 역사와 사회사적 의미, 둘째 마당에서는 한국기독교 신학의 형성과 변화, 그리고 셋째 마당에서는 사회조직으로서 한국개신교를 다루기로 하였다. 둘째 가름, 그러니까 넷째 마당에서는 구한말, 일제시대 초기의 개신교 공동체와 초기 우리의 민족주의 운동과의 물림, 다섯째 마당에서는 일제시대 후반기 기독교와 우리 민족주의 운동과의 엇물림, 여섯째 마당에서는 해방공간 기독교와 남북정치세력과의 관계, 그리고 일곱째 마당에서는 분단 후 남한의 정치변동과 기독교공동체와의 관계를 다루기로 하였다.

문제가 없었던 것이 아니다. 100여 쪽에 이르는 머리글과 첫째 가름 첫째 마당을 마치고 원고를 지도교수인 팔레에게 넘기었다. 몇 달이 지나도

10 영문 차례를 보기 위해서는 Chung-shin Park, "Protestantism and Politics in Modern and Contemporary Korea," Ph.D. dissertation, University of Washington, 1987을 볼 것.

소식이 없다. 자신이 학위과정을 지도하고 자신이 지원하여 한국과 일본으로 가 연구를 마치고 돌아온 어떤 미국학생의 논문 첫째 마당을 읽고 '역사학자가 될 자격이 없다'고 내어쫓은 '사건'으로 유명한 팔레가 지도교수여서 겁이 나기도 하였다. 그러던 어느 날 팔레가 다 읽었노라고 전화가 왔다. 겁 반, 호기심 반으로 가득 찬 마음가지고 그의 연구실로 가 노란 마닐라 봉투에 든 내 논문을 받았다. 같은 건물 지하에 있던 내 연구실로 가 지도교수가 읽은 내 학위논문 첫 부분을 읽었다. 아니 읽어내려 갈 수가 없었다. 흐르는 낙담과 자괴의 눈물 때문이었다. 100여 쪽의 글에 그의 비판과 수정 따위가 90여 쪽에 이르는 것을 보고서 말이다.

내가 오래도록 이 주제와 씨름하며 자료 수집을 하여 자신 있게 쓴 나의 학위논문 첫 마당을 이 주제로 한 번도 연구하지 않은 팔레에게 이렇게 수모(?)를 당하고 역사학자가 되어야 하는가, 아니 될 수가 있는가 하고 회한에 잠겨 있었다. 그 순간 우리 학계에 널리 알려진 커밍스(Bruce Cumings)가 자그마한 내 연구실을 두드렸다.[11] 금요일 저녁이니 함께 저녁 먹으로 가고 한다. 불편한 심기로 그와 함께 한 식당에서 그는 나에게 이렇게 말한다. 점심을 팔레와 함께 먹었는데 우연히 나의 논문에 대하여 물었다 한다. 그에 의하면, 나의 논문이 완성되기만 하면 '문제작'이 될 것이라고 팔레가 말하였다고 한다. 불과 한 시간 사이에 나는 '지옥과 천당'을 넘나드는 듯한 경험을 하게 되었다. 만약 그가 팔레와의 '우연한 대화'를 '우연히' 나에게 전해주지 않았다면 내 학위논문, 그리고 이에 터한 나의 영문저서 *Protestantism and Politics in Korea*가 잉태되지 않았을 지도 모를 일이다. 커밍스와 나는 우리 역사를 보는 시각에 있어서 입장을 달리하지만 이 일 이후 나는 그에게 깊은 우정을 지니고 있다.[12]

---

11 *The Origins of the Korean War*의 출간으로 유명한 그는 당시 워싱턴대학교 국제대학원의 조교수로 부임한지 얼마 되지 않아 대학원생들과 절친하게 지냈다.

4. *Protestantism and Politics in Korea*[13]를 완성하기까지

박사학위논문을 끝내고 1987년 나는 작은 주립대학 Southern Oregon State University에서 동아시아 역사를 가르치기 시작하였다. 지도교수 팔레를 비롯하여 미국의 벗들[14]은 나의 학위논문의 출간을 독촉하고 수정작업을 격려해 주었다. 특히 이즈음 우연히 만난 유영익 교수도 만날 때마다 그리고 서신으로 나의 학위논문출판을 독려해 주었다.[15] 그러나 나의 교수자리는 불안한 계약직이었으며 가르치는 과목과 강의시간이 너무나 많았다. 미국학생들을 네 과목, 주 12시간을 가르쳐야 했다. 이즈음 내가 그토록 사랑하던 어머니를 잃게 되었다. 보완이나 수정을 할 시간도 마음 여유도 없었다. 이 작업은 1990년 내가 Oklahoma State University로 옮긴 후에야 시작되었다. 가르치는 과목 수도, 수업 시간도 줄었고 종신교수가 되는 길로 들어서 안정이 되었기 때문이다.

나는 이 오클라호마주립대학교에서 사랑받으며 안정된 연구생활을 하게 되었다. 열심히 가르쳐 '최우수 교수상'도 타보고 10년 재직 중 거의 매년 이런 저런 연구비를 받아 내 학위논문 수정작업을 끝낼 수가 있었다. 특히

---

12 다시 내 연구실로 돌아가 팔레가 쓴 내 논문에 대한 비판을 읽어보았다. 그는 자기의 글처럼 꼼꼼하게 철자, 문법, 어휘, 논리적 전개 따위를 문장마다, 문단마다 상세히 비판하고 대안을 제시해 주었다. 그날 밤 나는 그의 비판과 대안을 따라 내 학위논문 첫째 마당을 완성할 수가 있었다. 이렇게 훈련받은 그의 제자들이 훌륭한 역사학자로 미국의 한국학계를 주도하게 되었다는 것은 당연하다 할 것이다. 나도 그의 제자 가운데 하나라는 것을 항상 자랑으로 여기고 있다.

13 나의 박사학위논문에 터한 이 연구서는 2003년 University of Washington Press에서 출간되었다.

14 UCLA의 John Duncan, British Columbia의 Donald Baker, Harvard의 Cater Eckert, Indiana의 Michael Robinson 그리고 Trinity의 Donald Clark 등이 내 학위논문의 수정출판을 끊임없이 독촉하고 격려해준 잊을 수 없는 벗들이다.

15 유영익 교수와의 만남은 우연이지만 나의 국내외 학계활동에 자부심을 갖게 해 주었다. 나와 비슷하게 유영익도 미국에서 학위를 받고 종신교수를 지내다가 국내로 돌아와 존경받는 역사학자로 활동하고 있다. 만난 이후 그는 항상 격려하고 '내리사랑'을 해 주신다. 몇 년 전에 있었던 나의 출판기념모임에서는 과분한 격려를 해 주셨고 또 나의 '앞길'에 대한 깊은 염려도 해 주셨다. 오래도록 간직할 터이다.

1994년에는 미국의 인문사회과학자들이 한번쯤 타보기를 꿈꾸는 미국사회과학원(The Social Sciences Research Council and the American Council of Learned Societies)의 '특별연구비'를 받아 한 학기 강의를 하지 않고 집필에 집중할 수가 있었다. 그래서 나온 것이 *Protestantism and Politics in Korea*인데 이것은 기독교와 우리 역사와의 만남을 실증적으로 규명하는 수준에 머문 것이 아니다. 기독교와 우리 역사와의 만남, 물림 그리고 엇물림의 역사현상을 설명하면서 내가 오래 동안 번민하고 씨름한 '설명의 역사학'이 무엇인지, 어떻게 하는 것인지를 보이고자 한 나의 학문, 그렇다. 지금까지의 내 학문의 결정체, 바로 그것이다.

나는 이 글에서 서양제국주의의 물결을 타고 이 땅에 들어온 기독교를 부정적으로 보는 이른바 '좌파들'의 기독교 인식의 편협성을 거부하고 있다. 그리고 기독교가 이 땅에 들어와 신교육을 실시하고 자유니 권리니 평등이니 하는 사상을 전파하였다는 긍정적인 부분을 강조만 하는 또 한쪽의 편협성도 넘어서 기독교와 우리 역사와의 만남을 어떻게 설명할 것인가를 고민하였다. 이러한 '설명의 역사학'은 한 시대, 한 사건에 제한을 두는 미시적 시각으로서는 어렵다고 보고 기독교가 이 땅에 들어와 우리 역사와 뒤엉키게 된 전 기간을 내려다보는 거시적 안목이 필요하다고 인식하고 100년의 기독교 역사를 다루었다. 이렇게 하는 것은 이념의 좌우에서 기독교를 바라다보는 시각을 넘어설 수 있다는 믿음 때문이다.[16]

그래서 나는 종교사회학이나 지식사회학의 시각과 이론을 비판적으로 원용하기도 하였다. 이를테면, 어떠한 한 종교운동도 작은 종파운동(sectarian

---

16 나는 이념의 좌우, 어느 쪽에서 나오든지 이념의 틀에 노예 되어 역사현상을 제단 하는 것을 비역사적 또는 몰역사학적인 역사인식이라고 비판한 적이 있다. 나의 영문저서, 서론을 볼 것. 이와 이어지는 것이지만, 이른바 '실력양성론(자들)'에 대한 우리 학계의 인식도 마찬가지다. 이념의 잣대로 칭송하거나 학대하는 것은 바람직한 총체적 역사쓰기가 아니다. 이에 대한 나의 논의는 박정신, 「실력양성론—이념적 학대를 넘어서」, 『한국사 시민강좌』 25집(1999년 8월), 41~66쪽, 이글은 나의 논문집 『한국기독교사 인식』에도 실려 있다.

movement)으로 시작되는데, 기존 사회와 긴장하고 갈등을 겪어야 하는 초기에는 구성원들의 종교성과 응집력이 강하기 때문에 역동적인 공동체가 된다. 그러다가 이 작은 종파가 성장, 거대한 종교공동체로 등장하게 될 때는 이 종교공동체 안팎에 나타나기 시작하는 이해나 이권으로 구성원들의 종교성이나 응집력도 약화되어 거대한 종교공동체나 역동성을 상실하게 된다는 시각과 이론은 나에게 매우 매력적이었다. 특히 사회이론가 굴드너와 박영신의 '새 계급'에 대한 이론적 논의는 나에게 값진 것이었다. 1920년대에 들어서면 이 땅의 기독교는 역동성을 잃어가게 되는데 이를 이 종교공동체의 지도자들을 '새 계급'으로서 다룰 '설명의 틀'을 제공해 주고 있기 때문이다. 그래서 나의 이 논문집을 역사학을 넘어선 연구라고 영국의 한국학자 그레이슨이 평한 바 있다.[17] 그렇다고 나의 *Protestantism and Politics in Korea* 이 사회학이나 사회이론에 오로지 기대여 쓰인 것은 아니다. 기독교와 한국 역사 사이에 나타난 복잡한 역사현상을 인식하고 설명하려는 나에게 하나의 이론적 틀을 갖게 했을 뿐이다.

내가 이 논문집을 완성하기까지 어려웠던 또 하나의 문제는 신학을 다루어야 한다는 것이다. 기독교는 어느 종교공동체와 마찬가지로 같은 신앙 또는 신념체계를 지니는 이들의 종교공동체이기 때문에 이 종교공동체의 사회, 정치적 입장이나 행동을 살피려는 이 연구, 특히 이들의 '믿는바'와 이들의 사회행동의 관계를 설명하려는 이 연구는 한국기독교 신학의 논의는 피할 수 없는 주제이다. 특히 내가 이러한 주제에 관심을 가지게 된 당시의

---

17 2003년 봄에 있었던 나의 출판기념모임에서 James Huntley Grayson이 이렇게 평하였다. 나의 학문에 대한 이러한 시각은 이미 지적된 바 있다. 이를테면, 1989년 서강대에서 있었던 한국 역사학대회에서 나는 「1920년대 개신교지도층과 한국민족주의운동」이라는 논문을 발표한 바 있다. 그때 토론자로 나온 사회학자 정재식 교수(당시 연세대, 현재 보스턴대)는 나의 논문은 한국사를 연구하는 이들의 글에서 보기 드물게 베버, 뒤르켐, 코저, 마르크스의 이론을 두루 살펴 본 글이라고 높이 치켜세우기도 하였다. 이 논문은 『역사학보』134/135합집 1992년 9월), 143~163쪽에 실렸는데 나의 논문집 『근대한국과 기독교』에도 실려 있다.

우리 사회에서는 진보적 신학을 따르는 이들은 사회참여에 적극적이고 이른바 보수신학을 따르는 이들은 정교분리를 내세우며 비정치적이라는 또 하나의 정치적 '행동'을 하고 있었다. 그래서 신학의 다름에 따라 다른 사회행동을 한다는 것이 우리 학계에서만 아니라 서양학계에서도 일반적으로 받아들이고 있었다.

나는 이를 검정하지 않고 받아들일 수가 없었다. 진보적이라는 기독교인들 가운데도 '사회참여'를 하지 않는 이들이 많았고, 보수적이라는 기독교인들도 일제 초기와 말기에 3 · 1 운동이나 신사참배거부운동에 적극적으로 참여한 보기들을 수없이 보아왔기 때문이다. 그래서 '신학의 다름' 만으로는 한국기독교인들의 사회, 정치행동을 설명할 수가 없었다. 그래서 나는 한국기독교의 신학의 역사를 사회사적 시각으로 다시 정리하는 작업을 하였다. 지식사회학에서 말하는 '컨텍스트(context)'와 어떤 사상을 지닌 이들 (agents 또는 carriers)의 사회, 경제적 배경에 관심을 기우리면서 말이다. 여기에서 나는 같은 사상을 가졌더라도 다른 환경과 다른 사회, 경제적 배경을 지닌 이들은 서로 다른 행동을 할 수 있다는 설명의 유연성을 보게 된다. 같은 성경 구절이라도 부유한 백인이 읽을 때와 가난한 흑인이 읽을 때 느끼고 해석하는 것이 다를 수 있는 것처럼 말이다.[18]

첫째 가름에서 또 하나의 설명의 틀은 기독교를 단순히 신앙의 공동체로만 보지 않고 하나의 '사회조직'으로 인식하였다. 기독교의 지도자들과 구성원들의 사회, 정치적 배경이 이 종교공동체의 사회, 정치적 입장과 행동에 큰 영향을 끼친다는 것은 상식에 속하는 사회이론이다. 그래서 나는 한국기독교의 특성인 교파주의와 지역주의, 장로파 교회의 강세 현상과 구성

---

18 이러한 시각으로 나는 한국기독교의 신학과 정치행동을 살핀 글을 우리 학계에 발표한 적이 있다. 박정신, 「구한말, 일제초기의 기독교 신학과 정치 – 진보적 사회운동과 민족주의운동을 중심으로」, 『현상과 인식』, 17권 1호(1993년 봄), 103~125쪽. 이글은 나의 논문집, 『근대 한국과 기독교』에도 실려 있다.

원들의 생각, 사회, 경제적 배경을 살피게 되었다. 아무리 생각(신학)이 같아도 다른 교파나 다른 지역의 지도자들이 먼저 하거나 앞장서면 '함께 행동하지 않는 현상'도 상정할 수 있었고, 같은 생각을 가지고 같은 교파에 속하며 같은 지역의 기독교 지도자라 하더라도 자신과 자기가 목회하는 교회 구성원의 생각과 사회, 경제적 위치 때문에 '함께 행동하지 않는 현상'도 가정할 수 있기 때문이다. 이를테면, 어떤 진보적 목사가 사회, 정치적 행동을 하고 싶어도 그가 목회하는 교회의 구성원, 특히 장로와 같은 평신도 지도자들이 그의 정치적 행동을 탐탁하게 여기지 않거나 반대하면 쉽게 행동할 수 없는 현상을 쉽게 상정할 수 있었다. 목사를 비롯한 종교지도자들은 교회(더 정확히 말하면 신도들)로부터 생활비를 받는 '봉급쟁이들'이라는 사실을 많은 이들은 논의하지 않고 있었다.

첫째 가름에서 기독교와 우리 역사변동과의 관계를 설명하려는 나름대로의 '틀'을 마련한 후 둘째 가름에서 시대별로 기독교와 우리의 역사가 구체적으로 어떻게 어우러져 있었고, 왜 그렇게 되었는지를 실증적으로 서술하고 사회사적으로 '설명'하고자 하였다. 구한말, 일제초기의 기독교와 민족주의 운동과의 물림에 대한 논의를 하였다. 유교사회에 뿌리내리기 시작한 기독교는 작으나 역동적인 개혁공동체로 자리 잡았다. 그것은 기독교의 전투적 근본주의 신학과 가르침만이 아니라 구성원들의 사회, 경제적 배경이 주류 유교사회와 '긴장'을 갖게 하였기 때문이다. 일제 초기에 기독교는 식민세력과 맞서는 공동체로 성장하였다. 집회, 결사, 언론의 자유와 같은 기본권을 빼앗긴 조선 사람들에게 유일하게 호용된 것은 종교단체나 활동이었다. 그래서 교회의 조직과 활동이 조선 민족주의자들에게 중요한 조직이었고 활동이었다.

그러나 1920년대부터 기독교는 사회, 정치적 활동에 거리를 두는 종교공동체가 되어가고 있었다. 그것은 기독교가 성장해감에 따라 이 종교공동체 안에는 많은 이권과 이해가 생겨나게 되었고 교회지도자들은 사회, 경제적으로 지위가 향상되었다. '종교계급'으로서 안정을 추구하게 되고 사회, 정치적으로 논쟁적인 활동과는 거리를 두게 되었다. 이런 현상은 해방 이후 남한에서 더욱 두드러지게 나타난다. 기독교는 목사와 사회 주류들(변호사, 의사, 교수와 같은 이들이 장로와 집사가 된다)이 운영하는 종교공동체가 된 것이다. 그러니까 교회와 사회 사이에는 '긴장'이 사라지게 되고 자연히 거대하나 역동성을 상실한 종교공동체가 되었다. 이것이 *Protestantism and Politics in Korea*의 주된 논지이다.

5. 꼬리글
'역사하기'에서 '역사쓰기'로

2000년, 오랫동안 밖에서 공부하고 그곳 학생들을 가르치다가 나는 한국으로 돌아왔다. '종신교수'라는 자리를 박차고 돌아온 것은 물론 나의 결정이지만, 늦게야 만난 벗, 차상철 교수의 권유도 한 몫 하였다.

돌아온 우리 역사학계는 아직도 실증사학이라는 울타리 안에 있다. 아직도 우리 역사학계는 인접학문과는 거리를 두면서 '우리끼리' 학문하고 있다. 지금도 우리 역사학계는 기독교가 마땅히 받아야할 자리를 주지 않고 있다. 아직도 우리 역사학계는 이념의 좌우편에서 '역사하기'에 몰두하고 있다. 그래서 나는 아직 할 일이 있는 것이다. 실증의 역사학과 더불어 설명의 역사학으로 나가야 한다고 계속 나는 외칠 것이다. 우리 역사의 총체적 인식을 위해 인접학문과 대화를 할 것이다. 우리 역사에서 기독교의 온당한 자리매김을 위해 계속 글을 쓸 것이다. 특히 우리 역사학계에 만연한 전염병인 '역사하기'에 맞서 '역사쓰기'를 해 나갈 것이다.

해방 이후, 특히 1970, 1980년대, 다시 말해서 권위주의시대와 군사독재시대를 지나면서 우리 사회는 '기존체제'에 대항하고, 그 체제를 지탱해 온 이른바 '기득권 집단'이라고 불리는 정치적, 지적 엘리트의 이념을 비판하고 그들의 계급성을 파헤치며 분노하면서 '새로운 사회'를 모색하는 작업을 투쟁적으로 수행해 왔고 지금도 그렇게 하고 있다. 이 격정, 분노, 투쟁 그리고 대안모색의 과정에서 기존 엘리트의 주장이나 행동을 색안경을 끼고 보았고, 지금도 그렇게 하고 있다. 이 비분강개의 시대에 역사학에 몸담은 이들은 우리 역사에 대해 자학적이고 또한 이념적이다. 기독교를 포함하는 종교공동체의 역사를 아예 무시하거나 이전의 우리 역사를 부정적으로만 보고자 한다. '실패한 역사'라고 생각하기 때문이다. 그래서 이들의 역사학은 '역사하기'다. 역사학을 '운동'으로서 하고 있다는 말이다. 기존의 체제, 기존의 엘리트, 기존의 사상, 그렇다. 기존의 모든 것을 거부하면서 '기존질서'에서 잊혀진, 무시당한 인물이나 사상, 사건이나 운동을 복원하는 일을 '운동'으로 해왔다. 이념적으로, 정치적으로 비분강개하는 이들이 역사학자가 되어 '학문적 운동꾼들'이 된 것이다.[19]

미국 역사학계에도 이와 비슷한 '학문적 운동꾼들'이 있었다. 1960년대, 그러니까 월남전을 반대하는 반전운동과 흑인민권운동이 대중운동으로 미국을 휩쓸었다. '미국의 실패'를 가져온 기존질서와 기존 엘리트를 비판하고 '새로운 질서'를 갈망하고 있었다.[20] 이러한 분위기에서 자라고 교육받은 역사학자들은 기존의 지적, 정치적 엘리트를 곱살스레 보지 않고 노동자, 소수민족, 여성 그리고 "자기들의 생각을 똑똑히 밝히지 못하는 이들(the inarticulate)", 이를테면 "민중(the mass of ordinary people)"에게 관심을 돌리었다.

---

19 최근에 우리 학계에는 이러한 비분강개의 역사학자들의 '역사하기'에 반기를 든 다른 한쪽의 '역사하기'나 나타났다. '자학의 역사하기'를 비판하는 이들은 또 다른 시각의 '역사하기'에 나선 것이다. 나는 이들의 '역사하기'에도 생각을 함께 하지 않는다. 역사학자는 '역사하기'가 아니라 '역사쓰기'를 업으로 하기 때문이다.

20 미국 역사학계, 특히 사회사, 지성사와 문화사학계의 흐름을 살피기 위해서는 다음 두 짧은 글을 볼 것. Alice Kessler-Harris, *Social History*, Washington, D.C.: *American Historical Association*, 1990 과 Thomas Bender, *Intellectual and Cultural History*, Washington. D.C.: *American Historical Association*, 1977.

이들은 "밑에서 보는 역사(history from the bottom up)", 우리말로 하면 민중을 위한, 민중에 의한, 민중의 '역사하기'에 나섰다.[21] 이 비분강개 세대의 역사학자들이 몰고 온 이러한 학문적 관심과 시각변화는 "댐을 터뜨려 학문의 전 영역으로 홍수를 방면하게 한 하나의 지진"이 되었다.[22] 이들의 '역사하기'는 미국의 역사학계, 나아가서 미국의 모든 인문·사회과학계에 새 시대의 문을 열어주었다.

그러나 1980년대에 들어서면서부터 이들의 업적들이 특수한 시대의 산물, 다시 말해서 반전운동과 민권운동시대에 나타난 기존질서에 대한 회의, 거부, 저항의 지적 몸부림이었다는 것이다. 이 '학문적 운동꾼들'조차도 그들의 학문적 경직성과 편협성, 이를테면, 시대가 갖는 열정과 흥분이 스며든 비학문적 시각과 주장이 역사를 총체적으로 인식하는데 걸림돌이 될 수도 있다고 인정하게 되었다. 이들 스스로 그들의 편협한 시각을 교정하기 시작한 것이다. 이들에게 충격을 받은 기존 역사학계도 관심분야를 확대해 나가고 있다. 짧게 말하면, 서로의 시각과 주장을 열린 가슴으로 종합하면서 빠르게 역사를 다시 쓰고 있는 것이다. 역사학의 변증적 발전, 변증적 역사학 진보는 여기에서 나온다.

'역사하기'는 과정으로서 필요하지만 역사학이 지향하는 것은 '역사쓰기'이다. 역사학은 운동이 아니라 서술이며 설명이다. 역사학은 이념의 운동이 아니라 여러 이념적 시각에서 나온 주장들을 종합하며 서술하고 그리고 설명하는 것이다. 그래서 나는 여러 이념의 스펙트럼을 거쳐 나온 주장들을 종합하고 서술하고 설명하는 '역사쓰기'를 계속할 것이다. 물론 '기독교와 우리 역사'의 만남, 물림 그리고 엇물림의 꼴과 결을 말이다.

---

21 Bender, 윗글, 5~6쪽.
22 Kessler-Harris, 윗글, 1쪽.

참고문헌

박정신, 「백낙준과 김양선의 한국기독교사 인식—이른바 '선교사관'과 '수용사관'의 꼴과 결」, 『한국기독교사 인식』(서울: 혜안), 2004.

_____, 「기독교와 한국 역사변동—그 만남, 물림 그리고 엇물림의 사회사」, 『한국기독교사 인식』(서울: 혜안), 2004.

_____, 「실력양성론-이념적 학대를 넘어서」, 『한국사 시민강좌』 25집, 1999년 8월.

_____, 「1920년대 개신교지도층과 한국민족주의 운동」, 『역사학보』 134/135합집, 1992년 9월.

_____, 「구한말, 일제초기의 기독교 신학과 정치—진보적 사회운동과 민족주의운동을 중심으로」, 『현상과 인식』 17권 1호, 1993년 봄.

_____, 『한국기독교사 인식』(서울: 혜안), 2004.

_____, 「윤치호연구」, 『백산학보』 23호, 1977.

_____, 『근대한국과 기독교』(서울: 민영사), 1997.

Alice Kessler-Harris., Social History, Washington, D.C.: *American Historical Association*, 1990.

Park, Chung-shin., *Protestantism and Politics in Korea*, Seattle and London: University of Washington Press, 2003.

Thomas Bender., ntellectual and Cultural History, Washington. D.C.: *American Historical Association*, 1977.

우리의 인문학, 여기에 희망이 있다[*]

요즈음 우리 사회에서는 '변화'라는 말이 지배하고 있다. 정치, 경제, 사회, 교육 등 모든 분야에서 '변화'를 이야기하지 않으면 뒤쳐진 사람으로 취급당한다. 어느 시대나 어느 사회에서도 변화를 말하지만 요즘 우리 사회처럼 모두가 변화를 말하는 '변화의 시대'나 '변화의 사회'는 드물 것이다. '변화하지 않으면 죽는다'라는 말이 유행어가 되었다. 이러한 때는 모두가 위기감에 휩싸이게 된다. 기업도 변화라는 말과 함께 위기를 이야기 하고, 대학도 변화를 이야기하며 위기라고들 한다.

몇 년 전에는 '이공계 기피현상'을 이야기 하면서 이공계의 위기를 말하였다. 기초학문을 비롯한 여러 이공계 분야가 죽게 되었다며 이공계 지원책을 마련한다고 야단이었다. 이공계 대학원에 진학하는 학생들에게 장학금

---

[*] 이 글은 『신동아』 2006년 11월호에 게재되어 있음을 밝혀둔다.

을 준다고도 했다. 그런데 이공계 기피현상은 살아졌는가.

요즈음에는 '인문학의 위기'라고 야단들이다. 학술진흥재단이 '인문주간'을 한다며 행사를 벌리고, 모 대학 인문대 교수들이 집단적으로 위기를 선포하고, 급기야는 전국의 인문대 학장들이 모여 엄숙한 얼굴로 '인문학의 위기'를 선언하였다.

같은 인문학에 몸담고 있는 우리로서는 이들의 위기감을 모르는 바도 아니고, 그래서 멀리서나마 마음을 함께 해 보려고 하였다. 그러나 우리가 이들의 '집단적 위기 선언'에 함께 하지 못하고 자괴감을 갖게 되었다. 아니 이들에게 분노를 갖게 되었다. 성스럽기까지 한 인문학을 위한다며 비 인문학적 행보를 하였기 때문이다.

1. 누가 인문학의 위기를 말하는가

이들의 '인문학의 위기' 선언은 인문학의 위기 선언이 아니라 '인문학자들의 위기'를 내용으로 하는 것이었다. 오랜 인류역사와 함께 해 온 인문학은 위기를 모르고, 위기를 통해 더욱 강해지며, 그래서 돌파할 위기를 겁내지 않는다. 인문학이란 인간의 삶에 대해서 문학적, 역사적 그리고 철학적으로 연구하는 그야말로 모든 학문의 '지하수'이자 기초학문이다. 삶을 이야기 하는가 하면 죽음을 온몸으로 안기도 하고, 자연을 노래하는가 하면 우주의 신비를 상상하기도 한다. 어제의 지혜를 찾아 순례의 길을 가는가 하면 현재와 미래를 그리기도 한다.

그렇기에 인문학은 농업혁명이라는 신석기 시대의 거대한 역사변동을 거치면서 잉태되어, 과학혁명, 산업혁명, 근대국민국가 등장 그리고 제국주의 팽창이라는 거대한 인류사적 변화와 위기를 돌파하며 그 폭을 더욱 넓히고, 그 깊이를 더욱 심오하게 하면서 변화하는 시대의 인간 삶을 성찰적으로 되씹고 앞날을 걱정하는 학문으로 성장해 온 것이다. 오늘도 이 땅의 수많은 인문학자들이, 가난하지만, 그러나 '디오게네스적' 인문정신과 자부심으로 신자유주의와 세계화의 거센 풍랑과 맞서 이 시대를 살아가야 하는 우리의 삶에 대해 번민하고 고뇌하고 있다.

그런데 이번에 나온 우리의 '인문학 위기 선언'은 이러한 우리 인문학자들의 성찰적 담론을 전혀 담지 않았다. 이 시대를 살아가는 우리의 번뇌나 고뇌 대신에 인문학 안팎에서 삶을 꾸리는 이른바 인문학자들의 비 인문학적 관심을 담고 있다. 일자리로서 인문학, 밥벌이로서 인문학, 권력에 기대는 인문학을 이들은 추구하고 있다고 선언한 셈이다. 참으로 참담하다.

이 '인문학 위기 선언'에 동참한 이들은 인문학의 위기라며 권력을 향해 지원해 달라고 애걸하였다. 이 선언에는 자기 성찰적 인문정신은 없었다. 단지 모든 것이 인문학을 위협하는 신자유주의와 세계화 물결 탓이고, 모든 것이 인문학에 무관심한 권력 탓이며, 모든 것이 인문학을 경시하는 사회 탓이라고 이들은 자못 엄숙하고 결연한 표정을 지었다.

우리 대학 안팎의 젊은 인문학자들, 학연이나 지연과 같은 연줄이 없어 이들에게 낯선 인문학자들, 학생 수 많은 인문학 교양강의를 도맡아 하는 흔한 말로 우리의 가난한 '보따리 장사들'인 시간강사들에게 이들은 무엇을 해왔고, 무엇을 할 것인가에 대한 선배 인문학자로서 최소한의 고민도 관심도 보이지 않았다. 권력에 기대어 권력이 베푸는 '학진스런 돈'으로 이들의 일자리, 이들의 밥벌이를 해결하려고 했다면, 우리의 젊은 인문학자들을 권력과 재력의 시녀로 만들려는 짓이다. 참으로 비 인문학적 발상이다. 우리는 그래서 이 '선언'을 한 이들에게서 희망을 보지 못한다.

2. 우리 인문학의 희망

우리의 젊은 인문학자들은 권력과 재력에 기대기를 거부할 것이다. 이들은 그들이 온몸으로 사랑하는 인문학을 권력과 재력의 시녀로 만들기를 한사코 거부할 것이다. 권력과 권력이 베푸는 시혜로 인문학의 위기를 극복하려는 이들보다 가난하나 참다운 인문학자로 남기를 원하는 바로 이들이 더인문학적이고 바로 이들로부터 우리는 희망을 본다.

이들이 누구인가. 바로 이들이 학생 수가 많아 힘들다고 선배들이 기피하는 교양과목을 전적으로 담당하며 우리 삶과 인문학의 이음새를 보라고 젊은 학생들에게 가르치며 피 같은 땀을 흘리는 이들이다. 선배들이 상아탑이라는 높다란 담벼락 안에 안주하며 위엄을 떨 때, 이들은 그 높은 담벼락을 넘어 대중과 소통하고 있다. 선배들이 신자유주의적(일방적) 세계화의 물결 앞에 몸 사리고 있을 때, 이들은 세계의 인문학자들과 소통하며 참다운(쌍방의) 세계화를 적극적으로 모색하고 있다. 좁게 학문을 해온 선배들이 자기 학문의 울타리에 갇혀 숨죽이고 있을 때, 이들은 과감하게 이웃 학문을 넘나들며 학제적 연구로 인문학의 폭을 넓히고 깊이를 더해온 이들이다.

바로 이들은 '위기'가 있다면, 권력이나 권력이 베푸는 시혜에 기대서 순간을 넘기려 하지 않는다. 이들은 오래 전부터 인문학자들이 해 왔던 위기돌파를 그야말로 인문학적으로 감행할 것이다. 신자유주의 속성을 파헤치고, 세계화라는 일방주의의 허상과 맞설 것이다. 아니 이미 우리의 젊은 인문학자들은 그렇게 해 왔다. 바로 이들이 우리 인문학의 희망이라는 말이다.

이들은 또한 누구인가. 바로 이들은 인문학을 상아탑 안에 가두고 있는 선배들과는 달리 우리 공동체 전부를 인문학의 마당으로 삼는다. 이들에게는 대학 연구실만이 연구공간이 아니고 대학 강의실만이 교육공간이 아니다. 이들은 노트북을 가지고 삶의 현장으로 가 연구하고 교육한다. 그들끼리 모여 이 시대의 담론을 만들고, 때로는 홀로, 때로는 여럿이 함께 공동체를 만들어 이른바 '강단 인문학자들'이 시도하지도, 아니 상상도 못할 '수유+그 너머'를 만들고 '한가람역사문화연구소'같은 인문학 공간을 만든다. '강단 인문학자들'이 권력을 향해 하소연할 때, 이 '비 강단 인문학자들'은 어깨 펴고 삶의 현장 한 가운데 서 있다. 바로 이들이, 스스로 위기를 극복해본 이들이, 자신감이 넘치는 이들이, 인문학적 상상을 한껏 만끽해본 이들이, 패기 넘치는 바로 이들이 우리 인문학의 희망이다.

3. '창조적 긴장'의 마당을 만들자

그래서 우리는 대학에 몸담고 있는 '강단 인문학자들'과 대학 밖에 있는 이른바 '비 강단 인문학자들' 사이에 학문적 긴장의 마당을 펼치자고 제안한다. 그렇게 되면 상아탑 안에서 학생을 가르치며 '정통 인문학'을 지켜온 이들과 상아탑 밖에서 인문학적 상상의 나래를 맘껏 펼쳐온 이들이 함께 만나 시대를 논하고 생각을 나누며 긴장하는 가운데 우리의 인문학이 더욱 발전하리라고 우리는 믿기 때문이다.

그리고 인문학과 사회과학이 만나고, 인문학과 과학이 만나 시각과 생각을 겨누고 긴장하게 하자. 우리 학계의 이상한 전통을 이야기 해 보자. '단일민족'이라는 환상에 사로잡혀서인지는 몰라도 우리 학계는 '순종'을 이상하리만치 좋아한다. 신임교수를 뽑을 때 학사, 석사 그리고 박사를 한 분야에서 한 사람을 뽑는 경향이 있다. 역사학 학사를 받고 경제학 석사를 한 후 역사학으로 돌아와 박사를 딴 사람이 사학과에 들어가기가 어렵다. 다른 나라 학계는 여러 학문을 나들이 한 사람이 더 인기가 있다. 인접 학문의 시각과 방법이 넓은 학제적 연구에 이로운데도 말이다. 그래서 우리 학계는 학제적 연구를 소리 내어 외치고 있으나 실제적으로 이 학제적 연구나 학문 사이의 소통이 이루어지지 않는다.

'미국과학재단(National Science Foundation)'이 20세기를 마감할 때 내어놓은 21세기 과학교육을 위한 백서가 흥미롭다. 미국의 대표적 과학자들이 모여 오랜 연구와 논의 끝에 나온 이 백서는 21세기 미국의 과학발전을 위해서는 인성교육(personality)과 인문교육이 필연적이라고 선언한다. 한 인간으로 삶을 꾸리어야 하는 과학자들에게 인성교육을 강조한 것은 그리 놀라운 것이 아니다. 우리를 놀라게 하는 것은 '과학적 상상력(scientific imagination)'이 고갈된 과학의 위기 돌파를 위해서는 과학자들이 '인문학적 상상력(literary, historical and philosophical imagination)'이 필수적이라고 선포한 대목이다. 우리가 흔히 이야기하지만, 경제, 정치, 과학을 포함한 모든 학문도 인간이 하는 것이라면, 과학과 기술을 포함한 인간의 문명은 사고의 문제요, 의식의 문제이며 상상력의 문제인 것이다.

그래서 우리는 인문학을 위해서도, 그리고 과학을 포함한 모든 학문을 위해서도, 아니 우리의 삶을 위해서도 여러 학문의 서로 다른 시각과 방법 그리고 상상력이 만나 서로 긴장하고 갈등하는 마당을 만들자는 것이다. 역사는 이런저런 생각, 이런저런 시각 그리고 이런저런 세력이 서로 만나 긴장하고 갈등하며 발전하는 것이기 때문이다.

이공계 기피다 인문학의 위기다 소리질러대며 권력과 사회에 애걸하지 말자. 우리 사회가, 기업이, 그리고 정부가 우리 공동체의 삶, 그리고 그 미래를 걱정하고 고민하게 하자. 배움이 좋아서, 가르치는 것이 좋아서, 가난하나 자긍심을 가지고 즐겁게 여기까지 오지 않았는가. 그리고 비 인문학적 인문학 위기 선언보다는 인문정신을 가지고 시대를 안고, 시대를 돌파하지 못한 우리를 돌아보자. 학인답게, 인문학도스럽게 말이다.

학원 친일문제, 어떻게 이해할 것인가[*]

고백, 기록 그리고 기억으로 '어제'를 넘어 '미래'로

요즈음 우리 사회는 '어제의 일들'로 발목이 잡혀 '내일'로 걸어 나가지 못하고 있다. 그래도 우리 사회는 느리지만 '시민사회'로 옮아가고 있어 건강한 시민의 목소리가 높아 과거사 정리를 위한 법안이 만들어지고 이런저런 위원회가 설치되어 '어제의 일들'을 정리하고자 한다. 우리 현대사가 험난한 만큼 어둠과 안개에 뒤덮여 의문스런 '어제의 일들'도 많고, 우리 현대사가 뒤틀린 만큼 왜곡되고 잘못 기록된 '어제의 일들'도 많다.[1] 그런 만큼 우리 사회는 이 문제를 둘러싸고 소란스럽고, 소란스러운 만큼 또한 혼

---

[*] 이 글은 1996년 연세대학교에서 개최된 '학원 친일문제' 심포지엄에서 기조강연으로 발표된 글임을 밝혀둔다.

[1] 1945년 8월 15일, 해방의 날에 식민시대 식민세력에 의해 식민통치질서를 위한 관리 등을 양성하기 위해 설립된 경성제국대학은 마땅히 문을 닫아야했다. 이 해방의 순간에 신사참배거부 등으로 폐교 당한 대학(들)이 다시 재건되어야 했던 것이다. 그러나 그 해방공간에 우리 민족공동체는 그렇게 하지 못하였다. 바로 여기에 우리의 뒤틀린 현대사를 본다.

란스럽다. 그래도 밝고 건강한 우리 공동체의 '미래'를 위해 우리는 이 소란과 혼란의 과정을 마땅히 지나야하는 것이다.

그런데 우리 대학사회는 그 울타리 밖 사회의 이러한 소란과 혼란의 과정과는 아무런 관계가 없다는 듯이 '어제의 일들'의 정리에 무감각하다. 오히려 우리 대학사회 일각에서는 밝고 건강한 '미래'를 위한 '어제의 일들'의 정리의 목소리를 대학공동체를 파괴하려는 음모로, 이 목소리를 내는 이들을 대학공동체 음해세력으로 간주하려는 듯한 이들도 있다. 심지어 역사학에 기대어 밥벌이하는 이른바 역사학자들 가운데도 이들을 "그 시대를 살아보지 않은 이들은 그 시대를, 그리고 그 시대를 산 이들을 평가할 수 없다"고 폄훼하고 선동하는 이들도 있다. 역사학의 제1계명조차도 짓밟는 몰역사적이고 비역사적 망언이고 망동이다.

이들의 망언은 해방 직후 친일파로 지탄받던 이광수가 쓴 "친일파의 변"과 그 논리를 같이 하고 있어 놀라움을 금치 못한다. 이 글에는 병자호란 때 잡혀갔다가 돌아온 여인들에 대한 이야기가 있다. 오랑캐들에게 잡혀 가 몸을 버린 이들이니 처단하자는 무리가 있고, 이 여인들이 강제로 끌려갔다 왔으니 용서하자는 무리도 있었다. 두 무리가 서로가 옳다고 소란을 피우자 임금이 나서 이 여인들이 서울 장안으로 들어오기 전 홍제원에서 목욕케 한 후 들어오게 하고, 그 후에는 문제 삼지 말라고 정리해 주었다. 이광수와 같은 친일파들은 자신들의 친일행각은 자발적으로 한 것이 아니라 강제로 할 수 없어 한 일이니 '홍제원 목욕'으로 해결하자는 논리였다.

이광수와 같은 친일인사들의 이 기괴한 논리에도 '홍제원 목욕'이라는 통과의례가 있었다. '어제의 일들'이 마치 없었던 것처럼 지나칠 수는 없는 것이다. 의심스럽거나 뒤틀린 '어제의 일들'을 정리하는 과정에서 당연히 나타나는 소란이나 혼란은 마땅히 우리사회의 내일을 위한 창조적 소란, 창조적 혼란 그리고 창조적 긴장으로 이해하여야 한다. 우리 대학사회는 대학의 '미래'를 위해서도, 우리 사회의 '미래'를 위해서도 뒤틀린 '어제의 일들'

을 정리해야한다고 우리는 주장하고, 그리고 또 주장하고자 한다. 문제는 어떻게 이것을 할 것인가이다.

우리의 역사를, 우리 대학의 역사를 '완전하고 온전한 절대자가 만든 역사'가 아니라는 시각을 우리는 가져야 한다. 우리 역사의 주인공들이, 우리 대학의 역사에 나타난 인물들이 '완전하고 온전한 절대자'가 아니라는 시각에서 우리는 이 문제를 풀어야한다. 우리의 역사는, 우리의 대학사는 '불안전하고 부족한 인간들'이 만들어낸 것이라는 시각에서 '어제의 일들'을 정리하자는 말이다.[2]

그렇다면, 우리의 역사, 우리 대학의 역사에는 '하나님의 형상대로 지음 받은 인간들'이 강건하게 그리고 정의롭게 살고자한 '빛'된 역사도 보이고, '원죄를 가진 불안전하고 부족한 인간들'이 연약하게 그리고 정의롭지 못하게 얽어낸 '그림자'드리운 역사도 읽게 된다. 우리가 존경하고 기념하고픈 역사 인물이나 우리 대학이 내세워왔던 인물들이 절대자가 아니고 '인간적인 너무나 인간적인' 인간들이기 때문이다. 그래서 때로는 강건하고 때로는 연약할 수도 있고, 때로는 올곧게 살고 때로는 뒤틀려 살기도 했으며, 그리고 때로는 정의의 사도일 수도 있고 때로는 굴절의 삶을 꾸린 낙오자일 수도 있는 것이다. 짧게 말하면, 우리 역사나 우리 대학의 역사를 '온전하고 완전하다'는 그 생각을 버려야 하고, 역사 인물들도 '절대자'나 '천사'의 자리에서 '이 땅'으로 내려오게 해야 한다.[3]

---

2 일본의 역사왜곡에 대해서, 중국의 동북공정에 대해서 우리 사회는 모두가 흥분하고 분노하였다. 그 분노는 범국민적이었고 범국가적이었다. 그래서 이런저런 단체가 국민세금으로 만들어지고 또 활동하고 있다. 당연히 그래야만 한다. 문제는 우리가 남에게 역사 왜곡한다고 손가락질할 때 우리는 우리의 가족사, 우리 회사의 역사, 우리 대학의 역사를 쓰면서 왜곡하고 있었다. 우리의 역사학자들이 말이다.

3 우리나라 어느 대학의 역사를 읽든지 우리는 '대학사'가 그 대학의 선전물이나 홍보물처럼 서술되었다는 점을 쉽게 인지하게 된다. 그 대학의 역사학자들이 쓴 것인데 자기 대학의 긍정적인 면을 강조하고 부정적인 면을 적당히 기술하고 있다. 이러한 선전물이나 홍보물이 된 대학의 역사를 읽으면 그 대학의 인물들은 온통 '위대하여 추앙되어야 하는 인물'로 묘사

‘연세대의 역사’도, ‘연세대의 사람들’도 마찬가지다. 연세대의 역사가 ‘절대자의 자리’에 앉을 수 없고, ‘연세사람들’이 ‘천사’일 수가 없다. 그렇기에 연세대의 역사는 온전하지도 완벽하지도 않고 ‘연세사람들’의 모습도 절대자나 천사의 모습일 수가 없다. 그럼에도 불구하고 주기적으로 나오는 연세대의 역사는 ‘연세의 빛’ 중심으로 기술되었다. 완벽한 듯이 그리고 온전한 듯이 말이다. 이것은 또 하나의 역사왜곡 행위이다. 연세대의 역사학자들이 밖에 나가 주장하고 외치기 전에 연세대 역사의 왜곡을 바로 잡아야한다. 이러한 마음가짐과 학문적 행동이 뒤따를 때, 그리고 앞서 말한 시각을 가질 때, 우리는 쉽게 우리사회가 풀어야할, 그리고 연세대가 넘어야할‘어제의 일들’을 정리할 수 있다. 대학의 역사는 그 대학의 선전책자나 홍보물이 아니다.

　이렇게 할 때, 우리는 우리 아버지, 우리 가족, 우리 교회나 학교, 그리고 우리 역사의 ‘빛과 그림자’를 읽어낼 수가 있다. 이 ‘빛과 그림자’의 사실(史實)들을 자기 성찰의 마음가짐으로 고백할 수 있고, 그래서 이를 당당히 기록할 수가 있으며 그리하여 이를 오랫동안 기억할 수 있게 된다. 과거를 잊어버리는, 과거를 덮어두거나 미화시키는 이들은 그 잘못된 과거를 또 다시 반복하게 된다. 그래서 우리는 이런 시각과 방법으로 우리의 공동체, 우리 대학사회의 밝고 건강한 ‘미래’를 위해 ‘어제의 일들’을 정리하는 것이 마땅하고 바람직하다고 우리는 주장하고 있는 것이다. 하나님 앞에서 누가 죄 없다고 할 것인가. 성서는 이렇게 일러주고 있다.

> “만일 우리가 죄 없다 하면 스스로 속이고 또 진리가 우리 속에 있지 아니할 것이요 만일 우리가 우리 죄를 자백하면 저는 미쁘시고 의로우사 우리 죄를 사하시며 모든 불의에서 우리를 깨끗하게 하실 것이요 만일

되었다. 자기 대학을 절대화하고, 자기 대학의 인물을 ‘천사의 자리’에 앉힌 까닭이다.

우리가 범죄하지 아니하였다 하면 하나님을 거짓말 하는 자로 만드는 것이니 또한 그의 말씀이 우리 속에 있지 아니하니라."(요한일서 1: 8-10)

토론을 위한 나의 제언

1. 연세대학 당국에게

연세대는 절대적인 존재도 아니고 연세대의 사람들은 천사도 아니다. 연세공동체에서 절대화하고 신화화하는 인물들, 이를테면 백락준은 절대자도 천사도 아니다. 시·공의 지배를 받는 인간적인 너무나 인간적인 사람이다. 그에 대한 역사기술도 그렇게 하여야 한다. 그를 포함한 연세대의 역사도 '칭송의 역사'로만 기록되어서는 안 된다. 연세의 역사학자들이 할 수 없다면 연세대 울타리 밖의 역사학자들에게 맡겨 '비신화한 참다운 연세대의 역사'를 써야 한다. 이것 또한 연세대가 연세대다움을 안팎으로 보라는 듯이, 누구보다 앞서 해야 하는 것이다. 연세대의 나이는 '120세'다.

2. 학생들과 연세공동체에게

연세대의, 연세 사람들의 '빛과 그림자'의 발자취를 밝히자. 기록해 두자. 그리고 기억하자. 연세대의 사람으로 그리고 우리 공동체의 일원으로서 당연히 해야 할 일이다. 다만 '파괴를 통한 정리'를 주장하지 말아야 한다. 우리가 역사인물을 절대자의 자리에 두어 미화하거나, 절대화 또는 신비화하는 것을 거부하듯이, 우리 또한 절대자의 자리에 앉아서는 안 된다. 나는 성수대교 붕괴 후 동강난 그 다리를 그대로 두자고 주장했던 사람이다. 그 자체가 '박물관'이기 때문이다. 중간이 잘린 그 다리가 보기에 흉측할지 몰라도 그대로 두면 두고두고 우리의 '안전 불감증'을 일깨워 줄 수 있기 때문이었다. 백락준의 것도 마찬가지다. 그대로 두면 그의 '빛과 그림자'의 삶을 기억하는 '박물관' 기능을 한다. 지나다가 어떤 이는 꽃을 놓고 가겠지만 어떤 이는 친일행적을 기억하며 지나기 때문이다. 역사는 재판정이 아니라 교육의 마당이다.

안창호와 조선 기독교[*]

1. 머리글

우리가 도산을 기리는 이유

도산 안창호(島山 安昌浩, 1878~1938)는 우리 근현대사의 '큰 나무'였음으로 이미 여러 시각과 여러 수준에서 연구되고 논의되었기 때문에 우리가 익히 그의 삶과 사상을 알고 있다. 그러나 안창호라는 '큰 나무'를 우리가 오늘 다시 기리게 되는 것은 오늘의 우리 삶이 일그러지고, 오늘의 우리 사회가 혼란스럽기 때문일 것이다. 우리의 삶의 공동체가 이념, 지역, 계급으로 나뉘어 서로 삿대질하고, 서로 찢고, 서로 넘기기를 일삼고 있다. 생각이

---

[*] 이 글은 『숲과 나무』(2005)에 게재되어 있음을 밝혀둔다.

다르면 함께 자리도 하지 않고, 지역이 다르면 함께 일을 도모하지 않고, 나이가 다르면 서로 이야기하지 않는다. 우리 공동체의 구성원 모두가 '나뉘어 쟁투'하는데 자유스럽지 않다. 우리 모두는 이 '나뉘어 쟁투'하는 공동체의 '위기'의 원인이고 나아가 이를 부추기는 장본인들이다.

이러한 시대에는 보편적 진리를 가르치는 종교 지도자들이 나타난다. 사회질병에 대한 처방전을 가지고 말이다. 우리 인류역사에 나타난 위대한 종교지도자들이 모두 위기의 시대에 나타난 것은 우연이 아니다. 그런데 우리를 슬프게 하는 것은 요즘 우리 사회에서는 종교 지도자들도, 아니 종교 지도자들이 앞장서 이 '나뉘어 쟁투'하는 일을 일삼고 있다는 것이다. 오늘의 우리 종교 지도자들은 이념, 지역 그리고 계급으로 나뉘어 싸우고 있는 이 마당에서 이념, 지역 그리고 계급을 넘어 더 높은 가치를 제시하며 서로를 감싸고, 서로를 위로하며 '함께 더불어 살아가는 지혜'를 가르치지 않는다. 오히려 이 싸움의 마당 한쪽 끝에서 이 나뉘어 싸우는 일을 도모하고 부추기고 있는 것이다. 그래서 오늘 우리 공동체, 특히 오늘의 우리 종교 공동체는 그러한 지도자, 그러한 '큰 나무'를 타는 목마름으로 기리고 그리고 기다리고 있다.

우리가 도산 안창호를 다시 생각하는 것은 바로 이념, 지역 그리고 계급의 다름을 넘어 모두를 아우르는 실천적 기독교 지도자를 그리워하기 때문이다. 그는 지역을 넘어, 계급과 신분을 넘어, 그리고 이념을 넘어 모두가 함께 나아가야할 공동선을 제시하며 한 평생 통합의 지도자로 실천적 삶을 꾸리었다. 그는 우리 기독교가 길러낸, 우리 기독교에서 훈련받은, 그리고 이념, 지방 그리고 계층을 초월하여, 우리 민족 공동체 모든 구성원들이 우러러본 그러한 지도자였다. 안창호 같은 통합적인 지도자를 기리며 다시금 그의 초월적 신앙과 생각 그리고 실천적 삶을 살펴본다.

2. 어려운 때 나타난 '큰 나무'

안창호는 조선왕조가 몰락해 가고 일본제국이 식민야욕을 숨김없이 드러내기 시작한 구한말에 평안남도 강서에서 태어났다. 당시 여느 소년처럼 안창호도 집에서 또는 서당에서 한학을 수학하였다. 평범한 소년이었던 안창호는 서당선배인 필대은(畢大殷)과의 만남을 통해 새로운 생각을 하고 새로운 삶을 꾸리게 되었다. 당시 나라의 장래를 걱정하는 생각이 온 나라를 뒤덮을 때를 같이 하여 서북지방을 중심으로 불길처럼 성장해 가던 기독교의 영향으로 민족의식, 사회의식을 갖게 된 필대은으로부터 암울한 민족현실과 서양문명과 기독교에 대한 이야기를 듣고 그는 서울로 와 언더우드 선교사가 세운 구세학당(救世學堂)에서 공부하였다.

이 구세학당에서 공부하던 시기는 이후 세상을 떠나는 순간까지 안창호의 삶과 생각, 그 꼴과 결을 만들어주었다. 동학농민혁명, 갑오경장, 명성황후 시해, 아관파천, 대한제국선포와 같은 사건들이 줄지어 일어나 이미 싹튼 그의 민족에 대한 생각을 현장에서 체험하며 더 깊고 더 넓게 구상하면서 '민족문제'에 몸 던지겠다는 실천적 삶을 결단하게 되었다. 그리고 이 시기에 그는 기독교인이 되었다. '기독교와 민족', 이 둘이 그의 사상과 삶의 꼴과 결이 된 것이다. 그렇기 때문에 그의 삶과 사상은 이 둘이 용해된 결과이고 그래서 이 둘을 함께 이어서 인식되어야 하는 것이다.

3. 기독교 신앙과 민족

안창호 사상과 삶의 밑바닥에는 보편적인 기독교 신앙과 민족혁신에 대한 깊은 관심이 깔려 있다. 이른바 그의 '민족개조론'에서 또렷이 나타난다. 도산의 민족혁신은 민족구성원 각자의 자아혁신을 통해서 가능하며, 자아혁신은 인격혁신으로 이루어진다고 그는 주장하였다. "나 하나를 건전한 인격으로 만드는 것이 우리민족을 건전하게 하는 유일한 길"이라고 보고, 자아혁신의 요체는 '무실(務實 : 참되기를 힘쓰는 것)'과 '역행(力行 : 힘써 행하는 것)'을 주장하였다. 다시 말하면, 자아개조나 민족개조는 바로 개개인의 존재이유, 개개인 삶의 목적과 같은 자기 삶에 대한 책임 있는 주인의식을 가지는 것이며, 이를 위해 부단히 노력하는 실천적인 삶이 뒤따라야 한다고 그는 주장하였다.

그렇기 때문에 그의 자아개조나 민족개조는 단기간에 혁명적으로 이루어낼 수 있는 것이 아니라 개인이나 민족이 성실한 노력을 통해 '점진적'으로 이루어지는 것이다. 그래서 그는 '점진학교(漸進學校)'나 '대성학교(大成學校)'를 세워 교육을 통한 혁신과 개조를 꾀하게 되었고, '청년학우회(靑年學友會)'와 같은 계몽단체를 만들었으며, 미국에 있을 때는 '공립신보(共立新報)'나 '신한민보(新韓民報)'라는 신문을 만들어 이를 이루려 했다.

안창호의 자기개조나 민족개조는 그의 기독교 신앙에서 잉태되었다. 1919년 '개조'라는 제목으로 한 강연에서 그는 이렇게 말했다. "예수보다 좀 먼저 온 요한이 맨 처음으로 백성에게 부르짖은 말씀이 무엇이오? '회개하라'였오. 그 후 예수가 맨 처음 크게 외친 말씀이 무엇이오? 또 '회개하라'였오. 나는 이 '회개'라는 것이 곧 '개조'인 것을 말하려오." 그러했다. 도산의 삶과 사상의 밑바탕에는 기독교의 가르침이 깊게 그리고 단단히 깔려있었던 것이다.

안창호의 '민족개조론'은 그래서 그의 '실력양성론'으로 이어진다. 그가 물산장려운동을 펼치고 평양자기회사를 만들어 산업과 경제에 관심을 가진 것도 다 그의 '실력양성론'에서 나온 실천적인 노력의 산물이다. 개조된 개인, 개조된 민족은 실력을 길러야 하는 것이다. 민족의 국권상실도 실력이 없었기 때문이요, 이것은 바로 구성원 모두가 부패하고 무기력하며 이기주의에 빠졌기 때문이라고 그는 진단하였다. 그렇기 때문에 도덕적 부패를 깨우치고 무능을 인지하며 공동체를 생각하게 된, 이른바 개조(회개)한 개인이나 민족은 지기를 위해 공동체를 위해 힘을 기르는 일에 힘써야 하는 것이다. 이것은 개인과 민족에 대한 믿음에서 나온 자기 성찰의 모습이지 자기 비하나 민족 열등감에서 나온 것이 아니다.

그래서 그의 민족독립을 위한 방략도 그의 개조론과 실력양성론에서 나온다. 당시 급진적 혁명론자들(무장투쟁론자들)과 혈기 왕성한 오늘의 젊은 역사학도들이 그의 개조론이나, 실력양성론 또는 점진론에 비판적이다. 그러나 '독립준비론'을 내세운 안창호는 이렇게 말한다. "우리는 언제나 '싸우자, 싸우자' 했다. 그러나 싸울 수 있는 힘을 기르는 일은 아니했다. 그렇기 때문에 언제까지나 싸우자는 소리뿐이요 싸우는 힘은 있을 수 없었다."

4. 민족을 위한 실천적 삶

민족을 위한 안창호의 실천적 삶은 여기에 살 때나 해외(미국이나 중국 등)에 살 때나 항상 기독교와 민족과 함께 하였다. '예수학당'에서 교육받고, 기독교 지도자들이 펼친 '독립협회'에 참여, 평양지부를 주도적으로 설치한 것, 세브란스 병원의 밀러 선교사 부부와의 관계, 그의 아내가 선교학교 '정신학교'에서 교육받은 것, '신민회'라는 비밀 독립결사체를 조직한 것, '흥사단'을 만든 것, 학교를 세우고 학회를 만든 것, 미국에서 한인연합회를 결성하고 한인교회를 설립한 것, '신한민보'를 비롯한 여러 신문을 발간한 것, 중국에서 임시정부 국부위원으로 활동 한 것. 안창호 개인의 삶과 그의 민족독립운동, 이 모두가 기독교 신앙과 이 종교공동체에 기대어 이루어졌다.

이를테면, 19세기 말 국운이 기울 때 이 땅에 들어와 뿌리 내리고 가지쳐 뻗어나기 시작한 기독교 공동체는 당시에는 유일한 개혁공동체였고, 암울한 일제 식민통치 시대에는 조선 민족 최대의 조직 공동체였다. 그래서 전국 각지에 퍼져 나가던 예배당들은 나라 잃어 슬퍼하는 조선 사람들이 모여 서로 위로하고 위로 받는 곳이었고, 서로 만나 함께 한 하나님을 향해 예배드리는 곳이었다. 함께 모여 기도하고, '믿는 사람들아 군병 같으니'와 같은 전투적 찬송을 함께 소리쳐 부르며, '출애굽(해방)'을 소망하던 공동체였다. 또한 그래서 일제강점기 때 교회는 조선 사람들의 사회, 정치 운동의 조직적 토대가 되었다. 그러니까 안창호는 이 공동체를 기대고 그의 민족개조론, 실력양성론에 터한 민족운동을 펼치었다.

독립협회 평양지부 설치도 그곳의 교회와 기독교인들을 동원할 수 있었기에 가능하였고, '신민회' 결성도 서울 상동감리교회를 비롯한 교회조직과 사회적, 정치적으로 먼저 깨어난 기독교인들이 있었기에 가능하였다. 미국에서 한인교회를 먼저 세워 이를 거점으로 교포들을 조직화 하였기에 신문도 낼 수가 있었고, '흥사단'도 결성할 수가 있었던 것이다. 안창호의 사상과 삶이 기독교 신앙과 교회 공동체와 깊게 이어져 있듯이, 그의 민족독립운동도 기독교 공동체와 이어져 있었다. 그의 애틋한 민족사랑은 이처럼 기독교 공동체에 기대어 나타나게 되었던 것이다.

5. 이념 · 지방, 신분 그리고 계급을 넘어

안창호의 삶에서 우리가 주목하는 것이 바로 그는 이념의 차이, 지역의 다름 그리고 신분과 계급의 차이를 넘어 삶을 꾸리고 민족운동을 펼치었다는 점이다. 서북지방이니 기호지방이니 하며 민족운동에도, 심지어 교회에도 지역주의가 팽배했었다. 안창호는 이 '지역주의'에 교묘하게 기대어 입신양명하고자 한 것이 아니라 바로 이 '지역주의'를 넘어 삶을 꾸리고 활동하였다. 서북지방 출신인 그는 기호지방 기독교 지도자들이 만든 '독립협회'의 평양지부를 앞서 설치한 것도 그렇고, 미주에서 한인 연합회를 만들거나 '흥사단'을 만들 때도 그는 지역이나 지방을 가리지 않았다. '신민회'를 만들 때도 서북이니 기호니 구분하지 않았다. 중국에서 임시정부 국부위원으로 활동할 때도 그러했다.

안창호는 또한 이념의 차이도 넘어 서 있었다. 1919년 삼일운동 후 민족주의 계열과 사회주의 계열로 나누어진 조선독립운동세력을 민족이라는 이름으로 통합하고자 하였다. 이른바 '이념의 양극화'를 극복하려고 노력한 것이다. 이를테면, 1923년 상하이(上海)에서 '민족대표회의'에서 공산주의 세력과 민족주의 세력이 나누어 쟁투하고자 할 때 이념보다는 민족을 우선해야 독립할 수 있다고 주장하며 생각과 이념이 다른 이들을 '민족'이라는 더 큰 가치를 내세우며 이 다름을 넘어서고자 하였다.

신분이나 계급에 있어서도 그러했다. 안창호 자신이 서북의 가난한 농민 집안에서 태어나서이기도 하였을 것이고, '하나님 아래 모두가 평등하다'고 가르치는 기독교의 영향도 있었을 것이다. 민족독립을 위해서는 계급과 신분의 구분과 차별을 넘어서야 한다는 실용적이고 실천적인 이유도 있었을 것이다. 노동을 위해 온 미국의 초기 이주 한인들을 위해 교회를 세우고 한인 연합회를 결성하며 이들을 묶어 독립운동을 하겠다는 안창호로서는 계급을 따지고 신분을 따지는 우리의 오래된 습속을 앞서 타파하였던 것이다.

6. 꼬리글
오늘 우리는 이러한 '큰 나무'를 기린다

안창호가 망명길 배를 타고 지은 '거국가(去國歌)'의 한 절을 여기에 따온다.

간다 간다 나는 간다
너를 두고 나는 간다

이로부터 여러 해를
너를 보지 못할지나
그 동안에 나는 오직
너를 위해 일할지니
나간다고 슬퍼마라
나의 사랑 한반도야

이 '거국가'는 미국에 살던 안창호가 1905년 '보호조치'로 국운이 기울때 귀국하여 신민회를 만들고 신문을 발간하며 나라를 지키려 하다 국권을 빼앗기고 감옥살이를 해야 했다. 잠시 출감하였을 때 망명길 배를 타고 고국을 떠나며 지어 부른 것이 이것이다. 이 '거국가'를 오늘 우리가 읽어도 눈물이 난다. 눈물 흘리며 떠난 이 한 많은 '한반도'에 그가 돌아와 병들어 죽었다. 1938년이다. 그가 한평생 기리고 기리던 민족의 독립을 보지 못하고 말이다.

한평생 민족을 애틋하게 사랑하다 죽은 안창호를 우리는 왜 지금 이토록 기리고 있는가. 우리 사회가 요즘 이념, 지역, 계급의 다름에 터하여 이편저편으로 나누어 삿대질하며 싸움을 일삼고 있다. 우리의 정치, 사회 지도자들이라는 이들이 이를 넘어서 통합하기 보다는 교묘하게 이를 이용하고 기대어 자기 자리나 이권을 챙기려 한다. 아니 심지어 이념, 지역, 계층의 다름을 넘어 서야하는 종교 지도자들, 특히 보편적 하나님을 믿는다는 기독교 지도자들이 이 이념의 갈등 한 가운데서 갈등을 부추기고, 갈등의 불길을 타고 이름을 팔며 힘과 영향을 가지려 한다. 지역, 이념 그리고 계층의 다름을 넘어서려는 지도자를 찾기 어려운 시대이다. 안창호가 그립다.

찾아보기